デビュー作の風景

日本映画監督77人の青春

野村正昭
宮崎祐治 絵

DU BOOKS

目　次

まえがき

デビュー作には、とてつもないドラマが秘められている

96年初夏の頃だったと思う。

80年代から90年代にかけては、「キネマ旬報」や「バラエティ」の雑誌取材で、日本映画の撮影現場に度々通っていた。その時も、井筒和幸監督『さすらいのトラブル・バスター』の撮影現場——確かＴＢＳの緑山スタジオだったと思う——で、井筒監督や、主演の鹿賀丈史さん、山城新伍さんにインタビューをしていた。たぶん、別のテレビドラマの撮影で偶然、石田純一さんが通りかかり、顔見知りらしいスタッフと談笑されていたのを覚えている。

ほぼ丸一日、担当者である「キネマ旬報」編集部の志水邦朗氏と一緒にいたのだが、取材と取材の合間には、手持ちぶさたになってしまい、撮影現場の片隅で、最近見た映画の話などして、お茶を濁していた。そのうち、僕がその頃読んだ、ジェミー・バーナード「スクリーン・デビュー」（講談社＋α文庫）の話になった。海外の映画監督のデビュー時のエピソードについて書かれた本

であり、その日本版ができないかなあと、何の気なしに話したところ、志水氏が乗り気になってくれ、数日後、当時の青木眞弥編集長の了解を得た上で、企画を通してくれた。本当に、あれよあれよという間の展開の早さで、殆ど何の準備もしていないまま、連載をスタートすることになった。

連載第一回目のはじまりに、以下のような文章を書いたので、そのまま引用すると――

「この連載は、ジェミー・バーナード「スクリーン・デビュー」(講談社+α文庫)などに触発されて、デビュー作が、その監督の映画全体の中で、あるいは映画史の中で、どんな位置を占めるかを書いていくうちに〝もうひとつの映画史〟が見えてこないだろうかという試みである。「スクリーン・デビュー」にも記されているように、「ひとりの映画作家について知るべきことは、全てその第一作の中に見られる」(オーソン・ウェルズ)だろうし、または「処女作こそ、その作者の謎が混沌と集約されている、内なる場の最初の芽ぶき状態」(高橋たか子)でもあるだろう。あらゆるデビュー作には、様々な意味で、とてつもないドラマが秘められているはずだと信じて、これから時を越えた映画の旅に出発したい」――と、思いっきり気負っているけれど、僕も若かったんだなあ。まあ、四半世紀前のことなので、大目に見て下さい。

学生時代から憧れの存在だった山田宏一氏の連載「百年の夢」の隣りのページだったのも、無性に嬉しかったし、宮崎祐治氏にイラストレーションをお願いして、毎回それを見るのも楽しみだった。これは映画監督の辞典ではなく、あくまでデビュー作を通して見た僕なりの映画史であり、だから故人の作品も当時の証言や文献を基にして書くことにした。雑誌掲載時に新作が公開される監督を書くことも優先したので、デビュー作の製作年度順は無視して書き続けた。現存する監督でもスケジュールが合わず資料だけで書いた回もあったが、多くの監督は喜んで取材に応じてくれた。

取材を続けるうちに気がついたのは、勿論例外もあるけれど、東宝の監督は御自宅で、松竹の監督はシティホテルのラウンジで、東映の監督は喫茶店で、日活の監督は飲み屋でと大別されたことだった。取材場所を特にこちらが指定したわけではなく、自然にそうなった。各映画会社のカラーが反映されて、そうなったのだろうか。面白いもんだなあと思って、後年、別の取材で、大林宣彦監督にお会いした時に、その話をしたら、「それは絶対に書いておいた方がいいよ」と言われたので、ここに、こうして書きました。

100回続けて単行本にしようと、志水氏と話していたのだが、99年になって俄に曇行きがあやしくなった。編集部の体制が一新され、この連載は65回で中断ということになってしまった。志水氏は、何とか続けられるようにと粘ってくれたようだが、彼自身も会社を辞めることになり、仕方がないと諦めざるをえなかった。65回分をまとめて、他社から単行本化というお誘いも二、三あったが、連載終了時の不完全燃焼感が、どうにも尾を引き、僕自身の怠惰もあって、いずれも実現しなかった。それから何年かは、情報誌の仕事などで気を紛らわせてはいたが、インタビューや撮影現場の取材からは意識的に遠ざかっていたような気がする。

「そして、約20年後――」と、映画ならば、こういう字幕が出てきますが、これも取材を終了して、諸事情から店晒《たな》しになっていた佐藤純彌監督のインタビューが、やはり青木眞弥編集長の計らいで「キネマ旬報」で一年半かけて連載され、DU BOOKSから単行本化されることになった。その編集作業中に担当の中井真貴子氏に、「デビュー作の風景」の話をしたところ、興味を持っていただき、こうして、この企画も長い眠りから目覚めることになった。さすがに20年の歳月が流れているので、最小限の手直しをして、切り良く77人にしようということになり、12人分の追加原稿を入れることになった。連載時とは異なり、製作年度順に並び換えたが、単行本化に際しての経緯は、あとがきに書かせてもらうとして、まずは、どの頁からでも、興味のある監督から読んでみて下さい。

それでは「ヨーイ、スタート!」

THE SCENERY OF DEBUT WORK

1

1977年

Nobuhiko Obayashi

大林宣彦

HOUSE・ハウス

credit **HOUSE・ハウス**　東宝映像

監督／大林宣彦、山田順彦　原案／大林千茱萸　脚本／桂千穂　撮影／阪本善尚　美術／薩谷和夫　録音／伴利也　照明／小島真二　音楽／小林亜星、ミッキー吉野　編集／小川信夫　監督助手／小栗康平　出演／池上季実子、大場久美子、松原愛、神保美喜、佐藤美恵子、南田洋子、鰐渕晴子、尾崎紀世彦　公開／1977年7月30日（87分）　併映作／『泥だらけの純情』（監督／富本荘吉）

［大林宣彦／おおばやし・のぶひこ］　1938年、広島県尾道市生まれ。幼少時から家庭用映写機に夢中になり、高校・大学在学中を通じて数多くの8ミリ／16ミリ作品を製作する。64年からテレビCMの演出を手掛ける一方、『EMOTION＝いつか見たドラキュラ』（67）などの実験的作品を発表。77年の劇場監督デビュー後は映画・テレビ・舞台などの区別なく多彩な表現活動を行い、主な監督作『転校生』（82）『時をかける少女』（83）『さびしんぼう』（86）『ふたり』（91）『花筐・HANAKATAMI』（18）ほか多数。

連載の第一回目は、この作品から始まった。だからあえて製作年度順を無視して、単行本でもここから始めたい。

77年4月4日――この日、僕は生まれてはじめて映画の撮影現場を見学した。その映画は大林宣彦監督『HOUSE・ハウス』だった。「キネマ旬報」編集部に誘われて「読者による『HOUSE』撮影見学記」という記事の取材のためだった。

やはり読者だった内海陽子さんと同行し、この連載のカットを担当していただく宮崎祐治さんとは、この日が初対面だった。東宝撮影所のスタジオの中には、今は亡き薩谷和夫氏がデザインされた蔦のからまる羽臼《ハウス》屋敷のセットが聳え立ち、7人の女の子たちがやって来る場面が撮影されていた。目の前で映画が撮影されていることにも興奮したが、もっと興奮させられたのは、これが大林監督の商業用映画デビュー作であるという事実だった。

〝CM界の鬼才〟による初の劇場用映画というふれこみだったが、僕にとっては大林監督は、自主上映会の会場で何度も見た『EMOTION＝伝説の午後・いつか見たドラキュラ』（67）の作者に尽きた。あれは、ロジェ・ヴァディム監督『血とバラ』（60）に捧げられた甘美なオマージュであり、何よりも「映画をこんな風に自由奔放に撮ってもいいのか！」と観客をして絶句させるほど、ありとあらゆる映像テクニックが集中的に詰め込まれた青春映画の傑作でもあった。

しかし70年代半ばには、大林監督は何本かの短篇を発表されてはいたが、映画作家としての影は薄く、もはや『ドラキュラ』のような映画は二度と作られないのではないかと勝手に危惧していた。そこに『HOUSE・ハウス』製作のニュースである。しかもATGではなく、全国東宝系劇場で一斉公開。偶然の積み重ねで撮影現場を見ることができた喜びは、今でも忘れられない。

『HOUSE・ハウス』は、生き物のような〝家〟が少女たちを次から次へと食べてしまう奇想天外なファンタジーだが、そもそもは大林監督の愛娘で、当時13歳だった千茱萸《ちぐみ》さんの〝鏡の中のもうひとりの自分が歯をむいて襲ってきたらコワイぞ〟という言葉が、はじまりだったという。次々にアイデアが生まれて、だから原案は〝大林千茱萸〟。これを基に、新人脚本家の桂千穂さんと大林監督が喫茶店の片隅で語り合うこと2時間。怪奇映画に造詣の深い桂さんの作りあげたストーリーは、東宝の企画会議で採用されたものの、現在とはちがって、撮影所出身者以外の〝外部の監督〟が撮影所で映画を撮るのは、もってのほかだった時代だ。

有名な話では同じ東宝撮影所で、58年に石原慎太郎氏が『若い獣』で監督に起用されることが決まった時、東宝の助監督さんたちが自分たちをさしおいて、外部の、しかも映画にはアマチュアの人間を監督として迎えるのは不当だとして猛反対し、揉めに揉めたという前例がある。〝CM界の鬼才〟とはいえ、まだ市川準監督や中島哲也監督の登場までには時間があり、撮影所内部からは反撥の声もあがったらしい。岡本喜八監督らの説得で、『ＨＯＵＳＥ・ハウス』は〝撮影所の映画〟として実現するのだが、企画が通り撮影に入るまでの2年間、雑誌「少年マガジン」と「セブンティーン」誌上で漫画化され、週刊誌やスポーツ紙で『ＨＯＵＳＥ・ハウス』映画化に向けての記事が続々と掲載された。世間の動きが映画化を促したのである。

ニッポン放送では、「オールナイトニッポン」特別番組として、4時間のラジオドラマ『ＨＯＵＳＥ・ハウス』が、76年11月27日に生放送された。もちろん大林監督が演出を担当したが、この時の構成者が放送作家時代の景山民夫氏。７人のハウス・ガールズたちは、秋野暢子、岡田奈々、木之内みどり、林寛子、松原愛、松本ちえこ、三木聖子（五十音順）というメンバーだった。これが、かつてない大反響を呼び、映画化が正式に決定した。

２００人近いオーディションから選ばれた映画版の少女たちは、池上季実子、大場久美子、佐藤美恵子、神保美喜、田中エリ子、松原愛、宮子昌代（五十音順）だった。20年後の今、現役で活躍中の女優さんもいれば、名前を聞かなくなった人もいるが、あの時の7人は本当にキラキラと輝いていた。東宝撮影所の中庭の陽だまりで、陽気にはしゃいでいた7人の姿は、今でも目に焼き付いている。「16～17歳の女の子の生理をそのまま映像化することによって非現実の世界を現出させたい」という監督の当時の言葉は、今見直しても古びることなく映画を息づかせている。

この時、僕らを撮影所で案内してくれた宣伝担当が、『ゴジラ』シリーズや、『モスラ』（96）のプロデューサーとして活躍した富山省吾さんであり、チーフ助監督が『泥の河』（81）でデビューし、『眠る男』（96）を監督した小栗康平氏である。

『HOUSE・ハウス』は、77年7月30日に、山口百恵・三浦友和主演『泥だらけの純情』と2本立てで公開されたが、〝映画〟というより〝事件〟だった。劇場では、若い観客たちが歓声をあげていた。この年の邦画興行ベスト・テン第7位で、配収は9億8500万円。大ヒットである。キネマ旬報ベスト・テンでは第21位。これは80年代にかけて若手の選考委員が参加する以前の状況にしては大健闘であり、何より読者選考ベスト・テンでは第4位にランクされているのを見ても、当時『HOUSE・ハウス』の人気が、いかに高かったかが分かる。

『HOUSE・ハウス』は、それ以後の日本映画の流れを変え、〝外部の監督〟の突破口になった。8ミリや16ミリを撮っていた大森一樹、石井聰亙、森田芳光ら各監督が本格的に既成の映画界に参入したのは、もしくは、そうした場を獲得できるようになったのは、『HOUSE・ハウス』の成功が大きく影響している。

『HOUSE・ハウス』には、のちの大林作品――特に『転校生』（82）、『時をかける少女』（83）、『さびしんぼう』（85）の〝尾道三部作〟、『ふたり』（91）や『あした』（95）の〝新・尾道三部作〟

に連なるものが明確に描かれている。ことにラストのモノローグには大林映画の主題が集約されている。

——たとえ肉体が滅んでも、人はいつまでも誰かの心の中に、その人への想いとともに生き続けている。だから愛の物語はいつまでも語り継がれていかなければいけない。愛する人の命を永遠に生きながらえさせるために。永遠の命……、失われることのない人への想い。たった一つの約束……それは愛。（大林宣彦著「4／9秒の言葉」創拓社刊）

In Memory of 寺本直末（1964 ～ 2014）

第1章 日本映画が産声をあげた頃

戦前

日本映画黎明期の監督のデビュー作についてて書こうという試み自体が、そもそも無謀であって、まず、肝心の映画自体が存在せず、見ることができないのだから、もうどうしようもない。『姿三四郎』や『花咲く港』や『還って来た男』は稀な例外であり、無声映画の殆どは失われているので、文献や証言を基にして書くしかなかった。いつの日か、どこかの土蔵の奥から『愛に甦へる日』や『酒中日記』や『懺悔の刃』が出てきますように。

THE SCENERY OF DEBUT WORK

2

1926年

Masahiro Makino

マキノ雅弘

青い眼の人形

credit **青い眼の人形**　マキノ御室作品

原作・脚色／マキノ雅弘　撮影／松田定次　出演／荒木忍、鹿島陽之助、時岡八千代、東郷久義、五十川鈴子　公開／1926年10月22日（6巻）

［マキノ雅弘／まきの・まさひろ］　本名・牧野正唯。1908年に“映画の父”牧野省三の長男として生まれ、4歳の頃から子役として映画に出演。25年の卒業後は出演、助監督、その他で父を助け、26年に監督デビュー。その後『浪人街』（28）『首の座』（29）では2年連続で「キネマ旬報」第1位を獲得。戦中・戦後は『昨日消えた男』『阿波の踊り子』『金色夜叉』『次郎長三国志』シリーズ、『日本侠客伝』シリーズほか、数限り無い代表作があり、72年にテレビに転向するまでに261本の作品を監督した。93年、逝去。

今は亡き三百人劇場で特集上映された時のタイトルが〝成瀬巳喜男とマキノ雅弘・静と動の情動《エモーション》〟なので、ここでもそれに倣ってマキノ雅弘とさせていただく。と、最初にお断りするのも、マキノ監督は正博、雅弘、雅裕、雅広と4度改名されているからだ。本名は牧野正唯。「キネマ旬報」20年正月上旬号撮影所通信・マキノ御室の欄には「マキノ正唯氏は今度マキノ正博氏と、松浦月枝嬢は松浦築枝嬢と、環歌子嬢は五木悦子嬢と何れも改名」とあり、その項の隣には雅弘氏の父であると共に〝日本映画の父〟でもある「マキノ省三氏は、その後引續き休養中であるが、氏は此程姓名判断の結果、今後マキノ映畫のタイトルに省三なる文字を一切使用しない由を發表した」とも書かれている。

99年当時の特集上映では『恋山彦・総集篇』(37)から『純子引退記念映画・関東緋桜一家』(72)まで計30本、そのうち『鴛鴦歌合戦』(39)『仇討崇禅寺馬場』(57)『若き日の次郎長・東海一の若親分』(61)『日本大侠客』(66)の4本が35ミリニュープリントで上映された。筆者は「マキノ雅弘自伝・映画渡世・天の巻」「地の巻」(77/平凡社刊)を読み、というよりも「キネマ旬報」に連載された山田宏一氏「シネ・ブラボー」のインタビューから、マキノ監督の人と作品の愉しさをまず教えられたという記憶がある。そして半年以上、病気で入院していた(当時はビデオも普及していなかった)時期に、NETの連続ドラマ『マチャアキの森の石松』(75)全26話を毎週貪るように見て「演出助手としてNETの監督（かつて私の助監督をしたことがあった）がついてくれたのはいいのだが、その男がコンテをしてスイッチャーをやるのだという。つまり、私はただの演技指導者にさせられてしまったわけだ」（「映画渡世・地の巻」）というマキノ監督にとっては不本意な仕事でも、その面白さに驚き、退院後は名画座や自主上映で、可能な限りマキノ作品を追いかけた。「映画渡世」2巻は、それこそ無我夢中で読んだが、物理的に制約があるとはいえ二度の文庫版（84／角川文庫、95／ちくま文庫）を物足りなく思うのは、平凡社版の杉浦康平＋鈴木一誌＋谷村彰彦＋郡幸男の造本の魅力も含めて、豊富なスチールや欄外の註が、それこそマキノ映画のリズムそのままに楽しさを立体的に浮き彫りにしていたからだろう。内容が同じとはいえ、一本の映画を劇場とビデオで見るほどの印象のちがいがあったから、今でも平凡社版「映画渡世」2巻は筆者の宝物である。

その平凡社版「天の巻」の106頁の片隅にマキノ監督のデビュー作『青い眼の人形』（26）の写真が載っている。映画のスチールではなくロケ中のスナップで、演出中の監督と主演の荒木忍が車の前で写っている。この18歳での監督デビューまでの足跡を辿りたい。12（大正元）年、日本活動写真株式会社が創立され、京都撮影所長に就任した父、省三の下で4歳の頃から20歳まで169本の映画に出演。以前、無声映画鑑賞会で牧野省三監督『大楠公夫人』（22）の一部を見たが――その時の題名は『楠公父子、桜井の決別《わかれ》』と記憶しているのだが――、楠木正成役が若き日の内田吐夢、正行役が15歳のマキノ雅弘で実に初々しい若武者ぶりだった。「とにかく、小学校へ行く前にもう役者にさせられた。入学してからも、子役をやめさせてくれなかった」（『映画渡世・天の巻』）。『大楠公夫人』出演が学校当局の知るところになり、退校を申し渡されるが、マキノに籍を置いていた獏与太平（古海卓二）らの尽力で復学。ラグビー部の後輩で、のちに助監督として就く山中貞雄や、脚本家兼監督の久保為義との出会いが、その青春を彩る。卒業後は俳優兼助監督として父・省三をはじめ衣笠貞之助や金森万象、沼田紅緑などから演出技術を学び、26（大正15）年に、最初のシナリオである現代劇『青い眼の人形』を書く。

「当時、♪青い眼をしたお人形は……という童謡が流行っていたので、父が私に言った。『どうせ子供の唄やろ。子供のことやったらお前書け』。私は書いてみた。脚本《ホン》がパスして、監督は富澤進郎に決った。私は他の作品に役者として出るはずだったのだが、富澤進郎が急病で倒れてしまったので、父に『お前監督やれ』と言われた。父には、ええシャシンが出来たら、富澤進郎の名で、出来が悪かったら、お前の名で出せとも言われ『そんなバカな』と思ったけれど、監督するってことがどんなものやろかという好奇心が湧いた。（中略）そんな気持ちで、一生懸命撮った。出来上った作品を見て、父は『ええシャシンや、ええシャシンや』とほめといて、『マサ公、富澤進郎の名にせい』。足踏んばって頑張っただけ損や」（「映画渡世・天の巻」）。

公開当時の「キネマ旬報」の記録を見ると、確かに富澤進郎名義になっている。富澤進郎監督とは？　88年版と97年版の映画監督辞典に名前はなく、遡って75年版「日本映画監督全集」にその名を見つける。25年に後藤秋声との共同で『悪魔の哄笑』で監督デビューしてから『さらば青春』（31）まで7年間で47本を監督。26年には1年間で12本撮っている。急病にもなるはずだ。彼の32年以後の消息は不明。どんな人生を送ったのだろうか。

「キネマ旬報」26年10月中旬号には『青い目の人形』の略筋が以下のように記されている。「ラヴローマンスに満たされてゐた前半生と妻敬子（時岡八千代）とが彼の許を去ってから後、内田幸吉（荒木忍）は愛児と共に数年間流浪の旅を續けた。父子が辿りついた華やかな街、其處には悪戯な運命の神が待ってゐた。長い牢獄生活から心の荒んだ男謙二（鹿島陽之助）はこの父子を知るに至って次第に悔恨の心が目醒め、どん底に蠢く敬子を救ふべく仲間を裏切って闘った。此處に彼を崇拝する孤児千ちゃんの活躍、沖探偵（東郷久義）の奮闘と相待って漸く敬子を夫と愛児とに合はせたが、其時彼女は死に依って醜い過去の一切を清められてゐた。沖探偵の言葉に感激して初めて人間に甦ることの出来た彼等は町から町へと楽しい人生の旅を續けるのであった」。

現代劇ではあるが「マキノ時代劇は、アメリカの活劇映画に似たスピーディーなスタイルが広く歓迎され」（田中純一郎「日本映画発達史Ⅱ」57／中央公論社刊）に共通する爽やかさがあったのか、山本緑葉氏の批評も「マキノの御曹司、マキノ正博氏の原作脚色になるもので、狙い所はシナリオをものにせんとする者の多くが最初に狙ふセンチメンタリズムの物語ではあるが、さすがマキノの御曹子、一方興行価値方面をも考慮して盛んに活劇を盛り込ん惰れさせまいと努めて居る點など、やはり蛙の子は蛙である。富澤進郎氏の監督は時代劇より現代劇の方が肌に合ふと見えて、調子が良い。難を云へば前半に一寸スピードが足りないが後半の活劇は上出来であった」（26年11月下旬号）と好意的である。撮影はマキノ監督の異母弟で、のちに『旗本退屈男』（58）などで東映時代劇を支える松田定次監督、同時上映は沼田紅緑監督『紫頭巾・後篇』。翌27年の『週間苦行』で監督として一本立ち。28年の『浪人街・第一話／美しき獲物』がキネマ旬報ベスト・テン1位。同年4位に『崇禅寺馬場』、7位に『蹴合鶏』。翌29年も『首の座』が1位、『浪人街・第三話／憑れた人々』も3位に入賞。このあたりの作品が完全な形で残っていないのは残念だが、一度見たら病みつきにならずにいられない秀作揃いであることは今さら筆者が言うまでもないだろう。

THE SCENERY OF DEBUT WORK

3

1930年

Mikio Naruse 成瀬巳喜男

チャンバラ夫婦

credit **チャンバラ夫婦**　松竹蒲田作品

原作・脚色／赤穂春雄　撮影／杉本正二郎　出演／吉谷久雄、吉川満子、青木富夫、若葉信子　公開／1930年1月15日（32分）

[成瀬巳喜男／なるせ・みきお]　1905年、東京生まれ。20年に松竹蒲田撮影所に入所後、長い助監督時代を経て29年に撮影所長・城戸四郎の脚本『チャンバラ夫婦』で監督に。初めて脚本も手がけた『君と別れて』（32）、移籍後の『まごころ』（39）ほかで注目を集める。山田五十鈴、田中絹代、原節子、高峰秀子など当時のスター女優を主演に『歌行燈』（43）『おかあさん』（52）『めし』（51）『浮雲』（55）『驟雨』（56）といった映画史に残る傑作を多数ものにした。ほか作品に『あにいもうと』（53）『放浪記』（62）『乱れる』（64）など。『乱れ雲』（67）を最後に、69年、逝去。

99年4月24日から6月6日まで三百人劇場で〝成瀬巳喜男とマキノ雅弘・静と動の情動《エモーション》〟と題して両監督の作品が計50本特集上映されたが、成瀬作品では『旅役者』(40)や『芝居道』(44)『夫婦』(53)『妻』(53)が35ミリ、ニュープリント化されて試写で見せて貰った。

ことに成瀬監督も「僕の好きな写真なんですが、公開のとき長さの関係で切られ(中略)、このあたり喜劇が少なくなっていますが、これなどは喜劇とペーソスを狙ったものです」(「キネマ旬報」53年7月下旬号)という『旅役者』は、後年の『めし』(51)や『浮雲』(55)と比べても、普段着の素晴らしさが光る佳品だった。初期作品の大部分は失われ、今回も現存する最も古いサイレント作品『腰弁頑張れ』(31)以降が特集上映された。

勿論、デビュー作『チャンバラ夫婦』(30)のプリントは現存していないので、失われた作品をあれやこれやと勝手に想像しつつ、「デビュー作の風景」を幻視してみたい。

縫箔職人を父に持ち、巳年生まれなので巳喜男と命名され、小学校を出ても普通の中学に進むだけの財力がなく、築地の工手学校に入学。文学好きだったので図書館に通い、小説を貪《むさぼ》り読んでいたが、学校を卒業し、数え年で15歳の時の20年に松竹蒲田撮影所に入る。衣装部に知人がいて出入りするうち、小道具の手伝いをするようになったという。

「初めは社員でもなんでもなかったんです。そのころは、まだ、助監督という地位もはっきりしていなかった。それでも池田義信さんに頼んで、助監督みたいな仕事をするようになったのが大正十一年、十七歳のころだったと思います。丸六年くらい池田さんについた」（平井輝章「実録・日本映画の誕生」93／フィルムアート社刊）。池田監督は当時の松竹を代表する監督のひとりだった。

成瀬より後に入社した小津安二郎や清水宏、斎藤寅次郎、五所平之助らが平均3年ほどで監督になっているのに比較して、彼の監督昇進は遅い。蒲田撮影所所長の城戸四郎《きどしろう》は脚本の執筆能力を監督昇進の条件にしており、「成瀬は、しじゅうシナリオを書いて、城戸の所へ持っていった。『後から後からシナリオを持ってきたのは成瀬と木下（恵介）だった』と城戸は、いったことがある」（石坂昌三「巨匠たちの伝説」88／三一書房刊）。

東大出身のスポーツマンで近代的な闊達《かったつ》さを身につけていた城戸四郎は、成瀬を評して「人に反感も持たれない代わりに人に存在も認められないという、じっとおいておけばそのまま、よほど注意しないと認められないで終わるという静かな感じの人で、声も低いし、話をするのでも遠くから話のできないたちだった。（中略）三間《けん》離れてどなれないのではないかと思う」（城戸四郎「日本映画傳・映画製作者の記録」56／文藝春秋社刊）と書いている。城戸と成瀬の肌合いの違いが、成瀬への過小評価につながり、監督昇進が遅れた要因であることは、つとに指摘されている。

「一度は監督をあきらめ、下宿をたたんで蒲田駅まで来たところで、五所に偶然会って、短気をたしなめられて、撮影所に戻ったというエピソードがある。『あの時、五所さんに会っていなかったら監督になっていなかっただろう』と、成瀬は後年、お酒が入るとよく述懐したという」(前掲「巨匠たちの伝説」)。

29年の暮れ、城戸所長から薄い二巻物のシナリオを与えられ、それがデビュー作『チャンバラ夫婦』になる。「僕が25の歳の暮れなんですが、城戸さんから急に呼出しがありましてね、いきなり脚本を見せられた。撮れというのですね。城戸さんが自分で書いた短篇のドタバタ。写真の長さから撮影日数まで、頭から決まってるんです。で、その日のうちにキャストを決め、翌日ロケハン、その翌日開始。三十六時間ぶっつづけで撮り上げたんで、よく覚えてます。昼ロケ夜セットという工合でね。上がったとたんに寝込んじゃって、五所さんが編集してくれました」(「キネマ旬報」53年7月下旬号)。

後年の「松竹映画作品記録」や「映畫読本・成瀬巳喜男」(95/フィルムアート社刊)では浅草帝国館封切とされているが、公開当時の記録では新宿松竹館封切となっている。あるいは両館で公開されたのか。下加茂製作の悪麗之助監督、月形龍之介主演の時代劇『弥藤太昇天』(8巻)の添え物だった。同じ年には、斎藤寅次郎監督も『恋の借金狂ひの戦術』、清水宏監督も『浮気ばかりは別物だ』、小津安二郎監督も『エロ神の怨霊』などの短篇や中篇を手がけている。

『チャンバラ夫婦』の原作・脚色は、前述の発言にもあるように、赤穂春雄こと城戸四郎。正月早々、八郎（古谷久雄）の家に、カフェの女給・栄子（若葉信子）がやってきて、女房（吉川満子）と膝詰談判をはじめる。心あたりのある八郎は栄子を去らせようとするが、揉み合いのあげく女房は卒倒してしまう。実は栄子は八郎の付け文を頼りに、一人息子と正月を送るための金を無心にきただけだった。ひと安心した女房が気前良く金を出し、八郎も安心して、伜の九郎（青木富夫）と活動写真を見に行く――という物語らしい。その活動写真は看板は『たゝかれ亭主』。翌週の1月27日に歌舞伎座で封切られた、斎藤寅次郎監督、渡辺篤主演『たゝかれ亭主』の宣伝を兼ねていたのだ。

新人の腕だめしの域を出ていなかったらしいが、「キネマ旬報」30年2月1日号の岡村章氏の批評は「短篇型喜劇としては中位に属す可きもの。可もなく、不可もない。叙述的に滞りなく、一定のテムポを有する處、新進監督者の労を犒《ねぎら》ってよい。吉谷久雄と吉川満子の珍妙な夫婦、たゞ、それだけの喜劇ではあるが」と結構手厳しい。ただ岡村氏の批評に関しては、どれも未見の作品で分からないが、同じ頁の島津保次郎監督『レヴューの姉妹』評も「登場する人物に内省がなく」「新派時代の遺物に外ならない」、斎藤寅次郎監督『美人暴力団』評も「題材が餘《あま》りに下等で、寒を催させる」と貶《けな》しまくりで、日本映画全般にウンザリしている気配が濃厚だ。

30（昭和5）年は、世界経済恐慌、大豊作で米価大暴落、失業者氾濫、ストライキ続発と、99年当時によく似た世相だ。この年に成瀬は『純情』（短篇）『押切新婚記』『不景気時代』（短篇）『愛は力だ』と計5本を撮る。6作目の『ねえ興奮しちゃいやよ』（31）では「これもドタバタです」と自註し、さすがに飽きたのか「ドタバタが自分に向いているとは思えない。しかし当時僕たちが撮る写真はギャグが入ってないと叱られるのですよ。そこで、ふつうの調子で押して行ける作品で、中に適当にギャグをさしはさむことを考えました」（「キネマ旬報」53年7月下旬号）と、ドタバタのギャグと折り合いをつけることを語っている。それでも〝ドタバタの強い〟『女は袂を御用心』（31）や、〝メロドラマ、ドタバタ、抒情的なもの、の合体〟『チョコレート・ガール』（32）、それに前線慰問のためにロケット式笑慰弾を発射して、弾の中からスターが次々に登場し、兵隊さんたちの前で芸を演じるだけという〝ストーリーも何もない〟戦意昂揚娯楽映画『勝利の日まで』（45）など、今は失われた映画への思いは募るばかりだ。

『君と別れて』『夜ごとの夢』（33）がキネマ旬報ベスト・テン入りした後、注目されるが、城戸四郎は「小津はふたりいらない」と言い、ＰＣＬからの引き抜きに「どうぞ」と応じる。戦後の成瀬作品の開花は、残された数々の傑作で確かめることができる。

THE SCENERY OF DEBUT WORK

4

1934年

Kozaburo Yoshimura

吉村公三郎

ぬき足さし足／非常時商売

credit **ぬき足さし足／非常時商売** 松竹蒲田作品（サイレント）

脚本／吉村公三郎　撮影／小倉金弥　出演／高山義郎、山口勇、高峰秀子　公開／1934年3月29日

［吉村公三郎／よしむら・こうざぶろう］ 1911年、滋賀県生まれ。日本中学卒業後、29年松竹へ入社。34年に監督デビュー後、29年松竹へ入社。34年に監督デビュー後、『暖流』（39）『安城家の舞踏会』（47）などで声価を高める。50年、新藤兼人と共に近代映画協会を設立。『偽れる盛装』（51）『夜明け前』（53）『夜の河』（56）『越前竹人形』（63）『襤褸の旗』（74）など、さまざまなジャンルの作品を手掛け、巨匠としての地歩を固める。76年、紫綬褒章、82年、勲四等旭日小綬章を受章。2000年、逝去。「映画いのち」「京の路地裏」など著書も多数ある。

どういう経緯だったのか、今ではもう殆ど忘れてしまったのだが、知人を介して「吉村公三郎監督に会ってみませんか」と誘われたのは、98年か99年ころだったと思う。通称「ハムさん」。勿論、『暖流』（39）や『安城家の舞踏会』（47）『夜の河』（56）などの代表作は見ていたし、いずれはデビュー作について伺いたいと思っていたので、渡りに舟とばかりに、東京郊外にある瀟洒《しょうしゃ》なマンションの一室にお邪魔した。

お会いして驚いたのは、現役時代の90キロ近い巨体、ベレー帽をかぶり、夏は半ズボンという写真のイメージが、予め刷り込まれていたからなのだろうが、長年の闘病生活のせいか矍鑠《かくしゃく》とはされているものの、痩身で車椅子の姿が、こちらの先入観とは全く重ならず、同一人物とは思えなかった。だが、御挨拶して、いざ映画の話になると、止まるところを知らず、じっくりと半日以上もお話を伺うことができた。

「4歳の時に、広島で初めて見た映画は、チャップリンの映画でね。これが実に面白かった。詳しい筋は覚えていないが、脱獄囚のチャップリンが逃げ回る喜劇で、これで病みつきになって、映画に夢中になった」。

「親父の転職で、あっちこっちに住んだが、中学は岐阜の大垣中学に進学した。4年の時に、校長排斥のストライキ計画に加担して、集団サボタージュ事件の首謀者と見做されて退学処分になったんだ。それで日本中学に転校して、29年に卒業した」。

「大垣中学時代から、校則に違反して（註・当時、地方の中学では指定された作品以外の映画を見ることは禁止されていた）映画ばかり見ていたので、東京に転校してからは、憚ることなく、神田淡路町のシネマパレスという映画館に通いつめた。好きだったのは、ムルナウ、ガンス、チャップリン、スタンバーグ、エイゼンシュテイン、プドフキンの映画」――と、ここまで一気呵成。

「活動写真を〝映画〟って初めて呼んだのは誰だか知ってるかい？」と、突然訊ねられ、返答に窮していると――「〝映画〟という言葉そのものは、１９１１年の石川啄木の詩集の中で初めて使われているんだ。まあ、一般的に映画という言葉が定着したのは、昭和に入ってからで、１９２８年頃からなんだけどね」と教えられたが、世間話の延長のように話されるので、押しつけがましさは微塵も感じられない。映画と同様に、佐藤春夫の詩や、石川啄木の短歌に傾倒していて、ますます勉強どころではなくなっていた。


高校入試は全部落ちてしまい、ふと、映画監督になろうと思いたって、父・平造氏に相談する。父親は明治法律学校（現・明治大学）を卒業して、朝日新聞記者、大阪市助役、広島市市長を経て、北海道、東京、小倉などで会社役員を歴任。その父親の承諾を得て、親類筋にあたる松竹蒲田撮影所の所長代理・堤友次郎を紹介され、その世話で、29年5月に同所に助手として入所する。当時の所長は、城戸四郎だった。堤氏の指示で、〈蒲田調〉と呼ばれる小市民映画の基礎を築き、松竹を代表する巨匠だった島津保次郎監督に就く。

84年に刊行された「日本映画を読む・パイオニアたちの遺産」（ダゲレオ出版刊）の中で、吉村監督は島津監督について、こう書いている。「島津保次郎という人は、助監督をどやしつけたり、時にはぶん殴ったりという荒っぽいことをしょっちゅうやったんです。仕事を離れればそうでもないのですが、現場においてはしごきにしごいた。それでそのしごきに耐えられない者は逃げ出してしまうから、島津組の助監督にはいつも欠員ができちゃうんです」。「とにかく下品で、うるさい父親だった。10年間しごかれて、耐えに耐えた」と、吉村監督は本当に、いやそうな表情で僕にも話されたが、同書では「島津さんは、演技というものは、自分を空しくして役柄を技術と頭で演じこなすことではなく、俳優個人の自己表現だという考え方だったんですが、これは〈蒲田調〉の演技の基本といえますね。島津さんは、役者に脚本を何度も繰り返し読ませました。それは、そうやって何度も読んでいるうちに、役柄と自分の距離がどんどん縮まり、自分の地を出すことがそのまま役柄を生きることになるという考えからなんです。島津さんの演技指導は役者に対して、まずその個人をじっくり観察するところから始まるわけです。その演技指導の要諦は、役者をできるだけリラックスさせることなんです。ですから、決して役者には怒鳴ったりなんてしないんですよ。助監督に対するのとはえらい違いですよね」。島津監督の『隣の八重ちゃん』（34）や、『家族会議』（36）『婚約三羽烏』（37）などの名作は、こうして生まれ、助手からは、吉村監督をはじめ、豊田四郎、木下恵介ら秀れた人材を輩出した。

島津監督に怒鳴られ続けて、漸く監督デビューのチャンスが訪れる。「自作を語る」（キネマ旬報増刊60年12月・日本映画監督特集）によれば、「城戸（四郎）所長が、助監督から監督を養成しなければならないというので、短編のシナリオを書かしたわけです。そのなかにぼくの『非常時商売』というのと『小僧の神様』という志賀直哉さんの脚色したものがありました。それが一応審査をとおったわけです。それで一本撮らされたのですがね。デコちゃん（高峰秀子）が十くらいでね。彼女が主役ですが、他愛もない話ですよ。これは『冬木心中』（衣笠貞之助）という映画といっしょに封切りになったと思う。まだサイレントです。結局ぼくは落第して、またもとの助監督に逆戻りです。ナンセンス・コメディなのに、自分じゃおかしいと思っても、見ている人がちっとも笑わないのです。いま思えば、わっと笑うような写真じゃないんですよ。ライト・コメディの形式で撮ってしまった。それがいけなかったんですね。勿論、出来も悪かったしキザなものでしたよ。試写のときに笑い声が一つもなかったですね」。

フィルムは現存せず、吉村監督自身も「15分くらいの短編ナンセンス喜劇だったけど、存在するとしても見なくていいですよ」。「島津さんにあらかじめ意見を聞かせてもらおうと思ってコンティニュイティをたてたんです。それを見た島津さんは、〝こんなもの、別にどうってことねえよ。こんなもので映画を撮れるなんて考えちゃいけないぜ。それよりも芝居の段取り先に考えろよ〟と言いました。私が具体的に教わったのは島津さんに助監督として就いた十年の間でそれだけでしたからね」(「日本映画を読む」)。

会社からは、さんざん小言を言われ、助監督に逆戻り。島津監督『春琴抄・お琴と佐助』(36)や『朱と緑』(37)、小津安二郎監督『淑女は何を忘れたか』(37)の助監督を経て、『女こそ家を守れ』(39)で、吉村監督は再デビューする。

「吉村監督の作品の中では『地上』(57)が一番好きです」と言うと、とても喜んで下さって、「また、ぜひ遊びにいらっしゃい」と言われたが、それからまもなく吉村監督は逝去された。一期一会の御縁だった。亡くなられてから『間諜未だ死せず』(42)や『夜の蝶』(57)『女の坂』(60)などを見て、お話を伺いたくなったが、あとの祭りである。なお、この稿は14年に刊行された労作「映画監督吉村公三郎　書く、語る」(ワイズ出版)を参考にさせてもらったが、編者である竹内重弘氏も14年10月に亡くなられ、その御冥福を祈りたい。

THE SCENERY OF DEBUT WORK

5

1934年

Nobuo Nakagawa

中川信夫

弓矢八幡剣

credit **弓矢八幡剣**　市川右太衛門プロ第２部作品

企画／柳武史　脚本／中川信夫　撮影／中村美雄　出演／田村邦男、白石明子、松本栄三郎、神戸藤子　公開／1934年12月1日

[中川信夫／なかがわ・のぶお]　1905年、京都生まれ。「キネマ旬報」の常連投稿者として活躍後、29年にマキノ映画に入社するが、32年同社の倒産に伴い、市川右太衛門プロに移籍。監督昇進後もマキノ・トーキー、東宝京都撮影所と移り、戦時中は中華電影で記録映画を撮影。戦後、『怪談累が淵』（57）『東海道四谷怪談』（59）『地獄』（60）など斬新な感覚が持て囃される一方で、『「粘土のお面」より・かあちゃん』（61）ほかの現代劇でも好評を博す。70年代以降はテレビ界に身を投じ、82年に『怪異談・生きてゐる小平次』をATG製作で完成。84年、逝去。伝記に「映画監督・中川信夫」（リブロポート刊）がある。

石井輝男監督の怪作『地獄』（99）のプレスシートには、中川信夫監督『地獄』（60）を基にした3度目のリメイクとあるが（2度目は神代辰巳監督『地獄』（79））、この3本に共通するのは題名と、後半に阿鼻叫喚の地獄絵図が用意されている点のみであり、リメイクとは言えないだろう。そして石井監督版『地獄』が披露上映された「東京国際ファンタスティック映画祭99」では、没後15周年を記念して中川監督版『地獄』も上映されるというのは何かの因縁か。嵐寛寿郎扮する閻魔大王や赤鬼青鬼、血の池地獄や針の山地獄などを渋谷パンテオンの巨大画面で見るおぞましさも贅沢な世紀末体験よ。『東海道四谷怪談』（59）や『地獄』が中川監督の代表作であり傑作であるのは、言うまでもないが、文句なしに抱腹絶倒させられた『エノケンの頑張り戦術』（39）や『高原の駅よさようなら』（51）『「粘土のお面」より・かあちゃん』（61）などの忘れ難い佳作を思えば、その作品の巾の広さが分かろうというものだ。遺作『怪異談・生きてゐる小平次』（82）まで、中川監督は生涯に97本の劇場用映画を残されたが、筆者はその半分も見ておらず、勿論、デビュー作『弓矢八幡剣』（34）も未見。それでも中川監督について書いてみたい誘惑を抑え切れないのは、70年代半ばに京橋フィルムセンターの客席で中川監督の姿を何度かお見かけしたからか。腰に手拭、下駄という伝説的なスタイルで、いつでも嬉しそうにされていたのを思い出す。一ファンとして古今東西の映画を堪能している表情だった。フィルムセンターの特集上映「日本映画の発見V　栄光の

50年代」で上映した中川監督の『若き日の啄木・雲は天才である』（54）や『怪談累が淵』（57）を見に行くと、監督のそうした気配や佇まいが、しきりにこちらの脳裡を掠めたりもした。

神戸育英商業高校在学中の中川さんは、川端康成や横光利一ら新感覚派文学の虜になり、中野重治らプロレタリア文学の影響も受け、滝沢一・山根貞男編「映画監督・中川信夫」（87／リブロポート刊）によれば「出来れば小説家になりたかった」が、「文学に進むには大学を出ていないと駄目だと単純に考え、映画ならやれそうだと思って、文学から映画に傾く」。若き日の中川監督は「キネマ旬報」の常連投稿者だった。28年、創刊9周年を記念して「キネマ旬報」が読者から募集した懸賞論文に投稿した「ストオリー及びシナリオに就いて」が当選して、9月1日号に掲載後、夥しい数の評論を投稿し採用される。同時に『灰燼』（29）を撮影中の村田実監督を日活撮影所に訪ね、助監督にしてくれるよう頼み、待機中に雑誌「日活花形」や「東亜キネマ」の取材と編集の仕事に携わる。村田監督の返事が待ちきれず、29年に知人の紹介でマキノ撮影所を訪ねて、助監督として入社が決まる。その直後に、村田監督からは「来るように」と電報が来るが、結局マキノ映画に行き、阪田重則監督『相馬の金さん』『草に祈る』（29）やマキノ正博監督『ぴんころ長次』『泥だらけの天使』『浪人太平記』（29）の助監督を務め、マキノ作品では脚本も執筆するが脚本料はなかったという。

翌30年には世相は世界経済恐慌の煽りを受けて不景気となり、マキノ映画は給料を遅配し、労働争議に突入。マキノ撮影所解散後は、マキノ時代から親しかった稲葉鮫児監督から誘われて、市川右太衛門プロダクションの助監督になる。小津安二郎の作風に傾倒し、山上伊太郎に心酔していた中川さんだったが、経済的には苦しく「池の鯉を釣って鯉コクにしたまではよかったが、余りのドロ臭さに食えなかったり、ガス、水道から電灯までとめられて、ろうそくの生活をつづけるなど辛酸をなめた」(「日本映画監督全集」(76/キネマ旬報社刊))。

34年に監督昇進のテスト作品として、『弓矢八幡剣』を撮る。中川作品には役者としても出演した川部修詩氏の著書「B級巨匠論・中川信夫研究」(83/静雅堂刊)によれば、「彼(中川)の言によると、現代劇から時代劇に変わり、再び現代劇に戻るという喜劇タッチの凝った作品だったが、ストーリーなど、その詳細は忘れた——とのこと」とある。「映画監督・中川信夫」のフィルモグラフィー及び年譜の項目には「冒頭、ドラマの内容を象徴する現代の映像が数カットあって、傘張り浪人父娘の時代劇がはじまる。浪人がしゃっくりすると事件が起り、武勇を発揮し解決していく。一見喜劇に見えるが社会調刺を利かしたシリアスなドラマで、映像が美しく、一カット一カットが新鮮な印象であった」と記載され、「現存する資料がなく、柳川武夫、古野英作両氏の話を参考にしました」と付け加えられている。柳川武夫氏は『弓矢八幡剣』の企画者・柳武史であり、のちに東映を経て日活で『帝銀事件・死刑囚』（64）などをプロデュースし、『彫る・棟方志功の世界』（75）『京舞・四世井上八千代』（78）など記録映画の秀作を監督した。

市川右太衛門プロ製作とはいえ、二部（第二会社）の作品なので、「映画監督・中川信夫」での桂千穂氏による「インタビュー・全作品を語る」で、中川監督は「田村邦男というデブの役者、あれが主演です」「（長さは）一時間ちょっとぐらいでしょうね」「（撮影期間は）半月ぐらいかかってますよ」「ストーリーなんかは想い出せない」とまで言っている。

公開当時の「キネマ旬報」にも記録は載っていないが、前掲「B級、巨匠論」の作品録の記述が、この作品について最も詳しい文章だと思われるので、いささか長くなるが引用しておきたい。「同作品に関しては本論でも述べたとおり全く記録がない。しかし「キネマ旬報」（昭和9年10月1日号）「撮影所通信・右太プロ」の項、第二部通信を見ると「中川信夫は〝しゃっくり武勇伝〟に着手」とある。また同じく「キネマ旬報」同年10月11日号には右太プロ第二部通信として「中川信夫の〝しゃっくり武勇伝〟完成。カメラ・中村美雄、出演者・田村邦男、白石明子、神戸藤子、松本栄三郎」と記載されている。この2つの記事から推し、『しゃっくり武勇伝』が、公開に際し『弓矢八幡剣』と改題されたものと筆者は考えた。これについて、同作品出演の有島鏡子（本名・鈴木初子）は、昭和58年3月18日付手紙で、そのとおりの旨、報らせてくれた。しかし彼女自身も、同作品の公開月日は判らないとのことである。だが完成記事から推し、昭和9年の10月中旬以降、遅くとも11月上旬頃と見てよいだろう。なぜなら当時は作品完成から公開まで余り余裕がなかったからだ（後略）」。

サイレント作品『弓矢八幡剣』は社内的には好評で、サウンド版『東海の顔役』（35）を市川右太衛門主演で撮る。『東海の顔役』を中川監督の本格的デビュー作とする文献も多く、このあたりはぜひ監督本人にお訊ねしてみたいところではあるが、84年6月17日、79歳で逝去。『怪異談・生きてゐる小平次』を製作したATGの多賀祥介プロデューサーの著書「ATG編集後記」（95／平凡社刊）では「打合せのテーブルの上には必ず日本酒と、夏なら冷や奴、秋から春までは湯豆腐がのっていた」と書かれ、映画完成後の〝喜寿を祝う会〟で監督に贈られた記念品は「登山帽一ダース、下駄五ダース、豆腐五〇〇丁、酒一年分」だったそうだ。中川監督の幸福そうな微笑みが目に浮かぶような気がする。

THE SCENERY OF DEBUT WORK

6

1943年

黒澤明

Akira Kurosawa

姿三四郎

credit **姿三四郎**　東宝作品

企画／松崎啓次　脚本／黒澤明　原作／富田常雄　撮影／三村明　出演／藤田進、大河内傳次郎、轟夕起子、志村喬　公開／1943年3月25日（73分）

［黒澤明／くろさわ・あきら］ 1910年、東京都生まれ。十代で画家を志すが、後に転向し、36年P.C.L（現東宝）に入社。主に山本嘉次郎監督に師事し、43年に監督デビューを飾る。その後の代表作は『野良犬』（49）『羅生門』（50）『生きる』（52）『七人の侍』（54）『隠し砦の三悪人』（58）『用心棒』（61）『赤ひげ』（65）ほか枚挙に暇がなく、ヴェネツィア映画祭グランプリ、カンヌ国際映画祭パルム・ドール、アカデミー外国映画賞ほか受賞。80年代以降『影武者』（80）『乱』（85）『夢』（90）『八月の狂詩曲』（91）『まぁだだよ』（93）を発表し、再び世界の黒澤を印象づけた。98年、逝去。

99年秋、本屋さんに出かけて、新刊書の棚を見ると、淀川長治「淀川長治、黒澤明を語る。」(河出書房新社刊)、樋口尚文「黒澤明の映画術」(筑摩書房刊)、「黒澤明夢は天才である」(文藝春秋刊)、山田和夫「黒澤明――人と芸術」(新日本出版社刊)、土屋嘉男「クロサワさーん!黒澤明との素晴らしき日々」(新潮社刊)と、黒澤明監督の関連書がズラリと並んでいる。そうか、一周忌かと思う。遺稿を映画化した小泉堯史監督『雨あがる』や、四騎の会で企画された市川崑監督『どら平太』も完成し、やはり遺稿『海は見ていた』も熊井啓監督で02年に映画化された。前述の5冊を購入し読むと、それぞれ異なる角度から黒澤監督本人もしくは作品に誠実に言及されていて興味深い。98年の逝去直後に慌ただしく、いかにも付焼き刃で出版された本のどれからも、さまざまな意味でやりきれなさを感じたのとは対照的で、一年という時間が、黒澤作品への冷静な距離の測定を可能にしたのだろうか。どの本を読んでも黒澤映画自体を、もう一度見直したい衝動にかられた。「巨人と少年・黒澤映画の女性たち」(92/文藝春秋刊)のあとがきで、尾形敏朗氏が「その名声ゆえに、黒澤は結果的に映画以外で、たくさんの言葉を残している。彼ほど多く批評され、創作の秘密を論じられた映画監督は日本にはいない」と書かれているように主要著作や関連文献の題名を挙げるだけで、この連載の頁は埋まってしまう。筆者自身はいたずらに黒澤監督を神格化し崇拝するつもりはないが、それでも無意識の裡に黒澤映画からは相当の影響を受けているだろうと自覚している。黒澤監督御本人には晩年に一度だけ間近でお目にかかっている。WOWOWでの黒澤作品一挙放映時に際し、淀川長治氏との対談収録時、仙頭武則プロデューサーの好意で立ち会うことができたのだ。この時は拝謁という感じで、さすがに緊張した。黒澤監督が、その場に現れた瞬間、その空間だけがシネマスコープのサイズに変形したのかと思わせるほどの迫力と豊かさに溢れていた。その存在自体が、映画の持つ可能性の大きさを喚起させていたという一点だけにおいても、筆者は黒澤映画からの恩恵を感じずにはいられない。主に、この時の幸福な記憶を梃子にして筆者は「デビュー作の風景」を綴りたい。

映画の最初の記憶は、幼稚園時代に遡る。「私は、はじめて映画（活動写真）というものを見た。大森の家から、立会川の駅まで歩き、品川行きに乗って、青物横丁という駅を降りると、その映画館があった。その2階の真ン中に、絨毯を敷いた一画があって、家族がそろって活動写真を見たのである。何を幼稚園の時に見て、何を小学校の時に見たか、その辺の事はよくわからない。ただ、おぼえているのは、なんだかドタバタ喜劇があって、それがとても面白かった事」「しかし、この頃の映画との出会いを、後年の映画人りに結びつけるものは何もないと思う。ただ、動く画面を見て、笑ったり、怖くなったり、悲しくなって涙ぐんだりする事が、平凡な日常生活に、変化のある心持ちよい刺激と昂奮を与えてくれるのを、素直に楽しんでいただけである」（黒澤明「蝦蟇の油——自伝のようなもの」84／岩波書店刊）。

神田の京華学園中学卒業前後から、若き日の黒澤明は絵画への道を志し、日本プロレタリア美術同盟に参加して、二科展にも入選。治安維持法下で、非合法の政治活動にも参加する。すぐ上の兄・丙午が須田貞明の名で、映画説明者になったこともあり、チャップリンやフォード、ヴィダー作品などに傾倒する。33年7月に丙午が自殺。画家としての自分の才能に疑問を感じ、転職を考える時期、新聞でPCLの映画助監督募集の広告を見て応募する。応募者は500名を越え、採用人員は5名。大変な難関だったが、最後の口頭試問の試験官は、のちに師となる山本嘉次郎監督だった。36年、PCLに入社。26歳の春だった。

サード助監督として最初に就いたのは、矢倉茂雄監督『処女花園』（36）。

「入社した私は、最初に助監督としてつけられた仕事で、すぐやめる決心をした。父は、何事も経験だと云ったが、その仕事の経験のすべては、二度と経験したくない経験ばかりだったからだ。やめると云う私を先輩の助監督達が、一生懸命とめて、作品はこんな作品ばかりではないし、監督もこんな監督ばかりではないとなだめてくれた」（「蝦蟇の油」）。2本目に山本嘉次郎監督『エノケンの千万長者（正・続篇）』（36）に就き、「山本組の仕事は楽しかった」「山さんが、今、やっている仕事、それこそ、私が本当にやりたい仕事だったのだ」（「蝦蟇の油」）。伏水修、滝沢英輔、成瀬巳喜男監督作品に就くが、山本監督『美しき鷹』（37）でチーフ助監督を務めて以降、主に山本監督に師事。『馬』（41）ではB班監督を担当した。脚本も精力的に執筆し、『静かなり』は42年、情報局国民映画脚本募集で情報局賞を受賞し、同年『雪』も情報局賞を受賞。『青春の気流』は伏水修監督で、『翼の凱歌』は山本薩夫監督で、42年にそれぞれ映画化された。

山中峯太郎原作『敵中横断三百里』の脚本を執筆し、映画化を申し出るが見送られ（55年に森一生監督で映画化）、鬱々とした日をすごすうち、「ある朝、ふと新聞で『姿三四郎』の広告を見つけ、直感的にこれはおもしろそうだと思って森田（信義。当時の東宝企画部長）さんに話をもっていった。ともかく、読んでから、ということになり、その日の夕方書店で買って読んでみると、これが実におもしろい。さっそく田中（友幸）君が富田（常雄）さんのところへかけつけて、映画化の諒解をもとめたが、一日おくれて大映と松竹が映画化権をとりにいったというエピソードがある」（「キネマ旬報」50年3月下旬号）。

「昭和17年12月13口、横浜浅間神社にて、神社の境内で、三四郎（藤田進）と小夜（轟夕起子）が初めて出会う場面から撮影開始」「昭和18年2月末日、全撮影終了」（「全集黒澤明」第一巻　87／岩波書店刊）。

「はじめて『用意ッ、スタート』をかけたときは、やはりしんどかった。なんだかてれくさいのである。しかし二カット目からは、ただもうおもしろかった、の一語につきる。ほとんど夢中で、どんどん仕事をすすめていったことが、いまなお記憶にあたらしい」（「キネマ旬報」50年前掲載号）。講道館四天王のひとり西郷四郎をモデルにしたといわれる姿三四郎が、矢野正五郎（大河内傳次郎）の門弟として成長する過程を描いた『姿三四郎』は、これぞデビュー作の名に相応しい傑作になった。内務省の映画検閲官が「米英的だ」と難癖をつけた時に、同席していた映画人代表のひとり小津安二郎監督が「百点満点として『姿三四郎』は百二十点だ！　黒澤君、おめでとう！」と擁護したエピソードは、あまりにも有名である。

『姿三四郎』は当時、優れた新人監督に贈られる山中貞雄賞を、木下惠介監督『花咲く港』（43）と共に受賞する。ところで現在上映されている『姿三四郎』のプリントは完全なものではない。上映プリントには「昭和19年3月再上映した際に當《ママ》時の国策の枠をうけ、監督黒澤明氏並びに制作スタッフの感知せぬまゝ、1856尺短縮されたものです」とあるが、小林信彦氏の「人生は五十一から」（99／文藝春秋刊）でも、この件には詳しくふれられている。

THE SCENERY OF DEBUT WORK

7

1943年

Keisuke Kinoshita

木下惠介

花咲く港

credit **花咲く港** 松竹大船作品

製作／城戸四郎　脚本／津路嘉郎　撮影／楠田浩之　出演／小沢栄太郎、上原謙、笠智衆、水戸光子　公開／1943年7月29日（82分）

[木下惠介／きのした・けいすけ] 1912年、静岡県浜松市生まれ。34年に松竹蒲田撮影所に入社。撮影助手と編集を経て助監督となり、島津保次郎監督に師事。40年に応召され、復員後43年に監督デビュー。同じく初監督の黒澤明と同年の山中貞雄賞を分け合った。以降『女』（48）『カルメン故郷に帰る』（51）『女の園』『二十四の瞳』（54）『野菊の如き君なりき』（55）など、名作を多数ものにし、64年にフリーに。主舞台をテレビに移し、70年代以降『父よ、母よ！』（80）『母』（88）などを発表。木下学校と呼ばれた門下からは、小林正樹、松山善三、吉田喜重、山田太一らを輩出し、新人スターの育成にも定評があった。98年、逝去。

今となっては不明を恥じるしかないが、70年代初めから日本映画の旧作を積極的に見るようになった筆者にとって、『二十四の瞳』(54)や『野菊の如き君なりき』(55)『喜びも悲しみも幾歳月』(57)などが代表作として知られていた木下恵介監督の作品群は感傷過多に思え、疎ましい存在でしかなかった。そうした愚かな先入観を払拭できたのは、73年頃、仲間たちに誘われ、〝木下恵介研究会〟の名目で、京橋フィルムセンターに収蔵されていた旧作を参考上映し、『わが恋せし乙女』(46)や『女』(48)などの秀作を見ることができてからだった。77年には同じフィルムセンターで『花咲く港』(43)から『なつかしき笛や太鼓』(67)までの全作品が〝木下恵介特集〟として一挙上映され、世間の風潮がいかに当てにはならないかを思い知らされた。

『二十四の瞳』に関して作家の三島由紀夫氏が「だけど日本人の平均的感受性に訴えて、その上でテーマを盛ろうというのは芸術ではなくて政治だよ」と一面の真理をついた発言をしているが、個々の作品をつぶさに見ればその世界は川底のひとつひとつの小石まで鮮明に見えるほど澄みきった水で、手を入れると痺れるほどに冷たく痛いという感触があった。それは98年に発行された「キネマ旬報」臨時増刊「黒澤明と木下恵介・素晴らしき巨星」の中で、木下作品の関係者諸氏にインタビューを重ねることで、筆者はより強く実感することができた。

98年12月30日に木下監督は逝去され、巾広い作風を持った才人として再評価の気運が俄《にわか》に高まったが、『お嬢さん乾杯』（49）や『善魔』（51）『女の園』（54）『笛吹川』（60）『香華』（64）などを見れば言わずもがなの事実であり、冒頭に掲げた『二十四の瞳』以下の作品群にも、善意では片付けられぬ尋常ならざる恐ろしさが秘められていることが分かると思う。九州の漁村に住む人々の過剰な善意が、詐欺師の悪意を上回り、戦争勃発で彼らは私利私欲を離れ造船に励むという木下監督のデビュー作『花咲く港』への風景を記すことで、遅ればせながら木下監督へのささやかな追悼の意を表したい。

木下監督は静岡県浜松市に7男3女の6番目（5男）に生まれ、弟の忠司はのち作曲家になり、木下作品の音楽を担当し、妹の芳子は脚本家になる。また芳子の夫・楠田浩之は『花咲く港』を含めて、多くの木下作品の撮影を担当することになる。

当時の浜松には映画館が5館あり、小学生時代から彼は邦洋を問わず、浴びるように映画を見ていた。「撮影所に入りたいとは、子供のころから思っていたのですけれど、とにかく僕の育ったのは浜松ですし、伝手《ツテ》がないのですね。星哲六さんが監督で『天草四郎』のロケーションが浜松にきた時でした。僕の家は食料品屋だったから、その連中がお土産を買いに寄ったんです。中に坂東寿之助という役者がいて知合いになったものですから、その人を頼って京都へ飛び出しちゃったのです。十九のときかしら。映画監督になりたくてしょうがなかった」（「キネマ旬報」55年陽春特別号「自作を語る」。文中の木下発言は以後全て同書に拠る）。

京都へ家出するも、翌日すぐに叔父に連れ戻され「そんなに活動屋になりたいものならさせようということになり」、母の伝手を通じて井上金太郎監督に撮影所入りを頼む。ところが返事を貰えず、次に松竹蒲田撮影所次長の六車修の従姉妹が母と親しくしていた縁で依頼。六車氏から「監督になろうといっても大学出ぐらいばかりだから、そういう中に田舎者が出ていっても、監督にはなれない。撮影部なら入れてあげる」と言われたという。「とにかく撮影所に入ってしまえばこちらのもの」と、六車氏が講師をしていたオリエンタル写真学校に紆余曲折の末、入学して卒業。「〝さあ撮影所に入れて下さい〟というと、撮影部は満員で〝現像場ならあきがあるからどうだ〟と」。34年1月8日に蒲田撮影所に入り、現像場で3ヵ月仕事をした後、撮影技師長の桑原昂に呼ばれる。桑原氏が島津保次郎監督作品の撮影をしていたので、島津組の撮影助手になる。撮影助手として彼が最初に撮ったカットは、同監督『頰を寄すれば』（33）で、小さい時から子役として活躍していた女の子の泣き顔だった。女の子の名前は高峰秀子といい、のちに木下監督の作品に数多く主演することになる。

撮影助手、編集を担当した後、助監督に転じ、島津組の『朱と緑』『浅草の灯』（37）に就く。

「僕が監督部にきたときには、それまで島津先生のヘッドだった豊田（四郎）さんは監督になって、吉村（公三郎）さんがヘッドでした。僕は細かに立働くものですから、島津先生にはずいぶん便利に使われたんですよ」。島津監督が『兄とその妹』（39）を最後に東宝に移ってからは、先輩格の吉村作品の助監督につき、『暖流』（39）に先立つ『五人の兄妹』（39）では脚本を執筆して注目され、柏原勝監督『素裸の家』（40）の脚本も手がける。

吉村監督『西住戦車長伝』（40）の撮影を終えたら監督に昇進という話が出るが、上海、南京、漢口を回って、あと10日で吉村組の仕事が終わろうとする時に応召され、中国各地を転戦。翌年復員後、吉村監督『間諜未だ死せず』（42）、中村登監督『男の意気』（42）の脚本を執筆。

「第一回はなににしようかと、城戸（四郎）さんも探してくださいました。結局南川潤の『人生案内』の脚本を書いたのですけれども、これは検閲で蹴られちゃった。困っていると、当時プロデューサーだった遠藤慎吾さんが『花咲く港』はおもしろいからどうかといって持ってきてくれたのです」。

『花咲く港』は、この年の3月、帝劇で古川緑波一座が初演。菊田一夫の原作は情報局委嘱国民演劇脚本で、ゴーゴリの「検察官」を彷彿とさせる喜劇だった。撮影は助手時代に「僕が監督になった時には君にカメラを回してもらうよ」と約束していた楠田浩之。チーフ助監督は川島雄三だった。

新人監督のデビュー作にしては天草のロケが40日、浜名湖のロケが40日、セットが20日という恵まれたものだった。「それまでいろいろ脚本を書いておりますし、城戸さんにも気に入ってもらったものですから、撮影の条件なんかもたいへんよかったですね。(略)僕自身も現在までいろいろ撮りましたが、あれほど奔放に撮れたのはない」。出演者のひとり笠智衆も、その段取りの良さに「とても新人監督とは思えない手ぎわだった。若いときから天才的なところのある人優になろうか」87／日本経済新聞社刊)と書いている。「僕はやはり、カメラにいたということは、ずいぶんあとで役立っているとおもいます。助監督になってはじめのうちスタートマーク（カチンコ）を打ちますね。僕は助監督に入った時あれにはいつも褒められたのです。木下のスタートマークは、かならずフレームの真ん中で打っているといって。僕はいまだにスタートマークの一番大事な仕事だとおもっています。スタートマークを打っているときに、監督になれる人かなれない人か、僕はちゃんと見抜きますよ。スタートマークを打っている人は一番まえにいるでしょう。だから芝居をいやでもじっと見ています」という発言は、以後多くの新人俳優を育てた木下監督だけに説得力のあるものといえる。

THE SCENERY OF DEBUT WORK

8

1944年

Yuzo Kawashima

川島雄三

還って来た男

credit **還って来た男** 松竹作品

原作・脚色／織田作之助　撮影／斎藤毅　音楽／大沢寿人　出演／佐野周二、田中絹代、三浦光子、渡辺均、吉川満子　公開／1944年7月20日（68分）

[川島雄三／かわしま・ゆうぞう] 1918年、青森県生まれ。明治大学を経て、松竹に助監督として入社。44年のデビュー作『還って来た男』で既にコメディ・センスを発揮し、第2作『ニコニコ大会・追ひつ追はれつ』では、戦後キス・シーン第1号を撮影。以降もナンセンスと風刺喜劇で才能を発揮する。『真実一路』『昨日と明日』（54）で注目され、製作再開した日活に助監督の今村昌平らとともに移籍。以降も『幕末太陽傳』（57）『女であること』（58）『貸間あり』（59）『しとやかな獣』（62）『青べか物語』（62）など多くの秀作を監督し、数々の武勇伝や女性遍歴にも事欠かなかった。63年、逝去。

川島雄三監督が急性心臓麻痺のため45歳の若さで早逝したのは63年6月11日のことで、筆者はまだ小学生だったから何も分かるはずがない。

後年、今村昌平監督編集による追悼録「サヨナラだけが人生だ」（69／ノーベル書房刊）の存在を知り入手しようと思ったが、すでに街の本屋には見当たらず、古本屋の値段は高価すぎて手が出なかった。口をとがらせ、こちらを鋭く睨む監督の写真の表紙に魅せられたまま、数年間我慢した。貸してやろうかと有難い声もあったが、入手するまではと断わりもした。76年の再刊時には飛びつくように買い、貪るように読んだ。

この頃はまだ『幕末太陽傳』（57）や『雁の寺』（62）『しとやかな獣』（62）しか見ることができず、未見の作品は活字の中で想像する以外なかった。死の直前に「キネマ旬報」で白井佳夫氏が取材された「監督、自作を語る」の完全再現版と、直木賞候補にもなった藤本義一氏の小説「生きいそぎの記」が収録されているだけでも「サヨナラだけが人生だ」の再刊を待った甲斐があった。

一読、その酒癖、放浪癖、奇行、悪戯好きのエピソードに加え、小児麻痺で足を引きずるように歩いていたという伝説や、傑作を作るかと思えば愚作、凡作も数多いという作品歴に、ますます興味が湧いた。75年から77年にかけて「キネマ旬報」に断続的に掲載された長部日出雄、殿山泰司、小沢昭一各氏によるシリーズ座談会〈かわしま・ゆうぞう考〉も、筆者の川島映画への関心を大いに煽った。

戸籍謄本から小学校時代の成績表、あげくの果てには死体検案書のコピーまで掲載した「サヨナラだけが人生だ」は、今読み返すと、『あした来る人』（55）や『幕末太陽傳』の助監督に就いた今村監督自身の、師匠を題材にしたドキュメントの印象が強い。川島監督の映画界入りの経緯を他の文献も参照させてもらいつつ辿ってみたい。

恐山の麓、青森県田名部市に生まれ、「明治大学映研時代、田坂具隆の『五人の斥候兵』（38）の兵隊のエキストラに出たり、新進監督の渋谷実を研究会に呼んで盛んに議論を吹きかけ、徹底的にカラんだりした。渋谷は、それを覚えていて、新入助監督の中に川島を発見すると、『あ、あいつ！　あれをウチの組に付けろ！』と指名したという」（石坂昌三「続巨匠たちの伝説」90／三一書房刊）。

競争率250倍の難関を突破して松竹大船撮影所に入所した彼は、決まった師匠を持たず、渋谷実『わが家に母あれ』（38）をふりだしに、島津保次郎（『兄とその妹』39）、清水宏（『花ある雑草』（39））、小津安二郎（『戸田家の兄妹』41）ら、大船の殆どの巨匠に助監督で就き、野村浩将監督『愛染かつら』（38～39）には全篇就いたという。

初のチーフ助監督作品は、木下恵介監督のデビュー作『花咲く港』（43）。やがて助監督歴3年以上の者を対象とする監督昇進試験に首席で合格。戦争も末期になり、渋谷実や吉村公三郎ら第一線の監督が兵隊にとられ、年季の入った助監督も国策映画会社の日映にごっそり行ってしまったという背景もあった。

デビュー作『還って来た男』（44）については、まず「自作を語る」から監督自身の言葉を引用させてもらおう。

「監督第一回作品、ということで、僕が出した企画は、織田作之助の「清楚」の映画化です。大阪新聞に連載された小説で、すでに単行本にもなっていました。原作者と話しあって、大阪・京都・奈良・名古屋が舞台の『四つの都』という話を新しく作りシナリオにしました。（略）関西の話なので、京都撮影所長だったマキノ雅弘氏と次長だったマキノ光雄氏のすすめで、京都で撮ることも決まりました。『還って来た男』と題名も本ぎまりになった。これは佐野周二の軍医が帰還してきたところからはじまる話なんです。だが、あまり軍国調でないので面白くなかったのか、主人公の言動について憲兵隊から文句が出たり、ロケ・ハンにカメラで大阪周辺を撮っていたら警察にひっぱられていためつけられたり、いろいろ事件がありました。尺数が六千六百フィート以内と決められていて、それを意識しすぎ、六千フィート位のあわただしい写真が出来上がった」。

「広告には〝懐かしい佐野周二帰還第一作〟とある。中国大陸に従軍していた佐野周二（テレビタレント・関口宏の父）は、一九四一年の新春に帰還したが、その後も二回内地召集を受けている。（略）帰還第一作というのは最初の内地召集から帰還したことをさすのだろう。（略）織田作（之助）らしい軽妙な話だが映画は失敗作といわれた」（櫻本富雄「大東亜戦争と日本映画」93／青木書店刊）という記述もあるが、後に大井武蔵野館やACTミニシアター、京橋フィルムセンターなどで見ることが出来た『還って来た男』は、とてもこれが戦争末期に製作されたとは思えないほど大らかでユーモラスな映画だった。確かに冒頭には〝撃ちてし止まむ〟のタイトルが出る。しかし坂道の石段を下から仰ぎ見たファーストカットから始まり、子供たちが遊んでいて、その擦りむいた足の手当てに登場する先生役の田中絹代といい、常にコウモリ傘を持ち歩き、彼が現れると必ず雨が降る雨男の新聞記者役の日守新一といい、出演者全員がほのぼのとした暖かさに充ちている。

一応は戦地から還ってきた軍医役の快男児・佐野周二が主人公だが――やたらと地声が大きく、周囲を戸惑わせる、そのキャラクターは、沢島忠監督の快作『ひばり捕物帖・かんざし小判』（58）の、やはり地声が大きく馬鹿笑いをする佐々木兵馬（東千代之介）を連想させられる――最初のうちは誰が主人公なのか皆目分からず、いや誰が主人公でも全然構わない不思議な構造に思えてくるのは、監督が謙遜するように短尺のゆえなのか。時代色は物語の進行上、必要最小限にしか描かれず、むしろ佐野周二の誠実さと、あっけらかんとした暢気な人柄を強く前面に出すことによって、当時の映画全般に要求されていた戦意昂揚の佇いは意図的に薄められている。ここに川島雄三の安易に時代に迎合することのない不敵な原点が見える。

45年の生涯で監督作品は50本。失われたとされていた作品は数多いが、91年に発足した《カワシマクラブ》は、会員と賛同者の拠出金でプリントをおこし、まだ見ぬ作品の上映活動を続けている。これまでに『ニコニコ大会・追ひつ追はれつ』(46)『お笑ひ週間・笑ふ宝船』(46)『深夜の市長』(47)『追跡者』(48)『夢を召しませ』(50)『とんかつ大将』(52)『銀座二十四帖』(55)、そして新たに中篇『女優と名探偵』(50)がニュープリント化された。フィルムの尺数によって異なるが、約50~75万円のプリント製作費を負担し、その権利は映画会社に帰属して、何の見返りもない。ただただ未知の川島作品を見たいという情熱に憑かれた《カワシマクラブ》の心意気に敬意を表したい。傑作のみならず、世間からは凡作や愚作と評価されている作品を含めて、丸ごと川島作品を捉えようという姿勢も、すごい。

第2章 3人の個性派監督たち

40年代

雑誌連載時に、40年代にデビューした、この3人の監督に取材して、じっくりお話を伺うことができたのは幸運な体験だった。谷口監督はご自宅に半日以上お邪魔したが、何というか、学校の先生から授業を受けているようで、緊張しっぱなしの状態だった。その対極で、鈴木監督は実に丁寧に優しく当時の経緯を話して下さった。市川監督には取材で何度もお会いしていたが、御自宅のミッキーマウス柄のスリッパが、今でも忘れられない。

THE SCENERY OF DEBUT WORK

9

1947年

谷口千吉

Senkichi Taniguchi

銀嶺の果て

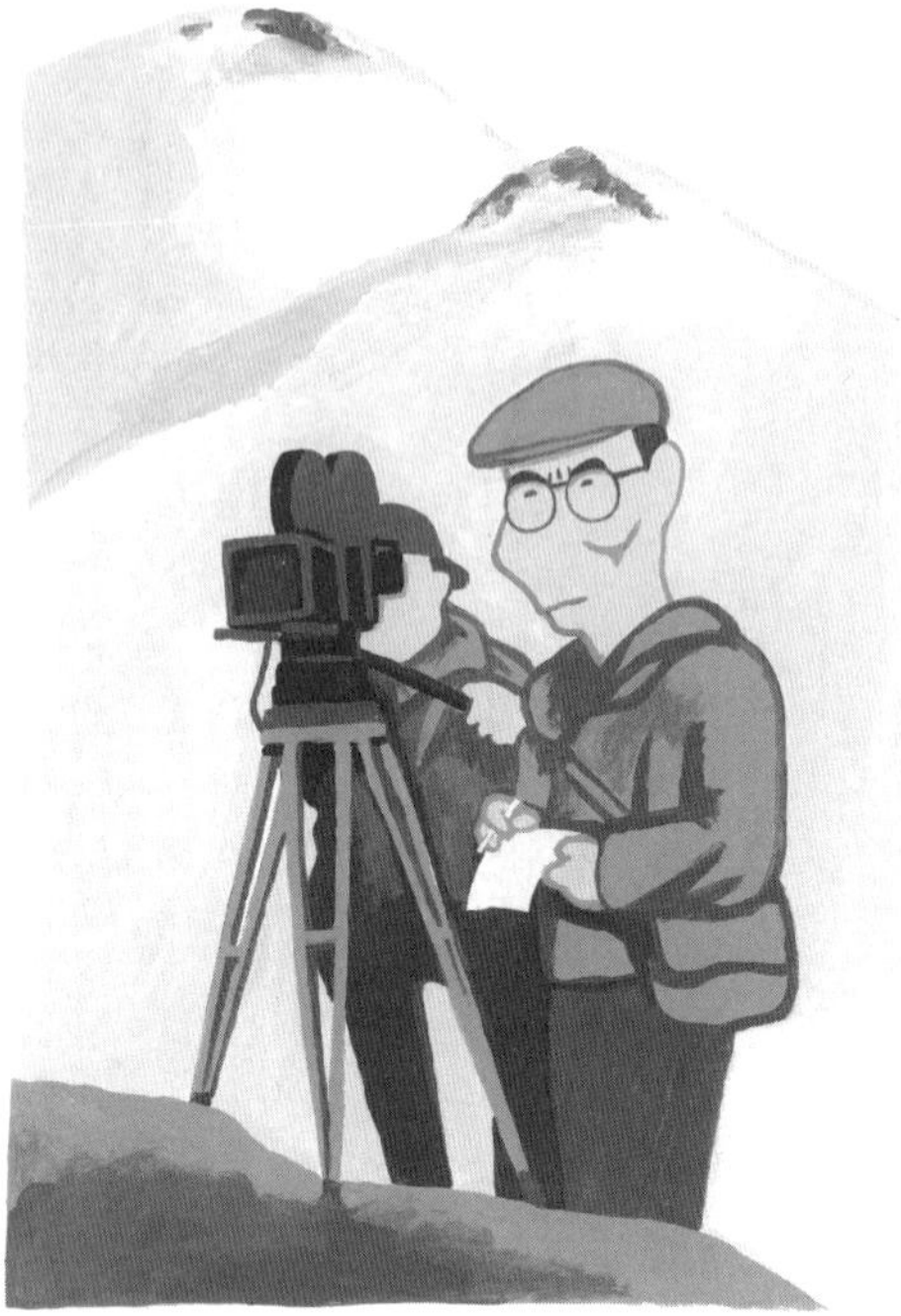

credit **銀嶺の果て**　東宝作品

製作／田中友幸　脚本／谷口千吉、黒澤明　撮影／瀬川順一　音楽／伊福部昭　出演／志村喬、小杉義男、三船敏郎、若山セツ子、河野秋武　公開／1947年8月5日（89分）

［谷口千吉／たにぐち・せんきち］ 1912年、東京市で十一人兄弟の末子として生まれる。早稲田大学在学中は左翼劇団で活躍するが、30年の学生運動弾圧にあい大学を中退。33年に東宝の前進であるPCLに助監督として入社する。良き助監督仲間であった黒澤明との共同脚本『銀嶺の果て』により、47年に監督デビュー。以降『暁の脱走』（50）『潮騒』（54）『独立機関銃隊未だ射撃中』（63）『カモとネギ』（68）など、アクションから青春佳作、コメディまで多彩な才能を発揮する。69年には大阪万博記録映画『日本万国博』（※公開71）の総監督を務めたほか、同年に谷口プロを設立し、『アサンテ・サーナ』（75）を監督。2007年、逝去。

一番最近、『銀嶺の果て』（47）を見直して気がついたのは、タイトルに〈新版〉とつけられているることだった。再公開時に再編集されたのだろうか。谷口千吉監督にお話を伺う中、気になっていたこの〈新版〉についてお聞きすると「それは分からないなあ」とのことだった。北アルプスの豪快な大自然と人間の美しさ、脆さ、醜さを描いた、この作品は、谷口監督の、東宝ニューフェイス第一期生である三船敏郎氏の、そして音楽家・伊福部昭氏の、それぞれのデビュー作である。取材時には86歳になられる谷口監督に『銀嶺の果て』についてお話を伺うのは、この連載を始める当初から筆者の念願であり夢だった。

まずは映画界入りの経緯から――。

府立四中（現・戸山高校）から早稲田大学英文科へ進学した谷口監督は、左翼劇場へ入り、最初は新劇の演出家を志した。が、学生運動の弾圧により早稲田を中退。「デモというとワッショイ、ワッショイと先頭に立たされた」青春だったが、同じく左翼劇場に関わっていた仲間の山本薩夫監督も、一カ月後には退学に至る。

その後も新劇活動は続いていたが「演劇には映画でいうクローズ・アップはない。もっと俳優の表情が見たいという単純な理由から映画に鞍替えしたんですよ。アベル・ガンス監督『鉄路の白薔薇』(22)を見て、よし、俺はこれでいこうと決めた。後年、黒澤明監督に会った時に今までで一番印象深い映画は何だと話したら、偶然にも同じ映画だった」という。『鉄路の白薔薇』は今見直しても、そのダイナミックな迫力に圧倒される傑作だが、谷口、黒澤両監督の〝この本〟が同じ映画だというのは面白い。

33年にP.C.L.(東宝の前身)に試験を受けて入社。同期には亀井文夫、本多猪四郎がいた。この時期に一年間ほど、森岩雄が主宰するプライベートな研究機関〝木曜会〟に入り、のちに月刊誌「映画芸術」を主宰した佐々本能理男に学ぶ。「ここでは、これからモノになりそうな連中を六~七人集めて、僕も本多も参加したんです」。

そしてP.C.L.の第一回作品である木村荘十二監督『ほろよひ人生』(33)をはじめ、島津保次郎、山本嘉次郎監督作品などに就いた。

山本嘉次郎監督は開放的な人で、谷口さんは可愛がられたが、「脚本が気に入らなかったり、嫌いな監督の映画の時は、撮影中でも電話も電報も通じない山に登ったりして、行方不明になることが多かった。杉江敏男監督が志賀高原の奥まで迎えに来てくれたこともある。好きな監督の映画だと一所懸命やったんだがね。森(岩雄)さんに呼ばれて、〝君みたいな我儘な人間は本当はクビだ。監督になれると思うなよ〟と言われたことまである」。46年には日劇レヴューを撮った短篇『東宝ショウボート』を編集。「これをやれば、じりじりと許されて陽の目を見ることができるかもしれないと思ったが、効果は何もなく、悲しい心境だった」。

監督になれる見込みもなく「新聞記者にでもなろうかと、そちらの方に興味を持っていた」頃、一足先に『姿三四郎』(43)で監督デビューした朋友・黒澤明の後押しもあって、『銀嶺の果て』でデビューできることになった。脚本は黒澤明と共同で、最初は「山小屋の三悪人」という仮題がつけられていた。〝これ一本だよ〟と会社に約束させられ、ある意味ではヤケクソだった。十年助監督をやって、やっと一本だけ映画を撮らせてくれるという権利を得たわけです」と監督は言う。

こうして、本格的山岳アクション『銀嶺の果て』は、47年2月11日から5月15日まで、約3カ月間、長野県北安曇郡信濃四谷周辺でオールロケーションされることとなった。標高2~3千メートル、積雪2~3メートル、氷点下20度の北アルプスに、40数人のスタッフ、キャストが登山し、主に白馬中腹の栂《つが》池、八方尾根の黒菱小屋、不帰《かえらず》岳不帰小屋で撮影された。銀行強盗の3人(志村喬、三船敏郎、小杉義男)が警察の追っ手を逃れて、雪中の山小屋に辿り着き、少女(若山セツ子)と老人(高堂国典)、登山客(河野秋武)を巻き込み、息詰まるドラマが展開する。

撮影は、伊勢真一監督『ルーペーカメラマン瀬川順一の眼ー』(97)でも知られる瀬川順一氏であり、助監督のサードには、豊田(四郎)組からトレードされた岡本喜八郎こと後の岡本喜八氏が参加した。彼はスタッフの中で唯一スキーができ、完成した映画を見た黒澤監督に「ケガなしで帰ってきたのは奇跡だ」と言われたという。雪崩の場面の大迫力は今見ても驚かされるが、これは「ミカン箱を6～7個並べて、その中にダイナマイトを詰め込んだんだが、雪びさしの中にそれを埋めるのが本当に大変だった」とか。文字通り命懸けの撮影だったのだ。

現地の山案内人を買って出た国体のスキー選手たちが全面協力し、荷物の運搬人として地元の青年団員20～30人が支援体制を組んでくれた。「山小屋で夜中にふと目が覚めると、その青年たちがゴソゴソと出て行く。ハハァ、恋人に会いに行くのかと思っていたんだが、後になって、実は自分の家に米を取りに帰る補給部隊になってくれていたんだと知った。製作費が途中でなくなり、食糧も断たれたけれど、地元の人たちが、丸い大きなピカピカの罐を持ってきてくれた。中味は進駐軍のバターで、一体どこから持ってきてくれたのか、よく分からない」。

だが栄養の偏りは激しく、スタッフ、キャストとも、ビタミンC不足のために口を開くと血で真っ赤だったという。

これがデビュー作となった新人・三船敏郎について、「最近ある本に（彼が）不器用だったと書かれていたが、あんなに勘の良い男はいなかったよ。セリフの切れ味が良いし、顔つきひとつで感情を表現してくれた。朝、先輩たちがまだ眠っているのに、そっと起きて、薄暗がりの小屋の中の藁くずを掃除している三船を見て感心したことがある。この神経があれば立派に役者が務まると思った」と語る。

仕上げの段階では、登山客の本田と少女がスキーを楽しむ場面に、谷口監督は〝スケーター・ワルツ〟のような楽しい音楽をと考えていたが、伊福部氏は「この映画の中で、ここが一番嫌いです。全体の中で浮いているように見える。だから暗く抑えた音楽にしたい」と言い、収録を一日延ばして議論することに。だが、それ以上演奏を延ばすことはできなかった。「今もって、あの時の伊福部さんの言葉は分からない」と監督は言うが、このことは、小林淳著、井上誠共編「伊福部昭の映画音楽」(98/ワイズ出版刊)にも詳しく記されている。

劇中で効果的に使われる〝マイ・オールド・ケンタッキー・ホーム〟の抒情と、負傷した河野秋武を背負って、雪盲にやられた志村喬が絶壁を降りてゆく場面の迫力が、ひときわ印象深い。

『銀嶺の果て』は、この年のキネマ旬報ベスト・テン第7位にランクされ、谷口監督は黒澤明脚本とのコンビで『ジャコ万と鉄』(49)『暁の脱走』(50)を発表する。この初期3作に谷口監督作品への評価は集約されすぎていると思うが、『33号車応答なし』(55)や『紅の空』(62)『独立機関銃未だ射撃中』(63)などの佳作にも、その男性的でダイナミックな演出の醍醐味は一貫している。

THE SCENERY OF DEBUT WORK

10

1947年

Hideo Suzuki 鈴木英夫

二人で見る星

credit **二人で見る星**　大映東京作品

企画／須田鐘太　脚本／鈴木英夫　撮影／峰重義　美術／今井高一　照明／伊藤幸夫　音楽／斎藤一郎　出演／沢紀子、水鳥道太郎、伊沢一郎、花布辰男、宮崎準之助　公開／ 1947 年 11 月 18 日（80 分）

[鈴木英夫／すずき・ひでお]　1914 年、愛知県生まれ。本名・秀夫。39 年、日大芸術科卒業と同時に新興大泉撮影所に入社。44 年より大映助監督部に移籍し、主に田中重雄監督に師事。47 年に監督昇進し、以降『西城家の饗宴』（51）などを発表する。『死の追跡』（53）『不滅の熱球』（55）など多ジャンルで才能を発揮し、『その場所に女ありて』（62）でサンパウロ映画祭審査員特別賞を受賞。67 年増村保造監督とともに共同構成したアニメ『九尾の狐と飛丸』を境に、以後はテレビ映画に主力を注ぎ、主な作品『智恵子抄』（70）、『剣客商売』（73）、『傷だらけの天使』（74）などがある。2002 年、逝去。

今はもう無い三軒茶屋スタジオａｍｓで、94年春に26本上映された〝鈴木英夫特集〟に通いつめて鈴木作品の魅力の虜になった。志を同じくする仲間たちによる《鈴木英夫研究会》にも参加したが、この会のメンバーである田中眞澄氏の「キネマ旬報」の連載、「その場所に映画ありて」は、鈴木監督の傑作『その場所に女ありて』（62）に因んで命名されている。「キネマ旬報」臨時増刊「日本映画オールタイム・ベストテン」（95）でも田中氏と筆者のみが『その場所に女ありて』に票を投じているのだが、サラリーマンものでもメロドラマでもコメディでもサスペンスでも、ジャンルを問わずプログラム・ピクチュアの枠内で快作傑作を発表し続けてきた、この才人の仕事は日本映画史の中でまだまだ正当に評価されているとはいえない。むろん批評がボヤボヤしているからだ。取材時、82歳になられた鈴木監督に「デビュー作の風景」について伺ったが、記憶も明瞭に、こちらの質問に丁寧に答えて下さった。

中学時代から「僕の友達に稲垣浩監督の遠い親戚がいまして、彼が映画青年で影響されまして」、地元愛知県の映画館で映画を見始める。上京して日大芸術学部に入学し、「本当はシナリオライター希望だったんですよ」。東京新聞でのシナリオ公募に応じて、新興キネマ東京撮影所の六車修所長の秘書をしていた高岩肇に認められ「シナリオでは食べていけないから月給の保障がある助監督になって、シナリオの勉強をしなさい」と勧められ、39年に新興キネマに入社する。

最初に就いたのは、伊奈精一監督作品で「銀座のロケーションで人よけが大変でした」。当時の助監督の仕事は定時には終わらず、毎晩9時か10時まで「それで毎日家に帰ってから怠けちゃいけないと思って、会社から貰った200字詰めの原稿用紙に1日最高10枚ずつ、コツコツとシナリオを書いていました」。

入社1年目に舟橋聖一の短編小説を読んで感動し、シナリオ化する。「助監督の面倒をよく見てくれた製作課長に真っ先に読んでもらおうと持ち込んだところ、2、3日して呼び出され、田中重雄監督がどうしてもこれをやりたいということで」映画化される。これが『母代』(41)で、鈴木脚本の初の映画化であり、助監督のサードとしても就く。この時のチーフが徳光寿雄。彼は戦後になって日本テレビに引き抜かれて映画部長になり、その子息がアナウンサーの徳光和夫氏である。

田中重雄監督は「新興キネマのメロドラマの第一人者」で、鈴木さんは「何かというと指名されて」殆ど田中組に就いていた。田中組での初のチーフ作品が、樺太を舞台に30年に亙る人間模様を描いた大河ドラマで、新興キネマ最後の力作といわれる『北極光』(41)だった。このシナリオを担当し、美術監督としてもデビューしたのが「新藤兼人さんで、二人で汽車に乗って、樺太国境の敷香《シスカ》という町の旅館に泊まりました」。

田中監督には「プライベートなことまで面倒を見て貰い、監督術も教わりましたが、それに反発したこともあります。要するにメロドラマは我々の日常生活からひとつ離れて虚構性《フィクション》が強い。僕はドラマというものは生活の延長だと思っていますから、どうも自分の肌に合わないなあと思って、メロドラマというものが、あんまり好きじゃなくなっちゃったんですよ」。

戦時統合で新興キネマが日活と共に大映となり、その第一作である田中重雄監督『香港攻略・英国崩るゝ日』(42)のチーフに就くはずだったが、諸事情があり東宝撮影所助監督部へ。石田民三監督『山まつり梵天歌』(42)などに就く。「香港から帰ってきた田中さんに、久松静児監督を通じて、どうしても帰ってこいと言われ、節操のない話だと思うんだけど(笑)」、大映に復帰し、久松監督『夜光る顔』(46)や田口哲監督『修道院の花嫁』(46)などのチーフに就く。

やがて、当時、大映多摩川撮影所の須田鐘太所長に呼ばれ、「君は脚本を書けるから一本撮るつもりで脚本を書きなさいと言われたんです。撮るつもりでって、監督ですかって言ったら、そりゃ監督だよって(笑)。予測していませんでしたから、一寸うろたえましたけど、それから大慌てで材料を探したんですよ」。結局、舟橋聖一原作の小説を2週間かけてシナリオ化し、米田治企画部長に提出するが「2、3日後に呼ばれて、会社命令で、これは田中監督に回すよと言われて、僕は唖然としましてね。また取られちゃった(笑)」。そのシナリオは田中監督によって『彼と彼女は行く』(46)になる。

「それで今度はオリジナルでいこうと思って、新聞の三面記事や週刊誌を読み、抑留された兵隊が復員して帰ってみると自分の生家も何も失っているというのを読み、よし、これをやろうと。3週間かけて書きましたが、会社が前の脚本を取り上げたこともあって、指定の宿で書いてもいいと、言ってくれました」。

その執筆中に、河合映画の所長をしていた鶴田孫兵衛が新たに大映の所長に就任。配役を決める時、鈴木さんはヒロインに原節子を希望。彼女は東宝専属という事情もあった。

「会社はビックリしましてね。駆け出しの第一回作品に大スターの原節子が出てくれるわけがないよって言われて」。原節子の恩人でもある吉村廉監督が、その話を聞き、本人に会わせてくれた。

「彼女は脚本も読まずに出ますわと言ってくれて、僕も嬉しかったんですが、結局スケジュールが合わず、ヒロインは新人の沢紀子に決められちゃったんです。それで僕はこれはやめようと思った。だって、こっちが駆け出しで、主演女優も駆け出しじゃ自信がないからやめるって言ったんですよ。そうしたら周りから、そんなに気の弱いこと言ってちゃダメだよと、けしかけられ」、『二人で見る星』(47)を撮った。

「でも1時間20分の映画《シャシン》で、会社が僕にくれた撮影日数は2週間。当時の常識の半分ですよ。それには僕も抵抗して、よし、やってやるという気になりましたが、結局1週間オーバーしました。沢くんをワンカット撮るのに半日位かかるわけで、彼女もそりゃ大変だったと思いますよ。よく泣いてましたもん」。

助監督はのちに『太陽の季節』（56）を撮った古川卓巳、『真昼の惨劇』（58）を撮った野村企鋒が就き、「地味ではあるが、表現の上で粘れるだけ粘って撮ったという作家の体臭がにじみ出るような作品」と、「日本映画監督全集」（76／キネマ旬報社刊）で木村威夫氏に高く評価された。が、初期作品『蜘蛛の街』（50）や『殺人容疑者』（52）『死の追跡』（53）と共に上映プリントが現存していないのが残念だ。鈴木監督自身はふりかえって「そりゃもう慚愧にたえないですよ。ああするんじゃなかった、こうするんじゃなかったと。やはり最初のイメージは原節子さんだし、どうしても重複してしまう」。1週間のオーバーが会社に迷惑をかけ、「お前、当分勉強し直しだって言われて、それから2年間ブランク（笑）」。

高岩肇の指名で『蜘蛛の街』を手掛け、東宝に移籍以後は数々の傑作を発表されたことは前述した通り。個人的には『その場所に女ありて』、それに『彼奴を逃すな』（56）や『危険な英雄』（57）『社員無頼・怒号篇&反撃篇』（59）などが印象深いが、その粘りはデビュー作でも存分に発揮されているにちがいない。

THE SCENERY OF DEBUT WORK

11

1948年

Kon Ichikawa 市川崑

花ひらく ―「眞知子より」―

credit **花ひらく―「眞知子より」―** 新東宝作品

製作／阿部豊　原作／野上弥生子　脚本／八住利雄　撮影／小原譲治　照明／藤林甲　美術／河野鷹思　録音／神谷正和　音楽／早坂文雄　編集／後藤敏男　出演／高峰秀子、上原謙、吉川満子、藤田進、三村秀子、村田知英子、水原久美子　公開／1948年4月13日（85分）

［市川崑／いちかわ・こん］ 1915年、三重県生まれ。33年にJ.O.スタジオに所属し、アニメーションの下絵製作に従事。助監督から未公開となった幻の処女作『娘道成寺』（47）を経て、48年監督デビュー。以降文中作品以外にも、『ビルマの竪琴』（56）『股旅』（73）『犬神家の一族』（76）『銀河鉄道999』（79）『映画女優』（87）『四十七人の刺客』（94）『八つ墓村』（96）『どら平太』（99）『かあちゃん』（01）ほか作品多数。『犬神家の一族』（06）再映画化を遺作に、2008年、逝去。

市川崑監督の劇映画デビュー作は『花ひらく―「眞知子より」―』（48）だが、市川監督と森遊机氏の共著「市川崑の映画たち」（94／ワイズ出版刊）でも詳述されているように厳密に言えば、それ以前にアニメーション『新説カチカチ山』（36）や人形劇映画『娘道成寺』（45）、それに一種のスタジオPR映画『東宝千一夜』（47）がある。但し、『新説カチカチ山』は7分の短篇であり、『娘道成寺』は監督自身によれば「20分の短篇で（脚本の）長谷部慶次君と一緒に精魂をかたむけて作りましたが、当時の進駐軍から脚本の事前検閲がないものは一切公開しないと指令があり幻の作品」になり、『東宝千一夜』も「部分的には多少撮りましたが、歌手の歌を聞かせながら撮影所を紹介するフィルムで、クレジット・タイトルでも中村福という名義で構成したもの」で、やはりデビュー作は『花ひらく』ということになる。『花ひらく』を含めて、残念ながら筆者は前述した作品の全てが未見。のちに「新説カチカチ山」「娘道成寺」はDVD化されて見ることができた。

発足したばかりのJ．O．スタジオに18歳の時に入社して、アニメーションの製作に従事した市川さんは、J．O．がPCL（写真化学研究所）と提携して、36年に東宝のブロックに入ったことから、東宝撮影所で劇映画の助監督になる。石田民三、伊丹万作、青柳信雄、阿部豊、中川信夫らの監督作品の助監督として働くが、当時の撮影所は〝夢の工場〟だった。「夢ばかりではなくて、厳しい現実との戦いもあるんですが、とても人間的な雰囲気で、仕事があろうが、なかろうが、みんな毎日撮影所に行くわけですよ。プロデューサーも監督も助監督もキャメラマンも俳優も食堂で雑談して、そこから企画が生まれたり決裂したりしていた。やはり、ひとつの夢の工場でしたね」

「ただ、当時、監督になるには年功序列でもないし、黒澤《クロ》（明）さんにしても、何となく監督になりそうだと、雰囲気で分かるんですが、僕なんか茫漠とした中で、もう撮りたくて撮りたくて仕方がない。このままでは監督になれないのかなあと絶望感に襲われながら、戦時中に助監督をしていて、それでもどこかに望みは持っていたんでしょう。終戦の時に〝あ、これで監督になれる〟と、それはもう嬉しかったですね。その後、東宝争議という大変な社会現象に巻き込まれて、どうなるかなあと思ったりしましたが」。

阿部豊監督『愛よ星と共に』（47）が助監督として最後の作品になり、監督に昇進するが、デビュー作では、どこまで自由に題材が選べたのだろうか。「それは人によって、いろいろなケースがあったんでしょうが、僕の場合、デコちゃん（高峰秀子）主演で女性映画を一本撮らないかという形で漠然と提示されましたね。最初はオリジナルでいこうかとも思いましたが」、のちに伴侶にもなり、市川作品の脚本家にもなる和田夏十さんの薦めもあって、野上弥生子原作「真知子」に決める。「第1作を撮れる喜びで、心も燃えるし、体も動くしで、本当ならプロデューサーが動けばいいんですが、僕が原作者との交渉に行くということで、軽井沢の野上さんに会いに行きましたよ。

向こうは、いきなり変な奴が来たと思われたでしょうが（笑）、〝野上先生〟と呼ばずに、〝野上さん、とにかく原作を下さい〟とお願いしたのが良かったらしくて、それじゃ〝（原作を）あげます〟と言われました」。

和田夏十さんと市川崑監督の共著「成城町271番地」（61／白樺書房刊）によれば、「題名を変えることを条件に会社は了解（略）。撮影は小原譲治氏で、小原氏は阿部（豊）監督のカメラをずっとやっていた関係で、〝君が一本になったら（監督になったらという意味）、必ず僕が廻してやるよ〟と日頃から言ってくれていました。その友情と、東宝から分裂して新東宝を設立した同志的結合のようなものがスタッフにあって、撮影現場は大変めぐまれたものでした」とある。「今でも覚えていますが、例えば、あるカットを撮り終えると、照明の藤やん（藤林甲）たちが、ここでデコちゃんのアップを、もう2、3カット、いろんな角度から撮っておいた方がいいよと言ってくれたりしてね。普通は予定通りに撮って、もう少し（監督が）撮りたいなと思っても、回りは面倒くさがるものですが、こっちも夢中で撮っていたせいか、みんな随分助けてくれましたよ」「（『花ひらく』では）絵コンテは描かなかったと思いますね。大体、絵コンテは俳優さんと一度リハーサルをして、それからいろいろと考えて描くのが本当ですが、最初から自分だけで考えてやると固定しちゃいますからね」。

京都で石田民三監督『花つみ日記』(39)のチーフ助監督をした時に、主演の高峰秀子さんと初めて出会う。「デコちゃんのおふくろさんに信頼されて、高峰家に居候していたこともあった」そうだが、『花つみ日記』の撮影時「彼女がケーブルカーの中で、歌う場面があったんですよ。当時はプレイバックの機械をケーブルカーの中に持ちこめなくて、彼女が〝私は大丈夫だから〟と言うんで、あらかじめ自分の歌を聞いた上で、その場面を撮ったら、見事にピタリと合っていた。まあ、自分の歌だから合うのは当然かも知れませんが、それでも少しはズレるはず。それが寸分狂わずピタッと合って、何て勘の鋭い人なんだと驚かされました」。彼女を主演に迎えて、名門のブルジョワ令嬢が、学生運動の闘士に心ひかれ、結婚まで決意するが挫折し、一時は軽蔑していた元富豪の青年に救われるという物語が、どう描かれたのか。「批評で〝映画の結末が不明瞭で、観客に批判の余地を残している〟というようなのがありました。映画をつくりたい、映画でしか表現出来ないものを創ろうと気負いながら、結果は原作にお辞儀してしまった作品になったようですが、やはり私には思い出深い『真知子』です」(「成城町271番地」)と監督自身は記す。

実は市川監督は第1作には平安朝の盗賊を主人公にした芥川龍之介原作『偸盗』を『羅生門』の題名で温めていて、脚本も書いていた。「『偸盗』と『藪の中』は全然別物ですが、後年、黒澤さんが『藪の中』を『羅生門』の題名で撮られましたけれど、僕が第1作で、あれをやったら大失敗作になったと思いますよ」。

市川監督の作品を意識するようになったのは『東京オリンピック』（64）からだが、遡って、『野火』（59）の戦慄、『鍵』（59）や『ぼんち』（60）の突き抜けたユーモア、『おとうと』（60）や『破戒』（61）の澄明な抒情、『雪之丞変化』（63）の切れ味の良さ、『幸福』（81）の温もり、『細雪』（83）の凛とした視線に熱狂した。まだまだ大好きな市川作品は沢山あるし、いかに世間から凡作と酷評された作品でも、『ミッション・インポッシブル』や『セブン』『D．N．A．』のタイトル・デザイナー、カイル・クーパーの仕事も顔負けの、タイトルのカッコ良さだけでも筆者には十分満足だ。

第3章

黄金時代はこうして始まった

50年代

日本映画の黄金時代を支えた監督たちの多くが、雑誌連載当時はご存命で、まだまだ元気いっぱいだった。スケジュールが合わず文献だけで書いた作品もあるが、殆どの監督は快く取材に応じて下さった。筆者が日本映画史を辿るうえで憧れとも言うべき方々ばかりで、単純に、とても嬉しかったのを覚えている。大島渚監督は取材中に怒られたりしたが、終わったとたんに丁寧になり、雑誌発売時には、お礼の電話まで戴いたのには驚いた。

THE SCENERY OF DEBUT WORK

12

1951年

Kaneto Shindo 新藤兼人

愛妻物語

credit **愛妻物語**　大映京都作品

脚本・監督／新藤兼人　撮影／竹村康和　美術／水谷浩　音楽／木下忠司　出演／宇野重吉、乙羽信子、香川良介、英百合子、滝澤修、清水將夫、菅井一郎、殿山泰司
公開／ 1951 年 9 月 7 日（97 分）

[新藤兼人／しんどう・かねと]　1912 年、広島県生まれ。34 年に新興キネマ京都撮影所の現像部に入社し、その後溝口健二監督に師事する。43 年、脚本家としての下積生活を支えた孝子夫人が逝去。戦後は松竹大船脚本部に身を置き、吉村公三郎監督とともにヒット作を連発するが 50 年に独立。同監督や俳優の殿山泰司らと近代映画協会を設立し、翌年宿願の監督デビューを果たす。以降『原爆の子』（52）『本能』（66）『裸の十九才』（70）『ある映画監督の生涯・溝口健二の記録』（75）等多数作品を監督。95 年度作品『午後の遺言状』はキネマ旬報ベスト・テン第 1 位に輝く。2012 年、逝去。

96年12月22日、故・乙羽信子さんの三回忌の席上で、新藤兼人監督は半年かけて編集した『私家版・乙羽信子の一生』のビデオを出席者に配布された。筆者は日本映画ペンクラブ例会の特別上映で見せていただいたが、「茶碗や手拭いを配るよりも、記念になるのではないか」と新藤監督は話して下さった。収録作品の著作権の関係で、劇場での一般公開もビデオ発売もTV放映も不可能なのが残念だが、2時間余の上映時間の中で乙羽さんが最初に登場するのは、勿論、新藤監督のデビュー作『愛妻物語』(51)である。物干し台の上で洗濯物をとりこみながら、隣家の内儀さんに「ええ、主人は映画のシナリオを書いていますの」と乙羽さん演じる孝子が話すのだが、そのセリフ自体が、新藤監督や乙羽さんの人生に象徴的な意味合いを持つ。

「これだけは書いておかなければ、わたしの戦後がはじまらないと思った。亡き妻孝子のレクイエムに『愛妻物語』のシナリオを書いた。(略)さて、シナリオができてみると、やはり映像にしたくなった。(略)このシナリオは、事実が七分で、三分がフィクションである」(『新藤兼人の足跡1・青春』93/岩波書店刊――以下『青春』と略す)と、新藤監督は記す。

山中貞雄監督『盤嶽の一生』(33)を見て映画監督への道を志望した新藤さんは、新興キネマ京都撮影所現像部に入り、映画界でのキャリアをスタートさせる。のちに、東京撮影所美術部に配属された新藤さんは、暇さえあればシナリオを書きまくり、37年『土を失った百姓』で、映画評論誌シナリオ・アンデパンダン当選第一席になる。『愛怨峡』（37）の美術助手に参加して、溝口健二監督の気魄に驚き師事。42年には溝口監督の許しを得て、京都に腰を据え、シナリオ修行に励むが、オリジナルシナリオを読んだ溝口監督からは「これはシナリオではありません。ストーリーです」と言われた。39年に結婚し、この時期の新藤さんを支えた孝子夫人は、43年8月7日、過労から結核を病み亡くなる。『私家版・乙羽信子の一生』では、『裸の島』（60）や『午後の遺言状』（95）と共に『愛妻物語』が最も長く引用されている。病床の孝子夫人を、溝口監督をモデルにした坂口（滝沢修）が見舞い、「奥さん、喜んで下さい。沼崎君（宇野重吉扮する新藤さんのこと）がいいシナリオを書いてくれましたよ」と励まし、主人公の沼崎に孝子が「あなた、一生シナリオを書いてね」と遺言する件り、そして有名な白い朝顔にキャメラが寄る場面には、作者の渾身の力が込められている。

『愛妻物語』映画化への道は平坦なものではなかった。吉村公三郎監督と組んだ『安城家の舞踏会』（47）で、松竹でのシナリオライターとしての地位を固め、吉村＝新藤コンビは『誘惑』（48）『わが生涯のかがやける日』（48）『真昼の円舞曲』（49）などで会社の期待に応えるが、『森の石松』（49）が興行的に不発。吉村監督のために新藤さんが用意した『肉体の盛装』に会社側は難色を示し、50年3月に松竹を辞め、同年4月「近代映画協会」を設立する。「49年10月6日、『真昼の円舞曲』の試写の翌日、私は〈愛妻物語〉の京都実景ロケに出発した。カメラマンは厚田雄春君、助手二名。木屋町の松華楼に泊って五日間のロケをした。（略）約二〇〇〇呎まわした。あとから京都へやってきた吉村君も応援してくれた」（「新藤兼人の映画・著作集2／私の足跡」71／ポーリエ企画刊――以下「私の足跡」と略す）。当時、松竹の企画部長兼所長代理をしていた月森仙之助氏の好意で、実景ロケのみ見切り発車したのだが、前述のように新藤さんは松竹を退社。吉村監督と組んだ『自由学校』（51）と『源氏物語』（51）が大映でヒットして『愛妻物語』は実現することになった。

「（大映の）企画本部長の松山英夫氏に話し、最終的には永田（雅一）社長と直接談判して、とうとう〈愛妻物語〉の監督をするOKを得た。製作が決定した日、松竹へ高村潔氏に会いに出かけた。私が松竹で実景ロケをしたネガをゆずってもらえないものかと思った。そのカットが気に入っていたし、折角厚田カメラマンに撮ってもらったのだから、それを生かしたいと思った。高村氏は笑いながら答えた。『あれは君、松竹のもんだから駄目だよ』とにべもなかった。私はお門ちがいであったことを恥じて辞した」（「私の足跡」）。その後、中村登監督に会った時、「僕の映画の中で、あのカットを使ったよ」と好意的に言われたというエピソードを、新藤監督は「僕は、とても残念だったんですけどね」と苦笑しながら、ビデオ上映会の時に話して下さったのだが。

「助監督についてくれた、三隅研次君が、わたしが描いた絵コンテを清書して一冊のガリ版刷りの本にしてくれた。七月にはいれば撮影なのだが、まだ孝子役がきまらない」（「青春」）。宝塚から大映に入社し、映画界入りした乙羽さんは〝百万ドルのえくぼ〟と称して売り出されたが、作品に恵まれず、助監督から1冊のシナリオを見せられ、主役の女優がきまらず探していると教えられた。それが『愛妻物語』だった。「乙羽信子は、むさぼるようにこのシナリオをよみ、永田社長のところへ押しかけて、この役をやりたいと言った。映画会社には共通して、スターには人妻をやらせないというジンクスがある」（「青春」）。「『冗談じゃない。君は大映の大事なスターだから、こんな血を吐いて死ぬ役なんかやらせるわけにはいかない』。乙羽さんは『この役をやらせてもらえないのならやめます』といいきった。のちの乙羽さんの行動を見ると理解できるのだが、こうと思って突っ走りだしたら乙羽さんはとまらないのだ。（略）背格好が妻によく似ていた。多少猫背なのだ。ほかにも共通するものがあった。妻も乙羽さんも顔が丸かった」（「ながい二人の道」96／東京新聞出版局刊）。「三年越しの念願ですので、すでに頭の中にフィルムの一駒一駒ができあがってい て、重ちゃん（宇野重吉）たちに扶けられながら、私は楽しくこの仕事を了えることができた。真夏、まだステージに冷房装置はなく、パン・フォーカスに絞って、マッチをすれば、ぱっと燃えあがりそうなライトの熱をあびて汗を流した」（「私の足跡」）。「私家版・乙羽信子の一生」の中で、ありし日の宇野重吉さんは「新藤さんは処女作だったから、目の色を変えて、ムキになって撮って、素敵な面構えでしたね。ラッシュを見て、重ちゃん、どうかね、どうかねと言うから、絶対いいものになる、大丈夫だよと言いました」と語る。

乙羽さんにとっても、『愛妻物語』は従来の殻から脱皮するだけでなく、新しい生き方への転機になった。キネマ旬報ベスト・テン第10位に入選し、興行的にもヒットした。以後、新藤・乙羽コンビで、日本映画史に残る名作が次々と生みだされ、ふたりは78年1月18日に結婚する。この間の経緯は、新藤監督の著作——ことに「ながい二人の道」や「愛妻記」（95／岩波書店刊）にも詳しく書かれている。そして乙羽さんは『午後の遺言状』を遺作に94年12月22日永眠。『私家版・乙羽信子の一生』のラストには、「乙羽さん／あなたの心は／フィルムに／残っていますよ」と、新藤監督のしたためた言葉が出てくる。新藤監督は乙羽さんの遺灰の一部を「裸の島」の舞台になった宿弥島の海に撒かれたという。

THE SCENERY OF DEBUT WORK

13

1952年

Masaki Kobayashi 小林正樹

息子の青春

credit **息子の青春** 松竹作品

製作／山本武　原作／林房雄　脚色／中村定郎　撮影／高村倉太郎　出演／北龍二、三宅邦子、石浜朗、蔵原元二　公開／1952年6月25日（44分）　併映作／『娘はかくも抗議する』（監督／川島雄三）

[小林正樹／こばやし・まさき] 1916年生まれ。早稲田大学哲学科で会津八一に学び、卒業後に松竹大船撮影所に入社。翌年には満州に出征、45年、宮古島で終戦を迎える。復職後、木下恵介監督に師事し、52年に監督昇進、庶民性豊かな『まごころ』（53）や『この広い空のどこかで』（54）などに続き、『壁あつき部屋』（56）、6部超大作『人間の条件』（59～61）を発表、『切腹』（62）『怪談』（64）『上意討ち・拝領妻始末』（67）『化石』（75）『東京裁判』（83）など代表作が数多く、国際賞男の異名をとるほど海外で高い評価を受けた。83年紫綬褒章受賞。96年、逝去。

松竹で52年から製作された上映時間40〜50分の中篇映画、通称シスター映画《ピクチャー》（略称SP、看板作品の姉妹の意味）については、以前にもこの連載でふれたが、改めて書かせてもらう。「松竹のシスター映画製作には、二つの目的があった。一つは、この中篇作品によって、新人監督や新人俳優の習練の場とすること、一つは、契約館から併映他社作品を駆逐することである。シスター映画は、昭和27年4月の『伊豆の艶歌師』を第一作として、28年末まで34本が作られ、その多くは添え物程度に過ぎなかったが、この中から新人監督として野村芳太郎、堀内真直、小林正樹、穂積利昌、西河克巳等を世に出し、川喜多雄二、水原真知子、小園蓉子、北原三枝などの人気スターを出した」（田中純一郎「日本映画発達史Ⅳ」80／中央公論社刊）。

上映時間延べ9時間38分の超大作『人間の条件』（59〜61年）や、極東国際軍事裁判の経過を膨大なニュース・フィルムから4時間37分に編集した『東京裁判』（83）の作者の出発点が、上映時間44分のSP作品であるという事実は興味深い。原作は林房雄の家庭小説で、ふたりの息子（石浜朗、藤原元二）と小説家である父親（北竜二）、優しい母親（三宅邦子）の関わりを描いた、この作品は瑞々しい佳作だった。公開当時「凡作つづきのシスター映画もどうやら軌道に乗って来たらしく『父帰る』（筆者註・堀内真直監督のデビュー作）『息子の青春』と佳作が出るようになって来た」（「キネマ旬報」8月上旬号、上野一郎氏評）と書かれているあたりに、評論家たちのSP全般への見方が分かる。

「キネマ旬報」61年7月上旬号に掲載された「新・監督研究1／小林正樹」の「自作を語る」や、白井佳夫氏による「小林正樹小伝」（以下「小伝」と記す）を参照させてもらいつつ、小林監督の「デビュー作の風景」に迫りたい。


生まれは北海道の小樽で、小学校と中学校を会社員の父の勤務地である小樽で終え、早稲田大学文学部に入り、東洋美術を専攻。会津八一に私淑し、古美術か映画かで迷うが、「昭和16年5月、試験を受けて松竹大船撮影所に入社。早稲田の予科時代から映画は好きでよく見ていた。1カ月ほどロケの仕事を手伝って大船に出入りしたこともあって、創作の仕事といえば、映画が最初に考えられるものだった」（「小伝」）。同期入社は野村芳太郎、小林桂三郎らで「入社してはじめてついたのが清水宏監督。石坂洋次郎原作の『暁の合唱』（41）を撮影中だった。背広をきこんであいさつに行ったところ、最初からお目玉をくった。バス・ガールを女主人公にした話で、セット中あちこちバスを動かすのが仕事だった。（略）大庭秀雄監督の『風薫る庭』（42年）の徹夜撮影がすみ、ステージから出てきた12月8日朝、太平洋戦争がはじまった」（「小伝」）。

入営までの1ヵ月間に奈良に滞在し、どうしても戦争に行かねばならぬひとりのインテリを主人公にしたシナリオ『我れ征かん』を執筆。42年1月に麻布の歩兵第3連隊に入営し、同年4月、満州ハルビンに出征し、国境警備の任務に廻される。石炭や材木運びの辛い作業中にも懸命にメモをとり、国境警備の話を「防人」というシナリオに仕上げる。「自分が死んでも二本のシナリオが残ると思った。南方行きが決まって乗船を命じられた時、「防人」の原稿をひそかに持ちこみ、門司に寄港した時に所番地を記した紙と千円札を間にはさんでそっと落とした。このシナリオは見ずしらずの人が、ちゃんと親もとに送ってくれていた」(「小伝」)。

フィリピンに行くはずが、宮古島でおろされ、45年宮古島守備隊で終戦。沖縄本島のキャンプに、1年間入れられるが、収容所内で劇団を結成し、「どん底」や「ファニー」「路傍の石」などを上演する。46年11月に復員し、大船へ戻る。木下恵介監督『不死鳥』(47)に就き、詳細な絵コンテを作ってほめられ、セカンドからチーフに抜擢される。以後、『破戒』(48)『新釈・四谷怪談・前後篇』『破れ太鼓』(49)『婚約指輪《エンゲージリング》』(50)などに就き、木下監督のシナリオ口述を筆記したり、キャメラ助手と助監督の仕事を兼任するような働きを見せながら、しだいにデビュー作を撮る環境が整っていく。

以下、「キネマ旬報」96年12月下旬号の追悼特集にも一部転載されたが、「自作を語る」の「息子の青春」の項を全文引用する。

「昭和二十七年に木下さんがフランス外遊中、一本撮ってはどうかという話が会社側から出て、作った第一作がこれです。ずっと助監督としてその下についていた木下さんの留守中のことで、少し心細い気がしました。佐分利信さんが撮ることになってた話を、原作を読み直してシナリオ化し、SPにしたものです。撮る時は不安だけでした。だが、敗戦後、沖縄で捕虜生活をしていた頃、素人を集めて新劇風のドラマを上演した時の経験がここでずいぶん役に立ちました。要するにリハーサルを十分にやればたとえ素人にだって芝居をさせることができるんだ——という自信みたいなものです。当時僕は結婚したばかりで、そのまだ家具の入ってない部屋を使い、俳優さんに集まってもらってリハーサルを入念にやりました。リハーサル中に、これは何とか撮れるんじゃないかという自信がだんだん出来てきたんです。

実際にセットに入って撮りはじめると、新しいものが次から次へとわいてきて、割合スーッと撮った感じです。四千フィートという尺数の中で、シーン、シーンをどうふくらますかに苦心しました。短いものだけに、自分としてはスキのない作品に仕上ったと思っています。尺数の長い大作だといろいろ妥協しなければならないことがあったりするものですが、その意味で今でもまた短い作品を撮ってみたい気がします。結局仕上りは四千三百フィートになりました。予定より三百フィートのオーバーです。が、会社側がどうしても超過は認めてくれない。どうしてもカットしろといわれ、腹を立てたあげく三千九百九十九フィート十五コマ、即ち四千フィートに一コマ足りない尺数に直しました。なんだか猛烈に腹が立ったのを覚えています。フランスから帰ってこの作品を見てくだすった木下さんは、ほめもけなしもされませんでした。そして『初めての作品は記念になるものだから』と、一本十六ミリプリントを作って結婚祝いに下さいました、僕は次の作品を撮るまでの間、ここでまた木下さんの『日本の悲劇』(53年)につきました」。

山田太一氏らの編集による「人は大切なことも忘れてしまうから──松竹大船撮影所物語」(95／マガジンハウス刊)の中で、西河克巳監督が「SPものには規定があったんです。四千フィートを一フィートも越えてはならない。それから十四日間、撮影が一時間も遅れてはならない」と当時の製作状況を語っておられるが「それでもすごいねばりにねばったのは小林正樹ですよ」と証言されている。以後、前述した『人間の条件』をはじめ『切腹』(62)と『怪談』(64)ではカンヌ映画祭審査員特別賞を2度受賞。

『まごころ』(53)『この広い空のどこかに』(54)『あなた買います』『泉』(56)『黒い河』(57)などは現在DVD化され、いつでも見ることができるようになった。初期作品の抒情も忘れ難いが、プロ野球選手のスカウト戦争の醜さを通じて人間のエゴイズムを抉る『あなた買います』や異色作『からみ合い』(62)などが再評価されることを望みたい。

THE SCENERY OF DEBUT WORK

14

1956年

Seijun Suzuki 鈴木清順

港の乾杯・勝利をわが手に

credit **港の乾杯・勝利をわが手に**　日活作品

製作／浅田健三　脚本／中川順夫、浦山桐郎　撮影／藤岡粂信　音楽／干月英夫　出演／三島耕、牧真介、南寿美子、天路圭子　公開／1956年3月21日（65分）　併映作／『色ざんげ』（監督／阿部豊）

［鈴木清順／すずき・せいじゅん］　1923年生まれ。本名・清太郎。鎌倉アカデミア映画科入学後、松竹大船撮影所の助監督試験に合格。活動再開した日活に移り主に野口博志に師事し、56年に監督進出以降『野獣の青春』（63）『肉体の門』（64）『けんかえれじい』（66）といった作品を次々と発表するが『殺しの烙印』（67）を巡り会社と衝突の末、解雇される。CM、テレビの仕事を手掛けるが『ツィゴイネルワイゼン』（80）で監督として完全復活。数々の映画賞を受賞。他作品に『陽炎座』（81）『夢二』（91）『ピストルオペラ』（01）等。『オペレッタ狸御殿』（05）を遺作に、2017年、逝去。

デビュー作『港の乾杯・勝利をわが手に』（56）から第6作『裸女と拳銃』（57）まで本名の鈴木清太郎名義で、第7作『暗黒街の美女』（58）から清順と改名した理由を当人に訊ねると、「家にいっぱい俳優たちが遊びに来ていて、景気が良くないから名前を変えた方がいいって言うんだよ。大井に有名な五星学の先生がいて、俳優のひとりがみんなを代表して行って、大部屋の役者も名前を随分変えた。僕は（そこには）行かない」。

——改名して景気良くなりました？

「ならないよ（笑）。文句を言ったら、10年経たなきゃダメだって。ちょうど10年目に（会社を）クビだよ。上手くできてるよ（笑）」。

確かに10年後の68年、日活は清順監督を解雇。鈴木清順共闘会議が結成され、71年和解の合意が成立するまでマスコミを大いに賑わせた。『野獣の青春』（63）や『刺青一代』（65）『東京流れ者』『けんかえれじい』（66）に加えて、74年春、池袋文芸坐オールナイトで『らぶれたあ』『素っ裸の年令』（59）『峠を渡る若い風』（61）『悪太郎』（63）『俺たちの血が許さない』（64）などを見て、僕は清順映画の熱狂的なファンになった

お台場の風景をアメリカに見立てた『カポネ大いに泣く』（85）の撮影現場で初めて清順監督にお会いしたのだが、不思議な事にその数年前からの印象はまるで変わらず、仙人の趣というか、飄

飄とした態。身も蓋もないほどに簡潔にして明瞭に何でも答えてくれるので却って取材しづらいという風評もあるけれど、ここでは本当に率直な声を聞くことができた。でも本当かなと若干の疑念を抱きつつも、映画の最初の記憶から——。

「一番沢山映画を見たのは小学生時代。商人の子だから、家にいると喧しいし、子供は映画館に行くんだよ。『大菩薩峠』『狸御殿』とか『猿飛佐助』とか随分見ました。浪人中にもよく見たなあ。その頃には映画の世界に入ろうとは全然思わなかった」。

青森の弘前高校に入学し、43年12月、学徒出陣の一員として応召し入隊。見習士官に昇進し、フィリピン、台湾へと転戦、マニラでは輸送船が空襲を受け、海に放り出され8時間くらい漂流して救出される。「敗戦の時は台湾。台湾は飛行機はやられてないし、燃料も米もあった。台湾軍が戦闘を中止したのは8月15日ではなくて、4、5日遅れてるはず。最初は戦争を続行するつもりだったんじゃないかな。上の人の考えは知りませんよ。我々は気象班で小さな飛行場に13人くらいでいたから。やっぱり我々の年代は斎藤（武市）さんにしても特攻隊だし、考え方にしろ戦争の影響は非常に大きいんじゃないかな」。

終戦の翌年46年、復員。48年、弘前高校を卒業し「家の商売がダメになって、サラリーマンになろうと思ったけど、東大の経済学部を受けて落っこっちゃった。東大に受かってたら、映画界なんかには来てないよ（笑）」。友人に誘われ、鎌倉アカデミアに入る。この時、映画科の科長だったのが、豊田四郎監督『若い人』（37）や『小島の春』（40）を製作し、自身が監督でもあった重宗和伸氏。エッセイ集「花地獄」（77／北冬書房刊）の中で清順監督は重宗氏のことを愛惜をこめて書かれている。重宗氏から「こういう試験があるよ」と教えられ、48年9月、松竹大船撮影所の助監督試験を受けて合格。同期入社の松山善三、井上和男、斎藤武市、中平康、有本正、生駒千里、今井雄五郎と、赤八会を結成し、「一緒に飲んだり食べたりしていました」。

最初に就いたのは、渋谷実監督『朱唇いまだ消えず』（49）。佐々木康、大庭秀雄、中村登監督作品に就いた後、『男の哀愁』（51）で岩間鶴夫監督に就いてからは、同監督作品の専属に近い形になる。「ついたのはメロドラマの岩間組。酒好きの気のおけない組でね。小むずかしい映画論など一切やらない」（鈴木清順「すっころび仙人の人生論」95／講談社刊）。

54年、日活が製作を再開。「西河（克巳）さんがお使いに来まして、なぜか赤八会に声をかけたんです。酒を飲ませてくれた恩義があるし、勿論岩間さんには挨拶しました。何て言われたか忘れたね（笑）」。

斎藤武市、中平康と共に移籍。上野昂志編「鈴木清順全映画」（86／立風書房刊）によれば「当時、松竹の月給1万5千円、日活へ行くと4万円、映画1本につき4万5千円くれた」。「（日活へ）

行ってみたいというより成り行きだね、これは。我々が（松竹を）出た後、残った人の給料も上がったみたいだよ」。

日活では滝沢英輔、佐伯清監督作品に就いた後、『俺の拳銃は素早い』（51）以降は、主に野口博志監督作品に就く。山村聰監督『黒い潮』（54）では予告篇を任されるが、「本篇にないシーンを撮っちゃったんだ。新国劇の石山健二郎さんが出ていて、見ていると彼が1番面白いんだよ。それで芝居をつけて撮っちゃったわけで（笑）、会社に怒られて予告篇がオクラ入りしたんだ」。

56年にデビュー作の話が来るが「上から台本が来るんだよ。（脚本は中川順夫と浦山桐郎の連名だが）僕は中川さんの顔も知らない。日活では脚本ができてから監督に渡されていたし、浦山はよく家に遊びに来てたんで呼んで、中川さんの脚本を直させたんだよ。名前を入れないと脚本料を貰えないからね。あんまり気負いはないね。自分でやりたいものじゃなかったし、宛行扶持《あてがいぶち》の歌謡映画だからね。野口組についてたから、ああいうアクション映画になるんだよ」。

チーフは蔵原惟繕で、サードは藤田繁夫（後に敏八と改名）。撮影期間は約20日。「これが会社から大目玉食らいましてね。撮影所長が分かんないって言うの。例えば、昼間に車が走ってきて、すぐ地下室のバーの場面になると、地下だから灯がついてる、当たり前じゃないか。表は昼なのに灯がついていてて〝何だ〟って、言うんだよ。ああいうのは地下へ降りるカットを撮らなきゃダメだって言うんだよ。そんなの分かりきってるから、まだるっこしいんだ（笑）。バーから出てくるカットは、ちゃんと撮ったのに、それでもダメだったんだからね」。

当時、日活の長老格だった田坂具隆監督に監修を頼むという話まで出たが「田坂さんがラッシュを見て、いくら巨匠でも他人《ひと》の映画はいじりようがない。少しでも分かり易くしてくれということだったんだろうけど、所長と田坂さんの会談の内容は知りませんよ、こっちは外で待たされてたんたから」。幸い田坂監督の名前は入らなかったが、このデビュー作は主要封切館では上映されず、立川日活と両国日活だけで公開されたと記録にある。

最初の作品から当り前のカットは絶対撮りたくなかったと監督は言う。今の若い監督さんは編集に時間をかけるけど、あれは同じカットをいっぱい撮ってるってことでしょ、我々はワンカットをひとつしか撮らない。だから編集なんか、カッティング通りつなげばいい。映画ってどこからどう撮るのか、色々あるけど、ひとつを決める決心なんですよ。今の若い人は決心が鈍いんだろうね（笑）。ポジションにしてもそう。セットに入ってもロケに行っても、キャメラを据えるべき場所はひとつしかないはずだし、一番いいカットは既に決まってるわけです」。

清順映画の小気味良さ、面白さの一端にふれ、感動する我々を残して、監督は風のように去っていかれた。「これ面白く書いといてねー」とカラカラと笑いながら、言い残して――。

Ko Nakahira 中平康

狂った果実

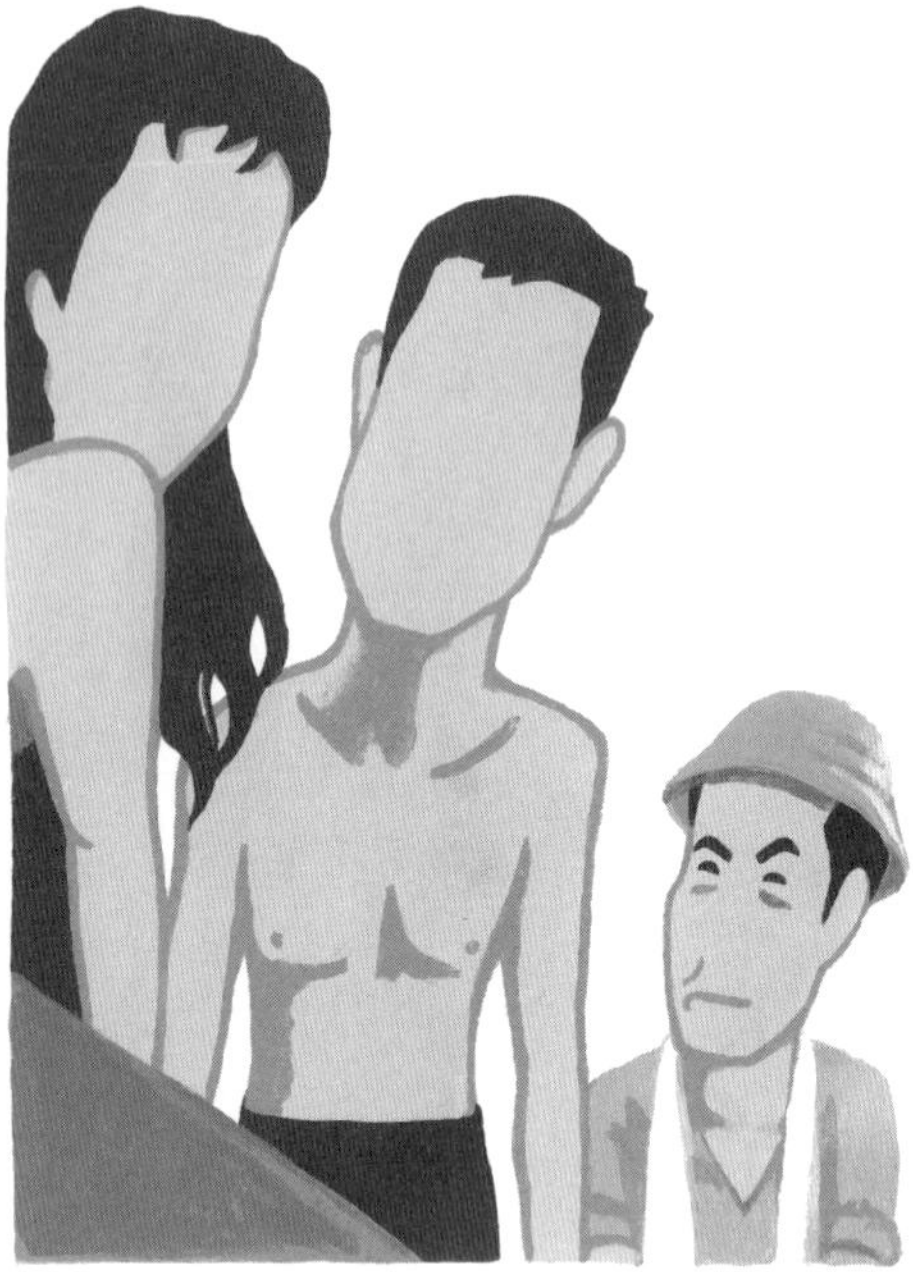

credit **狂った果実** 日活作品

製作／水の江滝子　脚本／石原慎太郎　撮影／峰重義　助監督／蔵原惟繕　出演／石原裕次郎、津川雅彦、北原三枝、岡田真澄　公開／1956年7月12日　併映作／『悪魔の街』（監督／鈴木清太郎（清順））

［中平康／なかひら・こう］ 1926年生まれ。東京松竹大船撮影所の助監督試験に合格、木下恵介、渋谷実監督などに就く。活動再開した日活で助監督のまま『狙われた男』（56）を撮るが、先に公開された『狂った果実』でデビュー。本作でトップスターになった石原裕次郎とは『紅の翼』（58）『アラブの嵐』（61）でも組み、ほか作品に『泥だらけの純情』（63）『月曜日のユカ』（64）『砂の上の植物群』（64）など。71年、中平プロダクション設立。『変奏曲』（76）を最後に映画から離れ、以降テレビの仕事を精力的にこなすが、78年、逝去。

99年6月26日から渋谷ユーロスペースで『Revenge of Modernist KO NAKAHIRA』と題して、中平康監督の快作8本――『才女気質』『その壁を砕け』（59）『あした晴れるか』（60）『危いことなら銭になる』（62）『月曜日のユカ』『猟人日記』『砂の上の植物群』（64）『黒い賭博師・悪魔の左手』（66）――が特集上映された。あえて『狂った果実』（56）や『泥だらけの純情』（63）など、いわゆる〝代表作〟を外して、上映される機会が少ない作品を中心にセレクトされたらしいが、筆者自身は『栄光への反逆』（70）や『混血児リカ』（72）『変奏曲』（76）など晩年の作品からリアルタイムで見始めたために中平作品の印象は当初良くなかった。

鎌倉駅の改札口を走って飛び越え、発車寸前の列車に石原裕次郎と津川雅彦の兄弟が飛びのるオープニングも瑞々しい『狂った果実』や、早くも同年にそれをセルフ・パロディ化したスラップスティック・コメディ『牛乳屋フランキー』（56）、加賀まりこの美しさが眩しい『月曜日のユカ』などを後年、名画座で見て、中平監督の才気を認識させられ、96年春、京橋フィルムセンターで、後述する『狙われた男』や『夏の嵐』（56）、『街燈』『誘惑』（57）を見て、その真の魅力を思い知らされた次第だ。

父は洋画家の高橋虎之助で、ヴァイオリン教師をしていた母方の姓を継ぎ、開放的で自由な家庭環境に育った。小さい頃からよく映画を見ていたが、高校時代、父の友人に映画監督がいたことから、映画の仕事を漠然と志すようになったらしい。浪人生活中、新東宝と雑誌「VAN」「人間喜劇」共同の風刺シナリオ募集に『ミスター・ゴエモン』を応募し、佳作5篇の中に入選。東大では映研に入り、荻昌弘、渡辺祐介、若林栄二郎らと知り合い、応募シナリオを褒めてくれた飯島正の家に揃って出掛けたという。48年夏、松竹大船撮影所の助監督募集試験を受け、1500人の中の8人に選ばれる。大学は自然中退。学科と常識問題は最高点だったが、論文は最低点。「こういう試験で論文を書かせるなんてけしからん」と書いたためだが、吉村公三郎と渋谷実はそれを面白がり、さらに川島雄三監督『オオ!市民諸君』(48)を傑作だと面接の時に言ったら、目の前に川島監督がいて結局合格になる。入社時の同期メンバーには、松山善三、斎藤武市、鈴木清太郎(清順)、井上和男、生駒千里、今井雄五郎などがいた。

見習いとして最初に現場に就いたのは、木下惠介監督『お嬢さん乾杯』(49)。助監督としては川島雄三監督『シミキンのスポーツ王』(49)に始まり、原研吉監督『恋の十三夜』(49)、大庭秀雄監督『ザクザク娘』(51)、黒澤明監督『醜聞《スキャンダル》』(50)『白痴』(51)などに就き、『初恋問答』(50)をきっかけに、『本日休診』『現代人』(52)など渋谷実監督作品を中心に就く。渋谷作品『やっさもっさ』(53)の頃、日活が製作を再開し、周囲の勧めもあり移籍。日活では佐伯清監督『沓掛時次郎』(54)、山村聰監督『沙羅の花の峠』(55)や、新藤兼人監督『銀心中』(56)に就いて監督デビュー。実は中平監督のデビュー作はどちらなのかと迷ったのは、助監督の身分のまま撮った新藤兼人脚本のサスペンス・ミステリーの佳作『狙われた男』を完成させたものの、2本目の『狂った果実』が56年7月12日に公開され、『狙われた男』は同年9月11日に公開されたからだ。公開順に、ここでは『狂った果実』の「デビュー作の風景」を書かせてもらおう。

56年当時は一橋大学の学生で、石原慎太郎の小説「太陽の季節」が芥川賞を受賞し、文壇の枠を越えて社会的な事件になった。

「そのころ、かねて水の江滝子さんがぼくにやらせたいなんて、言ってたこともある『太陽の季節』の映画化が大当たりしました。そこで『続・太陽の季節』を撮る企画が出て、ターキーさんがぼくのところに話を持ってきました」（中平康の回想「日本映画200」82／キネマ旬報社刊）。たしかに公開当時の雑誌や新聞広告を調べても、『狂った果実』という題名の横には、サブタイトルのように『太陽の季節姉妹篇』と必ず添えられ、宣伝コピーも「太陽の季節はこの映画の前奏曲にすぎなかった!!」。

「原作は？　と（水の江滝子プロデューサーに）いうと明後日あたり、「オール読物」の第一回ゲラ刷りが上がる筈だという。……主演は？　慎太郎さんが自分でやりたいらしいけど、ヒマがないので誰かいいの居ないかねという。弟の役は弟にやらせてやってくれとさ」（中平康「『狂った果実』について」／岩波ホール発行「映画で見る日本文学史」。

キャストに関しては以下の貴重な証言がある。「会社は弟の主演も認めたが、なお不安もあったのだろう。彼に配して原作の兄弟の兄の方を、すでに演技には定評のあった三國連太郎でいこうとしていた。しかし三國氏はその役回りがいかにも自分の年には無理と判断して断ってきた。私には当然の見識と思えた。そこでやるならいっそ兄弟、一人を新人でやったらということになり、あちこちいろいろ柄に合いそうな若い男をスター候補として物色したが、なかなか見当たらない。（中略）そんなある日、今ではいきつけになっていた日活ホテルで、多分誰かの結婚式だったと思うが、集まりが解散してホールから出てきた人の群れの中に、エキゾチックなヒスパニック系の顔をした少年を見た。その人の群れの中には前の原作の映画で主演した長門裕之の顔もあったが、私にはその少年の印象が強くて、いきなりではぶしつけだろうから、すぐに下の階にある企画部に飛んでいって、しかじかの少年の素性を確かめるように荒巻氏に頼んだ。いわれても当てのない氏は水の江氏に頼み、彼女は長門に質して、件の少年が実は彼の弟とわかった」（石原慎太郎「弟」（96・幻冬舎刊）。

「女優さんは石原兄弟がファンだった北原三枝を使おうというんで、ターキーさんと二人で彼女を本社に呼び、相手は素人だけど何とかつきあってくれ、なんて口説いた。裕次郎は（シナリオ執筆で缶詰になっていた）日活ホテルに兄さんの原稿を清書しに毎日通ってたものです」（「日本映画200」）。

「私をはじめ、水上スキーすら見たこともないスタッフで、逗子ロケが始まった。ともかく回せ、止めるな、三台のキャメラで回したら第一カットで、三〇〇〇尺回った。当たり前だ。キャメラマンの峰（重義）さんとの衝突が始まった。ボートにミッチェル――当時まだアリフレックスなどない――とバッテリーと、撮影助手と私と主演者が乗ると、スクリプターはおろか、キャメラマンも乗れない。私としては良いチャンス、構わないからハレーションでも何でもジャンジャン入れろと」（「『狂った果実』について」）。撮影は18日予定されていたが、実数は23日で超強行撮影だった。

公開され大ヒットするが「彼等の無軌道ともみえる生活は、小説の映画化という観念から離れて、モラルの低下、性生活の廃頽さを教えないかと心配するのである」（キネマ旬報56年9月下旬号・近田千造氏批評）と検討外れに酷評される。キネマ旬報ベスト・テンにも1票も投じられていないが、トリュフォーをはじめヌーヴェル・ヴァーグの映画作家たちに、この傑作が大きな影響を与えたことは歴史的事実である。公開時と後世の評価とが大きく異なる好例が、この『狂った果実』だ。

THE SCENERY OF DEBUT WORK

16

1957年

Teruo Ishii

石井輝男

リングの王者・栄光の世界

credit **リングの王者・栄光の世界**　新東宝作品

製作／佐川滉　脚本／内田弘三　撮影／鈴木博　美術／小汲明　音楽／斎藤一郎　出演／宇津井健、池内淳子、中山昭二、細川俊夫　公開／1957年4月10日（76分）

［石井輝男／いしい・てるお］　1924年、東京生まれ。東宝の撮影助手、戦時下は爆撃用航空写真撮影に従事し、47年に新東宝設立に参加。成瀬巳喜男、清水宏監督に就いた後、57年に監督デビュー。『スーパー・ジャイアンツ』シリーズ（57-58）、『黒線地帯』（60）『女王蜂』シリーズ（58-61）などで人気を博す。61年に移籍した東映で『網走番外地』シリーズ（65-67）を大ヒットさせ、以降はエログロ路線『徳川女刑罰史』（68）荒唐無稽アクション『直撃！地獄拳』（74）など幅広く手掛ける。79年以降映画を離れてテレビ作品、ＯＶを監督するが、93年『ゲンセンカン主人』で劇場用映画に返り咲き、次いで『無頼平野』（95）『ねじ式』（98）『地獄』（99）『猛獣VS一寸法師』（04）と晩年まで旺盛に監督作品を発表した。2005年、逝去。

石井輝男監督の映画の存在を筆者が初めて意識したのは「キネマ旬報」68年11月上旬号の佐藤忠男氏の「日本映画の最低線への警告」という一文からだった。「ピンク映画よりも愚劣」「無感動にエロ・グロと人格的侮辱のイメージを羅列してゆける神経に、ほとんど嘔吐感がこみあげてくる」という批判であり、同じ号に石井監督は「エロ・グロ以外のなにものでもない。人が私の作品をして、そう批評するならば、それはそれで結構なことです。（略）性格的に、中途半ぱなことは、私は嫌いなのです。とことん、行くところまで行ってみます。その結果、何が出てくるかはわかりません」と書かれていた。

年齢的なこともあり、筆者は公開当時に石井監督の異常性愛路線の作品を見ることはできなかったが、この応酬は個人的な期待を募らせるばかりで、逆の意味で筆者には多大な宣伝効果を及ぼした。『徳川いれずみ師・責め地獄』（69）や『江戸川乱歩全集・恐怖奇形人間』（69）が、カルト映画として認知された今となっては懐かしい話ではあるが。

70年代初めには池袋文芸坐のオールナイトで、石井監督の『スーパー・ジャイアンツ』シリーズ（57〜58）や「地帯《ライン》」シリーズ（58〜61）など新東宝時代の作品が特集上映されて通いつめたりもした。その監督人生は、石井輝男・福間健二の著書「石井輝男映画魂」（92／ワイズ出版刊）に詳しいが、『ゲンセンカン主人』（93）『無頼平野』（95）に続く『ねじ式』（98）の公開を控え、石井監督に「デビュー作の風景」について伺うことができた。

映画のスタイルと監督本人のイメージの間に殆どずれのない人も多いが、石井監督は、夥しく激しい作品歴に似ず、実に気さくに快活に親切に取材に応じて下さった。作品と本人との落差の大きさという点では熊切和嘉監督の怪作『鬼畜大宴会』（98）と双璧で、熊切監督も温厚そうな青年だったのには驚かされた。まあ、実作者本人の創作の秘儀は、第三者には、そう簡単に見分けられるものではないだろうけれど。

映画界入りのきっかけは「とにかく遊ぶことが大好き」で、早稲田実業を中退。知人の紹介で東宝へ入社し、撮影助手として円谷英二のいた航空研究所に配属され、戦争映画の特撮を手伝う。終戦の半年前に召集を受け、終戦時は中国大陸で爆撃用の航空写真を作成していた。復員後は東宝に戻るが、46年秋の東宝争議を契機に設立された新東宝に発足から参加する。演出部に転向し、同期には井上梅次らがいた。最初に、新東宝第一回作品、渡辺邦男監督、長谷川一夫主演『今日は踊って』（47）に就く、「まだ会社がないから、打ち合せの時も今日は中華料理屋の二階、明日は幼稚園という具合に集まってね。あの映画は確か一週間で撮ったんですよ。さすがに、その時は早撮りの渡辺先生も緊張して、スタッフを集めて、体力に自信のない者は今のうちにオリてくれと悲愴なことを言われて、命がけで撮りましたよ」。

シナリオライターであり映画評論家の岸松雄氏の勧めで、清水宏監督（『小原庄助さん』（49）、『母情』（50）、『しいのみ学園』『次郎物語』（55）など）や、成瀬巳喜男監督（『石中先生行状記』（50）、『銀座化粧』（51）、『おかあさん』（52）など）に就く。「清水先生は俳優と全然口をきかないんですよ。チーフ助監督が俳優に全部芝居をつけて、ヨーイ、スタートまで言う。御自分はキャメラ・ポジションを決めるだけ。子供の映画にしても、説明して分かれば子供じゃないというのが理論で、（子供が）あんまりできないと、近付いて肩をグッと掴んで、こっちを向け、3つ数えて、あっちを向くんだなんて言うんですが、（映画に）写ると、それが良く見えるんですよ。僕も子供の扱い方を随分教わりました」。

「成瀬先生も（清水監督とは）別のタイプの方ですが、やっぱり俳優には全然芝居をつけない。だから僕は助監督の時に、さんざんヨーイ、スタートを言って、練習しちゃったんです（笑）。第一回作品の時もいつもの調子で、どこかに別に親分がいて、そっちが責任をとってくれるみたいな錯覚で、ホイホイ撮っちゃったんで、そういう意味では恵まれたというか得をしたんですね（笑）」。

同期の赤坂長義、曲谷守平、山田達雄が監督デビューしたが、石井監督は、清水、成瀬調の企画ばかり提出していたので、なかなか通らず、佐川滉プロデューサーが拳闘映画を撮らないかという話を持ってきてくれる。いったんは断わるが、「大蔵（貢）社長に、そんな企画を出しても絶対通りっこないから」と、口説かれ、ようやく撮る決心をする。チーフ助監督は三輪彰、セカンドはのちにNHKのディレクターになった深町幸男だった。
「実際の話、僕はボクシングのルールも知らなかった。それから慌てて試合を見に行ったんですが、リングサイドで見ていると血しぶきがバーッと飛ぶしね。いやぁ、すごいもんだなあと。当時はのちにチャンピオンになった矢尾板がいて、その時は僕らも、これはすごい奴だなあと思いましたよ。面白くなって、だんだんのってきて、わけも分からずにボクシング映画を撮ったわけです」。
主役は当初、天城竜太郎の予定だったが、「この男は贅肉がついてブヨブヨで、社長に、これだけは勘弁してくれ、天城じゃなかったら誰でもいいと口説いて」、結局、宇津井健になった。「数年前に天城に会った時、天城は、その経緯を知らないんで、本当はあれ僕がやるはずだったんですよって。ああ、そうなのなんて言って、とぼけちゃいましたよ（笑）」。天城竜太郎は、のち若杉英二と改名し、石井監督の怪作『異常性愛記録・ハレンチ』（69）に主演。贅肉がついたブヨブヨの裸身を晒して、おぞましくも滑稽な演技を見せてくれた、
撮影日数は約20日間。よその映画会社に比べると半分以下の予算で「助監督として相当会社に尽くしたし、1本位損害をかけてもいいだろうと。どうせこれ1本でクビだろうから、やりたい放題やっちゃったんですよ。完成試写の時に、製作本部長の渡辺（邦男）先生には満座の中で滅茶苦茶

に怒られましたけどね（笑）」。ところが「キネマ旬報」57年5月上旬号の批評欄で、吉田智恵男氏が「映画を見ていると、この新人が如何に映画を愛し心をこめて作っているかがよく判る。そういう精進というものは必ず何等かの形で画面に現われて来るものである。大成を期したい」と高く評価してくれた。

「お礼状も差し上げずに、今でも後悔しています。ただ当時の友人たちが批評家の方に近付くと（作品が）悪い時でも、やっぱりホメて下さる。すると、その人の期待に添おうと、みんな批評家の方を向いて映画を作るようになる。これはマズイなと思ってわざと近付かなかったんですが、そういう方が応援して下さったんで、助かっちゃったんですけどね」。

殆どの新東宝作品が、そうであるように、本作も上映される機会がなく、筆者は未見（のちにDVD化されて、見ることができた）だが、ぜひ見てみたいものだ。撮影所全体も、新人を応援しようとしていた。ちょっといい話。「煙草をポーンと捨てるカットで、それも煙草のアップなんですが、会社のプールで撮ったんです。そうしたら、浮かんだ煙草の横に巨大な船のボディがドーンと作ってある。新人だから応援してやろうと、みんなが心意気で作ってくれたんです（笑）」。思わず、それは必要あるんですかと訊ねると、監督曰く「全然必要ないんですよ。だけど有難う！　ってなもんですよ（一同大爆笑）。いやあ、いい話ですよねえ。

THE SCENERY OF DEBUT WORK

17

1957年

Sumiko Haneda

羽田澄子

村の婦人学級

credit **村の婦人学級**　岩波映画製作所作品

製作／小口禎三　企画／文部省　脚本／羽田澄子　撮影／小村静夫　録音／桜井善一郎　解説／長岡輝子　完成／1957年4月（29分）

［羽田澄子／はねだ・すみこ］　1926年、旧満州・大連生まれ。帰国して岩波映画製作所に編集者として入社後、映画部に移り羽仁進監督に強い影響を受ける。『村の婦人学級』（57）で監督デビュー後、『もんしろちょう・行動の実験的観察』（68）や自主製作の『薄墨の桜』（76）など精力的に作品を発表。『早池峰の賦』『歌舞伎の魅力・菅丞相片岡仁左衛門』（82）で芸術選奨を受けたほか受賞歴も数多い。近年、8時間を越えるドキュメンタリー『歌舞伎役者・片岡仁左衛門』（92）と『歌舞伎役者・片岡仁左衛門／登仙の巻』（94）で多くの話題を集め、『住民が選択した町の福祉』（97）や『続・住民が選択した町の福祉／問題はこれからです』（99）『嗚呼満蒙開拓団』（09）なども高く評価された。

第1部『若鮎の巻』、第2〜4部『人と芸の巻』（上・中・下）、第五部『孫右衛門の巻』で構成され、計8時間8分にも及ぶ大作にして傑作『歌舞伎役者・片岡仁左衛門』（92）がキネマ旬報文化映画ベスト・ワンを受賞。続く第6部『登仙の巻』（94）も2時間40分の長尺ながら高く評価されて以来、『薄墨の桜』（76）『早池峰《はやちね》の賦《ふ》』（82）『痴呆性老人の世界』（86）などの代表作以外にも、『古代の美』（58）『風俗画──近世初期──』（67）、それに『もんしろちょう──行動の実験的観察──』（68）『法隆寺献納宝物』（71）など、羽田澄子監督の初期の佳品も上映される機会が増えたのは嬉しい限りだ。

「ドキュメンタリー映画の現場」（89／第一書館刊）の中で「私がいま思っているのは、詩人が詩を書くように、絵かきが絵を描くように、私の魂が感動したものを映画にしたいということです。私がものを作りたいと思い、作れる条件のある間は、あらゆる既成概念に束縛されず自由に作品を作っていきたい」と監督が語るように、その作品歴は対象への新たな発見の喜びに充ちている。近年自主映画上映の場で2度ほどデビュー作『村の婦人学級』（57）を見て、この連載でお話を伺いたいと思っていたところ、『住民が選択した町の福祉』（97）の続篇編集で多忙にも関わらず時間を割いていただけた。貴重な資料を持参し、こちらの初歩的な質問にも実に闊達に答えていただき感謝に堪えないのだけれど、その話は要約不可能なほど面白く、感動的だった。その全てを再現することは叶わぬまでも、まずは映画界入りの経緯から――。

「私は旧満州の大連生まれで、自由学園を卒業してから実家に戻り、敗戦後の48年まで向こうにいたんです。現在とはちがい、内地とは、電話はもちろん、手紙のやりとりもなく、学校とも没交渉で、世の中のことは何も分からずに引き揚げてきたんです。東京で職を探してうろうろしていた時に（自由学園の創立者・羽仁もと子氏の長女である）羽仁説子先生から連絡があり、岩波書店が映像部門を作るんで、そこへ入りませんかと声をかけて下さったんです」。

羽仁説子先生が、なぜ声をかけてくれたのかは分からず、羽田さん自身は映画に関心もなく、まして作ろうとは考えていなかった。

「その時は〝教育映画や科学映画を作る会社です〟と言われ、さぞつまらないだろうと思って（笑）、お断りしました。1カ月後に、そこで映画だけでなく写真文庫という本の編集もしますが、それはどうですかと言われて、そっちの方が面白いだろうと思い、失礼な話ですが、それで（岩波に）入ったんです」。

歴史学者である羽仁五郎氏と説子氏の子息・羽仁進氏が、それまで勤めていた共同通信社を辞め、岩波写真文庫の編集スタッフとして働いていた。羽田さんは羽仁さんの助手になり、やがて映画部門に移った彼から映画に誘われたという。

「私は体力的に自信がないものですから、最初は企画とか脚本でもやろうかと」、竹内信次監督の『或る断面図』の助監督や森永健次郎監督『嫁の野良着』（53）の脚本・助監督を務める。「助監督は私ひとりで、宿やロケや切符の手配から撮影機材の発送、それにみんなの食事の世話。長距離電話も申し込んでから2時間経たないと通じなかった頃ですから、地方ロケというと寝るヒマもない。これはどういう仕事なのかと（笑）。世の中には随分ひどい仕事があるなあって思いましたね」。

そして羽仁進監督『教室の子供たち』（54）に出会う。これは従来の教育映画の型を破る画期的な作品だった。かくし撮りではなく、教室にカメラを堂々と持ち込み、子供たちに慣れさせて、いきいきとした反応を引き出すことに成功したのである。「私は助監督に就いて、非常に新鮮な感動があり、こういうやり方なら自分でも作れると思ったんですね」。その後、文部省から岩波映画に『村の婦人学級』の話が持ち込まれ、初期の企画段階から関わり、これが羽田さんのデビュー作になる。

滋賀県甲西町の子供たちの問題について、母親たちのグループ学習が重ねられる。封建的な村の暮らしの中で、ただ黙々と働き、子供のことを考える余裕もなかった母親たちの反省と変貌。後半では彼女たちのひとり、サヨさんに焦点が絞られ、自分の思ったことをいきいきと話せるようになる過程が捉えられる。

「あの映画は、とにかく何もなかった所にこっちが行って、公民館の先生たちと相談しながら、お母さんたちの婦人学級の映画を作りたいけど組織しませんかと、動きに沿って撮っていったんです」。現地には40日以上泊まりこんだ。「お姑さんが怖くて婦人学級に出てこられない人も、スタッフが説得して、だんだん変わっていったんです。当時は洗濯機も電気釜も何もない時代で、お母さんたちは家事にすごく時間をとられて忙しいから、子供たちに構っていられない。婦人会に出てくるだけでも大変だったんですよ」。

「日本映画監督全集」(76/キネマ旬報社刊)の羽田監督の項には「因習から脱却しようとする婦人たちの行動をかくしカメラでとらえてリアルに描写した」とある。88年版と97年版にも同じ記述があるが、これはおかしい。『教室の子供たち』から強い影響を受けた人が、どうしてかくしカメラを使うのか。「それはまったくの間違いです。当時の批評家は、ああいう自然な描写を見ると(作者に)確かめもせず、かくし撮りだと思ったんです。私は、かくし撮りなんて絶対していない」。当時の紹介記事には、「めざめゆく婦人たちの作は多いが、これほど地味でまともな作も少ない。それが盗み撮りカメラで収録されて悲しい日本の主婦の姿が胸をうつ」(57年7月下旬号)とあり、これが間違いの元であったことが分かる。映画作家の核心に関わる誤りが、40年間も本人への確認なしに書き継がれてきたことに筆者は強い憤りを覚え、ここに謹んで訂正する。

「私たちが泊めていただいたりして、一番お世話になったおばさんはもう亡くなられましたが、息子さん夫婦とは年賀状のやりとりがずっと続いているんです。15年くらい後に、あの土地に私が行ったら、みんなが集まってくれて、有線放送で〝岩波グループの方、羽田さんがみえましたから、お集まり下さい〟って呼び出していて、私、ビックリしちゃった（笑）。岩波グループなんて名前があるのも知らなかったしね。つまり、お母さんたちは婦人学級で仲間ができた後も、そのつきあいをずっと続けていたんですね。その人たちが、どうも岩波グループと呼ばれているらしい（笑）。そこで会って、みんな喜んでくれて、それからずっと後、今から10年前にも、この地域の女性史の勉強をしている人たちの会に呼ばれて講演をした時にも、やっぱり岩波グループの人たちが集まってくれて、感激しましたね。みんな70歳を越えても、お互いに心おきなく話せるつきあいが続いていたんだなあと」。「状況の変化というんじゃなくて、問題の本質を突いて追う。例えば、ここで言うと、お母さんたちに何か変化が起きるんじゃないか、それを撮りたいと思ったら、そういう状態を全部包みこんで撮っていこうと思うわけです。そういう考え方は、その後もずっとあるわけで、私の作品の一番の原点になっているのは、やはりこの作品かもしれませんね」。

THE SCENERY OF DEBUT WORK

18

1957年

Yasuzo Masumura 増村保造

くちづけ

credit **くちづけ**　大映東京作品

製作／永田英雄　企画／原田光夫　原作／川口松太郎　脚本／舟橋和郎　撮影／小原譲治　照明／米山勇　録音／須田武雄　美術／下河原友雄　編集／中静達治　音楽／塚原哲夫　助監督／弓削太郎　出演／川口浩、野添ひとみ、三益愛子、小沢栄太郎
公開／ 1957 年 7 月 23 日（74 分）　併映作／『三日月秘文』（監督／三隅研次）

［増村保造／ますむら・やすぞう］　1924 年、山梨県生まれ。東京大学法学部卒業後、47 年、大映の助監督募集に合格。52 年、ローマの映画実験センターに留学。各国の映画史を系統的に学び、55 年に帰国後、大映に復帰。溝口健二や市川崑作品の助監督を務め、57 年に監督デビュー。『巨人と玩具』（58）や『兵隊やくざ』（65）『華岡青洲の妻』（67）『遊び』（71）などの秀作を放ち、大映のエース格となる。71 年、大映倒産後は行動社を設立し、『大地の子守歌』（76）『曽根崎心中』（78）などで映画賞を総なめにする。86 年、逝去。

80年代から90年代にかけては、雑誌の取材などを通じて、これはと思う映画監督や俳優さんたちには、殆どお会いすることができた。名目が立たなければ、強引に用事をでっちあげてでも、会いに出かけた。若気の至りで、先方には、さぞ迷惑だったかもしれないが、元来何事にも消極的だった自分にとっては、それだけが、より映画に接近する唯一の手段であり、その先に何が広がっているのか、どうしても確かめたかったのだ。その中で、たったひとりだけ、お会いできなかったのが増村保造監督であり、これはもう、どんなに後悔しても、しきれないほどの、我が人生最大の痛恨事といえるだろう。

80年代初め、別の映画の取材で、松竹大船撮影所に行くと、『この子の七つのお祝いに』（82）のスタッフルームがあり、今の仕事が一段落したら、必ず会いに行こうと、心に決めていたのだが、それが増村監督の遺作になってしまった。窓からスタッフルームを覗いてみると、人影はなく、壁に貼ってあったスケジュール表が眩しかった。

88年に刊行された「日本映画監督全集」（キネマ旬報社刊）の増村監督の項目には「大映末期は露骨な題名に見られる様な安易な企画につきあって凡作をつづけた」という記述があり、その筆者は某新聞社系映画賞の選考会で、毎年お世話になった方だったのだが、それでも「これは、いくら何でもひどい」と憤った。おそらく『でんきくらげ』（70）や『やくざ絶唱』（70）『しびれくらげ』

（70）のことを指しているのだろうが、本当にこの人は肝心の映画を見て書いたのだろうかと疑わざるをえなかった。大映末期の限られた予算や時間的制約の中で撮られたとはいえ、いや、そうした逆境をこそ逆手にとって、大谷直子や渥美マリら若手女優が、自らの肉体を武器に強く生きる女たちを描いて、傑作と呼ぶしかない映画になっていた。公開時、高く評価していたのは、デビューから一貫して増村作品を支持していた白井佳夫氏だけだった。今でもパッケージだけで映画を判断するプロの映画評論家やジャーナリストは数多く存在するが、映画は実際に見てみなければ分からない（見ても分からない、どうしようもないセンスの方々も存在するが）と思い知らせてくれたのが、他でもない増村作品だった。

名画座などで追いかけて見た『妻は告白する』（62）や『黒の超特急』（64）『大悪党』（68）の素晴らしさに圧倒されて、増村映画のファンになったのだが、つい先日も、かつて見て、あまり印象に残らなかった『妻二人』（67）をＤＶＤで再見して驚いた。古びていないどころか、現在だったらベストテン入り確実の秀作じゃないか。これは日本映画のレベルが低下しているのか、それとも増村映画の真価が、時代を経て、余分な夾雑物が拭われ、鮮明に見えたのだろうか。

やはり名画座で見た増村監督のデビュー作『くちづけ』は、もうこれこそがデビュー作だと叫びたくなるほど瑞々しく光り輝いている。拘置所で出会った川口浩と野添ひとみの恋人たち。殺風景な工事現場でのふたりのラブシーンは、何と切実で、エネルギッシュで、初々しいんだろうと感動した。

99年に発行された、増村保造・著、藤井浩明・監修「映画監督・増村保造の世界〈映像のマエストロ〉映画との格闘の記録1947-1986」（ワイズ出版刊）に収録されている「自作を語る」には、こう記されている。

「イタリアの映画実験センター留学から帰って、出発前の、帰国したらすぐ監督にしてやるという約束がやはりそうもいかず、溝口健二監督や市川崑監督の助監督を約二年間やりました。それから、ある俳優のパーティで永田社長に会って、いつ監督にしてくれますかと聞いたら、すぐにしてやるというわけで、まわってきたのがこの仕事です。昭和32年4月のことでした。5月頃から撮り始めました。原作は川口松太郎さんで、いかにも川口さんらしいソフトな話。これを2日間のできごととしてシナリオ化し、そのディテールを撮ってやろうと思った。ところが市川崑さんのところに持って行って見せたら、おれならこんな話は撮らないと言われてしまった。が、主人公の若い二人を描けば何とかなるだろうと思って撮影に入りました。シナリオは、ウェットなところや日本的と思えるところはすべてカットしてしまい、撮り上げは仕上げ6500フィート位しかなかった。試写をして見てもらったら、社長は黙っていて何も言わない。5分位してから、『これは違う。商売にならない』と言われてしまいました。その時、同じ試写室で見ていた市川崑さんが、突如として立ち上がり、『とにかく若さがあふれていて、いいんじゃないですか』と言って、すぐ出ていかれたのを覚えています」。何だか、その2年後、大島渚監督『愛と希望の街』（59）の完成試写後における撮影所長と編集の杉原よ志氏のやりとりを彷彿とさせる、いい話だと思う。

公開されたが、「お客は全然入らなかった。関西封切は吉村公三郎さんの作品との組み合わせで入ったが、これは僕の作品にお客さんが来たんじゃありません。ただ、演出力はあるやつだということになったんで助かった。ことに撮影所の評判がそうでした」。

『くちづけ』の演出は確信犯だった。増村監督は翌58年の「映画評論」誌3月号に発表した「ある弁明――情緒と真実と雰囲気に背を向けて――」という有名な文章の中で「私は情緒をきらう。何故なら、日本映画に於ける情緒とは抑制であり、調和であり、諦めであり、哀しみであり、敗北であり、逃走だからである。ダイナミックな躍動や、対立や、死闘や喜びや、勝利や、追撃は、日本人にとっては情緒とは思われない。情緒とは本来のemotionであり、すべての感情の昂揚を指していい筈であるが、日本人はいつからか、否定的な消極的な感情のみを情緒というようになった。愛を果敢に要求する女性と、控えめに訴える女性と、どちらに『情緒』を感ずるか。率直な愛の表現が美しく感動的か、抑制された愛の表現が好感を持たれるか（以下略）」と高らかに宣言する。

詩人であり、映画評論家である杉山平一氏は、公開時「第一回監督作品らしい新鮮さがある。気負ったところも見える」「最後近くの格闘や、海の出現などに泥臭いところもあり、川口は一本調子に過ぎるが、野添のポカンとした若さは生かされている。そして、このふたりの青春像が、中年監督の外面のカッテングだけできびきび見せる、青春像とちがって、演出から描かれているのが、本当の若さを感じさせる。新人監督がもはやカットの刻み方の新鮮さからではなく演出力の新鮮さから現れる時代となった」と「キネマ旬報」誌に好意的な批評を寄せている。

『くちづけ』は何よりも映画関係者を大きく揺さぶった。2作目『青空娘』（57）の脚本を執筆していた白坂依志夫氏は「『くちづけ』を見たら、すごくて、びっくりしちゃって、これは大変だと。いままでの日本映画とまるで違うんですよね。あんな快いテンポ、いままでなかったから。それで、それまでいいかげんに書いていた原稿50枚くらい、全部捨てちゃって、一晩で100枚くらい書き上げて（笑）」——以後、数々の名作を生みだした増村・白坂コンビの始まりである。

同年のキネマ旬報ベスト・テンで、『くちづけ』は、飯田心美（10位／1点）、岡田誠三（5位／6点）、滝沢一（10位／1点）、多田道太郎（4位／7点）、戸田隆雄（9位／2点）、外村完二（9位／2点）と各氏による計19点を集め、第20位にランクインした。

THE SCENERY OF DEBUT WORK

19

1957年

蔵原惟繕

Koreyoshi Kurahara

俺は待ってるぜ

credit **俺は待ってるぜ**　日活作品

製作／水の江滝子　脚本／石原慎太郎　撮影／高村倉太郎　出演／石原裕次郎、北原三枝、二谷英明、波多野憲　公開／1957 年 10 月 20 日（91 分）

［蔵原惟繕／くらはら・これよし］ 1927 年、旧・ボルネオ生まれ。太平洋戦争とともに千葉に疎開。日大芸術学部在学中に山本嘉次郎監督の書生となり、52 年に松竹京都、54 年に日活撮影所に入社。デビュー作に続き『風速 40 米』（58）『憎いあンちくしょう』（62）等の裕次郎主演作で独自の地位を確立し、67 年よりフリーに。以降『栄光への 5000 キロ』（69）『陽は沈み陽は昇る』（75）など大スケールの作品に取り組み、83 年の『南極物語』が空前のヒット。その記録は 97 年に『もののけ姫』登場まで破られなかった。「海へ／ See You」（88）木、米ＴＶ映画『HIROSHIMA』（95）ほか作品多数。2002 年、逝去。

神代辰巳、藤田敏八両監督の「キネマ旬報」での追悼座談会で司会・構成をさせていただいた縁で、蔵原惟繕監督の映画会入り当時のエピソードを、断片的には、お聞きしていたが、ようやく「デビュー作の風景」を伺うことができた。かつて名画座で『狂熱の季節』(60)や『銀座の恋の物語』(62)『黒い太陽』『執炎』(64)などのシャープな演出に酔いしれ、繰り返し蔵原監督の作品を見たものだった。

取材当初、いきなり「日本映画人名辞典・監督編」(97/キネマ旬報社刊)の記述の誤りを指摘されてとまどうが、監督はあくまで優しく話し始めてくださった。

「軍隊時代に喀血して肺を病み、千葉の山奥に疎開してブラブラしてたんですよ。田舎暮らしでしたから、映画を見る機会も殆どなく、映画の仕事をやろうとは夢にも思わず、当然映画への憧れは全くありませんでした。少し勉強しようかと思っていた時、夏に日大三島予科の補欠募集があるのを知り、受けたら通ったんです」。事典に日大三高予科とあるのは、日大三島予科の誤りである。

三島で戦後すぐのアメリカ映画やイタリアン・ネオリアリズムの作品を見る。アルバイトで友人たちと闇商売を始め、芋や人参をリュックに詰めて三島から横浜まで売りに行く。「横浜はまだ焼け跡の廃墟で伊勢佐木町の入り口あたりに米軍の小さな飛行場があって、その周辺はカマボコ兵舎。近くにGIが出入りする有名なクラブがあって、日本人も入れたんですよ。戦後アメリカ文化の一番新しい発信地だったんじゃないかな。そこに友人たちと出入りして、ジャズやN・メイラー、J・ケルアックなどの文学にも親しみました」。

やがて日大芸術学部映画科へ転校。「その頃の日大芸術学部は学生運動で退学になった連中が、あちこちから寄り集まって、いろんな人がいました。僕は友人と映画サークルを作り、野外劇場の上映会や東宝争議の応援をやったりして捕まり、江古田署に2、3日泊ったりした」。サークルに在籍していたのは、年下に俳優の杉浦直樹や、「一番下で入って来たのが深作（欣二）さんで、当時僕は何だか難しいことを言っていたらしいけど（笑）」。

東宝争議の最中に本多猪四郎監督と知り合い、その紹介で山本嘉次郎監督の家に書生として約2年間寄宿する。「書生兼庭男兼買い物係だった（笑）。山本さんの奥さんは社会党から区議会議員に出馬されて、家庭的なことは一切やらない方。ちょうど新しい家に引っ越しする頃だったので、選挙はあるわ、引っ越しはあるわ、庭掃除はあるわで大変でした。学校の授業には殆ど出席できず、まだ人参売りのアルバイトの方が暇だった。（笑）」。ただ山本家の2階の書庫には出入り自由で膨大な量の本を読むことができた。それに山本監督が参加していた映画芸術協会の関係で、藤本真澄、本木壮二郎、黒澤明、谷口千吉、小田基義氏らと間近に接することができた。「まぁ、お茶を運んだ程度で、一緒に話に参加するなんてあり得ないことでしたが」。

東宝に入社したかったが当時は募集しておらず、51年の終わりに新聞で松竹京都撮影所の募集広告を見つけ応募する。1200〜1300人の募集者の中から12人選ばれ、その中に入る。同期には神代辰巳、松尾昭典、長谷和夫らがいた。見習い助監督として最初に就いたのは、マキノ雅弘監督『武蔵と小次郎』(52)。

「300人の仕出しを動員して、助監督は2、3人ですから、なかなかうまくいかない。日本映画の悪しき伝統も当然あるわけで、僕らは奴隷のように使われる。これはすごい世界に来たなあと」。原研吉監督『緑の風』(52)などにも就いたが、54年に製作再開した日活へ、山本監督の紹介で移籍する。「僕は時代劇の助監督の経験があったし、その要員が不足していたので」、滝沢英輔監督『国定忠治』(54)の後半から就く。チーフ・野口博志、セカンド・鈴木清太郎(清順)、サード・蔵原、その下で見習いに就いたのが入社したばかりの浦山桐郎、白鳥信一だった。

『六人の暗殺者』(55)、『白夜の妖女』(57)など主に滝沢作品に就くが、中平康監督『狂った果実』(56)で石原裕次郎と出会う。「中平さんはビリー・ワイルダーに傾倒していて、一本目の『狙われた男』(56)も正統派の新藤(兼人)さんの脚本だったから、石原慎太郎の脚本を読んで、こんなの脚本じゃないって言うわけ(笑)。僕は面白かったけど、直せって言われて多少直しましたけど、基本的には直さなかった。中平さんはブーブー言ってましたけど(笑)」。

水の江滝子プロデューサーらと連日連夜、新しい映画の方向を模索していたこともあり、蔵原さんに白羽の矢が立つ。デビュー作『俺は待ってるぜ』（57）だ。「新人監督が裕次郎の作品を任されるというのは、任せる方にしてみれば大変な冒険で、それはやっぱり水の江さんが蔵さんで大丈夫だって押し切ってくれたんでしょうね。まあ、横浜という場所に僕自身の戦後体験もあったし、石原裕次郎という素材を通じて、そこから脱出しようとして、なかなか脱出できない青年の鬱積した心情、屈折した怒りを表現してみたかった」。

撮影期間は約28日。「会社側は一連の新しい試みに対しては非常に冷たかった。他の作品は大体1ヵ月半から2ヵ月かけていましたからね。よく1本目で〝ヨーイ、スタート〟という時には震えるというけど、僕はそんなことはなかった。図々しかったのかな（笑）。ロケハンの時から横浜の街を丹念に回って、以前知っていた横浜の街のディテールを、どう切り取って行くか考えましたね。そうした僕の意図を汲んでくれたのは、撮影の高村（倉太郎）さんと美術の松山（崇）さんで、特に松山さんは横浜をどう描くかという僕のテーマに全面的に賛同してくれました」。

ラスト、裕次郎と二谷英明の殴り合いの場面の撮影では3日間徹夜した。「撮影も後半でしたから、スタッフもバテちゃって、2日目くらいに監督もういいでしょうって言うし。新人監督のプレッシャーもあって、僕も相当イライラして夜中にひとりでセットにいて、少しコンテニュイティを削ろうかと思ったけど、どう考えても削れない。むしろ、もっと描きたいのに、そうやると、さらにお手上げになる。映画監督とは何て孤独なんだろう、でも、これは押し通すしかない。ダメなら映画監督をやめるしかないと思った時に、セットにふたり入ってきた。誰かと思ったら、裕ちゃん（裕次郎）と録音の橋本（文雄）さんで、裕ちゃんが〝監督の思うように撮りましょうよ〟と言ってくれた。あれは本当に嬉しかった。それで、もう一晩撮ったけど、まだ、ちょっと足りなかった（笑）」。

戦後最大のスター石原裕次郎と蔵原監督の名コンビは、『風速40米』（58）『銀座の恋の物語』『憎いあンちくしょう』（62）『何か面白いことないか』（63）『栄光への5000キロ』（69年）と続くが、このデビュー作は約1億5千万円の配収をあげて大ヒットし、この年の日活映画の第3位の成績となる（1、2位もやはり裕次郎主演作『鷲と鷹』『勝利者』だった）。デビュー作にも顕著だった蔵原監督の灼けつくような脱出願望は70年代以降、本格的に日本から脱出し、『陽は沈み陽は昇る』（73）『雨のアムステルダム』（75）『南極物語』（83）『海へ／See You』（88）『ストロベリーロード』（91）と、海外を舞台にした映画作りに結実していく。

THE SCENERY OF DEBUT WORK

20

1958年

Shohei Imamura

今村昌平

「テント劇場」より　盗まれた欲情

credit

「テント劇場」より　盗まれた欲情　日活作品

製作／大塚和　原作／今東光　脚色／鈴木敏郎　撮影／高村倉太郎　音楽／黛敏郎
出演／滝沢修、菅井きん、柳沢真一、南田洋子、喜多道枝、長門裕之、西村晃　公開／1958年5月20日（92分）

[今村昌平／いまむら・しょうへい]　1926年、開業医を父に東京に生まれる。早稲田大学在学中は演劇活動に専念し、51年に松竹大船撮影所助監督部に入社。小津安二郎監督ほかに就き、54年に日活へ移籍『幕末大陽傳』（58）を共同脚本した川島雄三監督を主に師事し、69年には同監督評伝「サヨナラだけが人生だ」を編著する。58年監督デビューして以降『豚と軍艦』（60）『にっぽん昆虫記』（63）『神々の深き欲望』（68）『ええじゃないか』（81）『黒い雨』（89）他、深い人間洞察に満ちた作品を多数発表。97年『うなぎ』で、『楢山節考』（83）に次ぐ２度目のカンヌ国際映画祭パルムドールを受賞。98年『カンゾー先生』を発表。2006年、逝去。

今村昌平監督のデビュー作『盗まれた欲情』（58）をずいぶん前に初めて見た時はボロボロの8ミリプリントだったこともあり、スタンダードサイズの映画かと長く思いこんでいた。先日久しぶりに再見すると、ピカピカのニュープリントで嬉しかったのだが、何と、シネマスコープだったのには驚かされた。人間の記憶とはいい加減なものだ。しかも公開当時の「キネマ旬報」紹介欄や、それ以後の目につく限りの資料の題名は『盗まれた欲情』で統一されているのに、本篇には〝「テント劇場」より〟という副題が堂々と添えられていて、これも忘れていた。『カンゾー先生』（98）の宣伝で、テレビのトーク番組に出演されていた今村監督が、このデビュー作にもふれ、「題名については会社の要請もあり随分くやしかった」「当時のことはよく覚えている」との発言に、さっそく「デビュー作の風景」を伺いに駆けつけたのだが、いざ切り出すと「んー、そんなに覚えてないなあ」と言われてしまった。それでも映画界入りの頃からの思い出を、監督は快く話し始めてくれた。

幼い頃から大学時代にかけて演劇に熱中し、舞台演出家を志すが、黒澤明監督『酔いどれ天使』（48）を見てショックを受ける。映画の世界に魅せられ、松竹大船撮影所助監督部に入社。「その前に東宝に行こうとしたんですが、ストの影響でダメでした。それで松竹に。撮影所に入って誰に就くかとなって、アミダくじで小津（安二郎）さんに就くことになりました。一番人気が高かったのは木下（惠介）組でしたが、僕は美少年ではありませんでしたから、一笑に付されて、成る程これは仕方がないやと諦めましたけどね」。

小津監督の『麦秋』（51）に初めて就き、『お茶漬の味』（52）『東京物語』（53）の3本に就く。小津作品には反発を覚え、影響は受けていない、と今までに話されていますがと尋ねると、「そういう風に聞かれるから、影響は受けていないと、言ってきたけど、実は強く影響は受けましたよ（笑）。小津さんは恐ろしいオヤジでしたね。ちゃんと全部見抜かれているという感じがしました。例えば、これ（湯呑み茶碗）をテーブルの上に置きますね。そうすると、〝もう一寸カマクラ〟と言うんです。カマクラと言うと分かりやすいという風に彼は思っているんですね」。

カマクラ……鎌倉、方角のことか、位置のことなのか。「カマクラだよ、カマクラ。カマクラが分かんないのかって言われるんです。よく分からないんですが、どこでもいいというものではないらしい（笑）。もう一寸カマクラという細かいところまで決めるんです」。

松竹では、野村芳太郎、渋谷実、原研吉、川島雄三、小林正樹、大庭秀雄監督作品などにも就くが、すでに監督として日活へ移っていた松竹時代の先輩・西河克巳や中平康らの勧めで、54年に助監督として日活に移籍する。日活での最初の仕事は、山村聰監督『黒い潮』（54）で、チーフは鈴木清太郎（清順）、セカンドは今村、サード浦山桐郎だった。

　そして、『愛のお荷物』（55）以降の川島雄三作品に就く。「松竹時代に彼の『相惚れトコトン同志』（52）に就いた時は、すっかり懲りて、これはヒドイと思いましたが、松竹と日活では心構えが違ったんでしょう。真面目な人だし、面白い人だなと思いました」。

『風船』（56）の脚本を一緒に書いた時、山本武プロデューサーが原作者の大佛次郎氏を連れて陣中見舞いに来た。酔った川島監督は大佛氏に「ヤイ、鞍馬天狗！　少シクライチンポコガデッカイカラッテ、威張ルナ！」と突然怒鳴り、これには一同びっくり仰天。大佛氏は苦笑していた。「川島さんにはバカな事を平気でやれる不思議な迫力がありました。大佛さんのチンポコがデカイかどうか、川島さんは知らないと思うけど、権力に対して迎合しないというか、すごいことを言う。そういうところは勉強になりました」。

　脚本執筆に大幅に協力した川島監督の傑作『幕末太陽傳』（57）の後、「蔵原（惟繕）、牛原（陽一）、舛田（利雄）、僕の4人が撮影所長に、監督にしてやるから何か考えてこいって一緒に、言われたんです」。

　斎藤武市監督『峠』（57）に就いてから売春防止法問題の渦中にある吉原に興味を持ち、綿密な調査を経て、『汚れなき娼婦』という脚本を仕上げるが、「これは出来がよくなかった」。続いて由起しげ子原作の勝気な保健婦の物語「ひまわりさん」を映画化しようと、信州へ出かけ長期間調査するが、これも実現せず。「ただ、この時の話は『にあんちゃん』（59）の中で随分使いましたけどね」。

大塚和プロデューサーから、今東光原作『テント劇場』の企画を持ちこまれる。河内のドサ回り芝居一座にとびこんだ演劇青年の話だった。「昔からテント芝居なんかに、ついて歩いたりする物好きなところがありましたから、そういう世界の連中の滅茶苦茶なバイタリティを表現してみようと思いました。河内の話で、大阪ロケをやりたかったのに、ロケ費がなく苦労して、夜行でいって夜行で帰ったりして、日帰りの大阪ロケをしたのを覚えてます」。チーフ助監督の浦山桐郎氏は「被写体づくりが第一原則の人だから、配役には物凄くねばって会社とたたかい、いよいよクランクインまでこぎつけた時は、もう助監督は、やっとやれるのかと嬉しさのあまり飲んでしまって、全員ロケに遅刻した。しかし監督は少しも怒らなかった」（「世界の映画作家⑧今村昌平・浦山桐郎篇／キネマ旬報社刊）と記している。「それは、ありそうな話だな（笑）。その時は怒りましたよ」。

長門裕之の主人公は、友人の書いてくれた紹介状を懐にして、テレビ局へ就職しようかどうか悩むが、結局は一座に共に河内の田舎へ行く。「俺は裸の芝居と裸の人間しか信用せん」という彼のセリフには、今村監督の当時の心情が色濃く反映しているのか。「それはそうです。長門君はよくやってくれましたし、彼のことは信用していました。ただ、どうしても座長役をやってほしいと滝沢修さんに頼みましたが、いざやってもらうと、テント芝居の座長にしては立派すぎました」。

ラストで主人公は座長の末娘（香月美奈子）と共に一座から袂を分かち再出発する。「えらい回り道したわ」と言う主人公に、末娘は「回り道なんかあらへん。まっすぐな道の方が回り道や」と、言い返す。ドンチャン騒ぎをしながら去っていく一座と二人のカットバックで映画は終わるが、今村映画の出発点とも言うべき猥雑なバイタリティに溢れ、しかも清々しい気負いに充ちている。

「キネマ旬報」58年6月下旬号「映画館」欄には〝邦・洋画両系全く不振〟と題して「ゴールデン・ウィーク以後の興行街の不振は、ちょっと異常。日曜日を除いて連日千人台を割る興行場が続出するのは、めずらしいことではなくなってしまった」「このような不況の中で（中略）わずかに好調の波に乗る日活系・今村昌平監督昇進第一作『盗まれた欲情』が水準成績を保ち得ただけ」と書かれている。

この年、『盗まれた欲情』はキネマ旬報ベスト・テン第46位。天下の奇作というべき二作目の歌謡映画の中篇『西銀座駅前』（58）を挟み、3作『果てしなき欲望』（58）は、同じくベスト・テン第25位。1作目と2作目で、今村監督はブルーリボン新人賞を受賞する。

THE SCENERY OF DEBUT WORK

21

1958年

Kihachi Okamoto 岡本喜八

結婚のすべて

credit **結婚のすべて** 東宝撮影所

製作／金子正且　脚本／白坂依志夫　撮影／中井朝一　美術／阿久根厳　録音／上原正直　照明／高島利雄　音楽／馬渡誠一　助監督／松森健　出演／雪村いづみ、新珠三千代、上原謙、小川虎之助、堺左千夫、加藤春哉、柳川慶子、三橋達也、仲代達矢、団令子、ミッキー・カーチス、（声）小林桂樹　公開／1958年5月26日（84分）

［岡本喜八／おかもと・きはち］ 1924年、鳥取県生まれ。大学時代に見た欧米映画に強烈な感銘を受け、卒業後東宝に入社。戦時徴用された後に、成瀬巳喜男監督、マキノ雅弘監督などに師事し、58年に監督昇進を果たす。本文作品以外に『独立愚連隊西へ』（60）『江分利満氏の優雅な生活』（63）『吶喊（とっかん）』（75※喜八プロ第1回製作）『ダイナマイトどんどん』（78）『大誘拐 Rainbow kids』（91）など作品多数。『助太刀屋助六』（01）を遺作に、2005年、逝去。

岡本喜八監督のデビュー作『結婚のすべて』のポスターには「セックスから生れた現代の恋愛と結婚！ロカビリー映画第一号！」という宣伝コピーが記されている。幼年時代だったので、筆者には、うっすらとした記憶しかないが、この年——58年は空前のロカビリー・ブームだった。2月8日には旧日劇で第1回ウェスタン・カーニバルが開催され、出演した平尾昌晃、山下敬二郎、ミッキー・カーチスのロカビリー三人男は、爆発的な人気を集めた。5月26日に公開された『結婚のすべて』には歌手役でミッキー・カーチスも出演し、彼は喜八映画の常連として、以後顔を見せるようになる。

ところで『殺人狂時代』(67)や『日本のいちばん長い日』(67)『斬る』(68)『肉弾』(68)をリアルタイムで見て、喜八映画のカッコ良さに夢中になった筆者は、後年、名画座で『結婚のすべて』に対面したわけだが、公開後十数年を経ても、登場人物が機関銃のような早口で話す凄まじいテンポ、何より突拍子もないカットつなぎに圧倒された。例えば〝物を拭く〟というアクションのつなぎだけで、瞬時に次の場面に転換する手際の良さもさることながら、ワンカットごとに若さが弾けている。ロカビリーのリズムというより、喜八映画のリズムの原点に酔った。

長い間、岡本喜八監督の映画は僕の憧れだったから、「キネマ旬報」の取材で初めて『ジャズ大名』(86)の撮影現場に出かけた時の喜びは忘れられない。喜八映画の綿密かつ誠実な研究書

「Kihachi――フォービートのアルチザン」（92／東宝出版事業室刊）は、映画監督への杜撰《ずさん》な聞き書き本が氾濫する中で、「鈴木清順全映画」（86／立風書房刊）や「市川崑の映画たち」（94／ワイズ出版刊）と並ぶ労作だと思うが、この書物にささやかなお手伝いができたおかげで、岡本監督とも何度かお会いすることができた。そして今回の取材で川崎市生田の御自宅に伺って、お話を聞くことができるに至ってはファン冥利に尽き、もはや肝心の原稿なんかどうだっていいやという不埒《ふらち》かつ幸福な妄想にも捉われたりするが、それでは本末転倒だ。正気に戻って「デビュー作の風景」を伺う。

43年秋に東宝に入社し、助監督になった喜八さんは、途中で戦時徴用されるも、戦後は復職する。15年間にも亙る助監督生活は、当時にしても長い方だったのか。「それはもう恐怖の15年。モレキリ（照明部）3年、サオ（録音部）8年、キャメラ担いで（撮影部）11年、カチンコ叩いて15年――という歌があったぐらいでね。助手から一人前の技師になるまでの期間なんだけど、15年で一本立ちできなきゃ、郷里《クニ》にでも帰れという言い伝えがあって、まさにオットットットという感じだったなあ」と監督は言う。「オットットット」がシナリオのト書きのように聞こえて、うれしい。「ただシナリオだけは書けよと先輩から言われていた」。

監督昇進への道は思いがけない形で開かれた。「太陽の季節」で芥川賞を受賞、『狂った果実』

(56)の脚本を書き、『日蝕の夏』(56)や『危険な英雄』(57)に主演して映画界を席巻していた石原慎太郎氏が、東宝で『若い獣』(58)を監督することになったが、助監督会は猛反対。新人監督が3年間デビューしていなかったこともあり、「素人監督の起用は反対」と、慎太郎作品への協力を拒否した。今からでは考えられないような事態だ。当時の藤本(真澄)製作本部長は、助監督の監督昇進を約束し、助監督室に在籍した47人のうち、チーフ・クラスの10数人に脚本の提出を求めた。「その頃、(コーネル・)ウールリッチの短篇「万年筆」を原作にした『ああ爆弾』の脚本を書きあげてはいたんだけど――64年に映画化した時のようなミュージカル仕立てではなかった――、オリジナルの方がいいだろうと、『独立愚連隊』を書きはじめた。でも途中で詰まって、先に進めなくなった。それでスキーに行って、昼間は何も考えずに滑り、夜、民宿のコタツ板の上で一応ENDマークまで書いて、期限日に山から帰って出したんだ」。藤本氏からは監督候補の最有力だと言われた。てっきり『ああ爆弾』か『独立愚連隊』のどちらかを撮らせてくれるのかと思いきや、白坂依志夫氏の脚本『結婚のすべて』を渡された。「今までの助監督歴からいけば題名からして俺のものじゃないなと思ったけど、読んでみたらテンポがあったんで、やってみようかと」。

この年、映画館への入場者数は11億2千7百万人で史上最高を記録し、まさに映画の黄金時代だった。『結婚のすべて』も準備に1カ月、撮影に1カ月、仕上げに1カ月の時間があった。「今は仕上げの編集にしても3日か4日だからね。時間的には、お釣りがたっぷりくるような日程だった」。

雪村いづみ扮するヒロイン康子を主人公に、周囲の様々な恋愛模様を描いた青春コメディだったが、前述したように、そうした物語の枠を内側から蹴散らかすかのような新鮮な演出だった。カット数は千近くで、絵コンテを描いて撮ったが、「デビュー作では、あんまり慌てなかった。なぜかといえば、マキノ（雅弘）さんの映画の助監督に、2年間で11本ついて（『次郎長三国志』シリーズなど）、2本目ぐらいから、マキノさんに〝喜八っちゃん、今日のところは撮っといてや〟と言われるんだよ。それで俺もいつ撮れって言われるか分からないから、毎日現場にコンテを描いて持っていった。最後の方はアウト・ドアの演出は全部俺で、イン・ドアだけマキノさんの演出。その次についた成瀬（巳喜男）さんの『浮雲』でも、その癖がこびりついて、自分流にコンテを描いて、名匠のと自分のとを比べてみて、ああ、やられたなあとか思ってた。そういうふうに、俺ならこう撮るという訓練は、ずっとやっていたからね」。

85分の小品にしては、新珠三千代に上原謙、三橋達也、仲代達矢、団令子に山田真二、佐藤允、ナレーターが小林桂樹と豪華な配役だし、後年、喜八映画の重要なメンバーとなる堺左千夫、山本廉、沢村いき雄、中山豊ら助演陣の充実も見逃せない。ノークレジットで、三船敏郎（オカマっぽい演出家役で絶品！）や司葉子、田崎潤、平田昭彦らも特別出演している。助監督時代から全身黒ずくめで異彩を放っていた喜八さんが、いかに撮影所の役者さんやスタッフから愛されていたかが分かる。

同年10月に石坂洋次郎原作『若い娘たち』が公開され、翌年1月公開で『暗黒街の顔役』をたて続けに撮る。「3本目までは助監督の身分のままで試用期間だった。監督料も2本目までが15万円で、3本目が20万円。当時の監督たちの演出料は1本200~300万円位だったから、かなり低いよね。助監督の方が時間外手当とか休日出勤を入れると、給料が多い。監督は食事代とか、みんなにオゴらなきゃいけないから、俺より助監督の方が年収が上なのに、何でオゴらなきゃならないんだって疑問が残ったのを覚えてるよ（笑）」。

『結婚のすべて』で岡本監督は58年度NHK映画賞新人監督賞を受賞。キネマ旬報ベスト・テンでは第32位。ちなみに票を投じたのは、山本恭子さん＝2点（第9位）と、淀川長治氏＝4点（第7位）。以降、喜八映画の快進撃が続く。『助太刀屋助六』（01）が残念ながら遺作になったが、最後までその映画作りの姿勢には励まされた。独特の魅力に憑かれて映画ファンになった観客は筆者も含めて少なくないはずだ。

THE SCENERY OF DEBUT WORK

22

1959年

Nagisa Oshima

大島渚

愛と希望の街

credit **愛と希望の街** 松竹大船作品

製作／池田富雄　脚本／大島渚　撮影／楠田浩之　音楽／真鍋理一郎　美術／宇野耕二　照明／飯島博　編集／杉原よ志　助監督／田村孟　出演／藤川弘志、望月優子、伊藤道子、富永ユキ、渡辺文雄、坂下登、須賀不二夫、千之赫子、川村耿平　公開／1959年11月17日（62分）　併映作／『霧ある情事』（監督／渋谷実）

［大島渚／おおしま・なぎさ］　1932年、京都府生まれ。54年の京大卒業後、松竹大船撮影所に入社。主に大庭秀雄、小林正樹監督等に師事し、自作脚本『鳩を売る少年』により59年監督デビュー。続く『青春残酷物語』（60）等で打ち立てた作風は吉田喜重、篠田正浩監督らと並び松竹ヌーヴェル・ヴァーグと称される。以降『絞死刑』（68）『儀式』（71）『愛のコリーダ』（76）『戦場のメリークリスマス』（83）『マックス・モン・アムール』（86）ほか監督作品多数。『御法度』（99）を遺作に、2013年、逝去。

大島渚監督に「デビュー作の風景」について、お話を伺った全日空ホテルの部屋の窓からは、闇の中に雨に濡れてライトアップされた夜桜が見えて、それは息をのむほどの美しさだった。「やっぱり僕らの世代の一番根本には戦争というものがあったと思います。僕らが一番イヤだったのは戦争を起こしたのに、戦後何もかも済んだような顔をして、口を拭っている先輩たちで、そういう前の世代に対する決定的な不信、怒りみたいなものがあったと思う」と、大島監督は力強い口調で話してくれた。54年の京大卒業時には空前の就職難、京大同学会副委員長、京都府学連委員長などを歴任した学生運動体験が祟ってか、企業への就職の門は閉ざされ、学生運動の仲間に誘われるままに受けた松竹大船の助監督試験に大島さんは合格する。「僕は映画なんかやりたくなかったし、それでは何をやりたいのかというと、極端に言うと何もやりたくないと思ったね。でも食わなきゃならないから、助監督になって給料を貰ったけれど、5年間の助監督生活で、15本しか作品に就かなかった。つまり年間3本で、これは異常に少ないわけ。そのうち過半数が大庭秀雄監督の作品だった」。「大庭さんに就いたのは、あの人の持っているインテリジェンスのようなもの、人間としてのエレガンス、それが当時の撮影所の雰囲気とは一寸ちがったんだよね。だから僕は当時大庭さんと一緒にいると、比較的ホッとした。でも撮影所にインテリジェントな雰囲気がゼロだと思ったのは、あるいは僕の間違いで、撮影所全体がインテリジェンスがないというふりをしていたのかもしれない」。

56年以降、シナリオ同人誌「7人」と、助監督室編集の「シナリオ集」に4年間で11本の脚本を発表。59年春には新人スター紹介の6分の短篇『明日の太陽』(撮影・川又昴)を初監督する。そして同年9月、城戸四郎社長自らの製作指揮で、新人監督に積極的に撮らせる方針を打ち出し、その一番手に「シナリオ集」に『鳩を売る少年』を掲載した大島監督が選ばれる。物語は、こうだ。川崎を舞台に、靴みがきで生計を立てる母親と妹の3人で暮らす少年が、路上で鳩を売る。買い手から逃げ、帰巣本能で少年の元へ戻る鳩を、彼は何度も売る。鳩を買ってくれたブルジョワの少女と少年との交流の中で、階級的断絶が明らかになっていく。

『鳩を売る少年』という題名では、いかにも地味ということで、大島監督から『怒りの街』という題名が提示され、『愛と怒りの街』『愛と悲しみの街』と三転四転し、最終的に『愛と希望の街』に決まった。大島監督は、この題名には不満だった。撮影には川又昴を希望したが、当時、彼は小林正樹監督の大作『人間の条件』の撮影で、宮島義勇キャメラマンに就いていた。撮影所長に土下座して頼んだが、希望は叶わず、結局「吉田喜重の仲立ちで、楠田浩之さんにお願いに行ったんです。楠田さんは大変よくやってくれましたね。(略) 撮影の楠田さん、編集の杉原よ志さんなど、木下組が支えてくれました。成島東一郎が、当時撮影のセカンド助手です」(「世界の映画作家⑥大島渚篇」70/キネマ旬報社刊)。

鳩を射殺するラストシーンは、現在見直しても、十分に衝撃的だ。大島監督は「鳩は、あの少年にとっては、それこそ生活のためにも最愛のもので、それを撃ち殺さないと、自分を貫けないという、その切なさが一番大事なんだと思う。撮影を進めていくうちに、鳩を撃つシーンの持っている意味が、スタッフや俳優、みんなの心の中にものすごく重いものとして、のしかかってきた。その重みを共有したことが、あの映画の素晴らしさだったんでしょうね」と話してくれた。完成試写終了時に、撮影所長が「これでは金持ちと貧乏人とは永遠に和解できないように思える」と言い、編集の杉原よ志さんが「だって所長、現実はその通りじゃないですか」と反論したエピソードは、あまりにも有名である。

世界的なスキー選手トニー・ザイラーが、松竹映画に出演するというので、松竹が全社を挙げて羽田に出迎えに行った日に、たった1度の試写が行なわれ、ふたりしか見に来なかった。当時の封切予定表では、11月3日から渋谷実監督、岡田茉莉子主演の文芸映画『霧ある情事』と2本立てで公開されるはずだったが、実際には萩原遼監督、瑳峨三智子主演の時代劇『お夏捕物帖・月夜に消えた女』が、11月10日から16日まで『霧ある情事』と2本立て公開され、『愛と希望の街』は、その後のつなぎとして17日から19日までの僅か3日間だけ松竹系劇場で一般公開された。59年の日本映画劇映画総製作本数は494本で、そのうち松竹映画は92本という凄絶な量産体制下にあっても、これは異様に不遇な扱いである。少年の母親くに子役で出演した女優の望月優子さんは、「キネマ旬報」59年12月下旬号に「女優の想い」と題して次のようなエッセイを寄せている。「（略）大島監督の『愛と希望の街』は一部の批評家に大船最大の収穫といわれながら、抱き合せ、三日間の上映で二番館落ちしてしまった。映画商品市場の非情さと言ってしまえばそれまでだが、ファン・レターの反響からみても、大衆映画として、そう商品価値の低いものとも思われないだけに、大島監督同様私も残念であった。もし、私がマスコミの言うトップスターであったなら、あるいは、この映画はもっと大切にされたのではなかろうかと、ふっと思った。そして淋しい気持ちにさせられた」。

キネマ旬報ベスト・テンでは第33位。望月さんのいう〝一部の批評家〟のひとり押川義行氏は、1点（10位）の票を投じ、選評に「特に触れておきたいのは新人大島渚監督の第一作『愛と希望の街』だ。松竹ではあまり喜ばなかったらしいが、この映画はもっと評価されていい。これからの作品が問題だから敢えて十位に据えた」と書かれている。そして「復興期の精神」などで知られる花田清輝氏も5点（6位）の票を投じたが、これは当時、未来社の編集者であった松田政男氏の熱心な慫慂《しょうよう》で、花田氏が場末の映画館に足を運ばれた結果である。最初の評論集「戦後映画・破壊と創造」（63／三一書房刊）で大島監督は「私の余り人に観られなかった第一作『愛と希望の街』を選んだのは押川義行と花田の二人だけだったのである。当時、私や石堂淑朗や吉田喜重や田村孟など大船のグループは感激し、ここに批評があり、運動の視点があると話しあったのである」と書かれている。筆者が最初に『愛と希望の街』を見たのは、70年代初頭『少年』（69）との2本立て上映だったが、少年たちの確信犯というべき犯罪は、製作された10年の歳月の間隔を越えて胸を打つものだった。鳩を売る少年のラストの清々しい笑顔と、警官に「海が好きか」と問われた少年が「行った、北海道には行ったよ」と答え、一滴の涙を流す、このふたつのカットは、戦後日本映画の中で最も痛切で硬質の感動に溢れた瞬間であった。

いま僕の手許には、87年に発行された「カイエ・デュ・シネマ」400号記念特別号がある。ヴィム・ヴェンダース監督の責任編集で、フェデリコ・フェリーニやジョン・カサヴェテス、アンドレイ・タルコフスキーなど世界中の映画作家から自らの幻の映画についての原稿が集められ、大島監督も「シナリオ集」第2号に掲載された、『日本の夜と霧』（60）の前史ともいうべき『深海魚群』の脚本を寄せ、「深海に生きる魚族のように自ら燃えなければ何処にも光はない」（ハンセン病の歌人・明石海人の言葉）としたためた色紙も載せられている。

デビュー作から最後の作品まで、この言葉ほど大島作品の本質を表わした言葉はないだろうと、ふと思った。

第4章 松竹ヌーヴェル・ヴァーグを皮切りに

60年代

松竹ヌーヴェル・ヴァーグの監督から、プログラム・ピクチュア、インディーズ出身まで、筆者にとっては、ますます親近感の湧くメンバーで、もしも自分に映画内血液が醸成されているとすれば、この辺りで殆ど形成されたのではないかと思う。大好きな監督たちに会うことができ、存分にお話を伺ったが、佐藤純彌監督とも、この時が初対面に近く、やがて後年、「映画監督佐藤純彌・映画《シネマ》よ憤怒の河を渉れ」という本に結実するに至る。

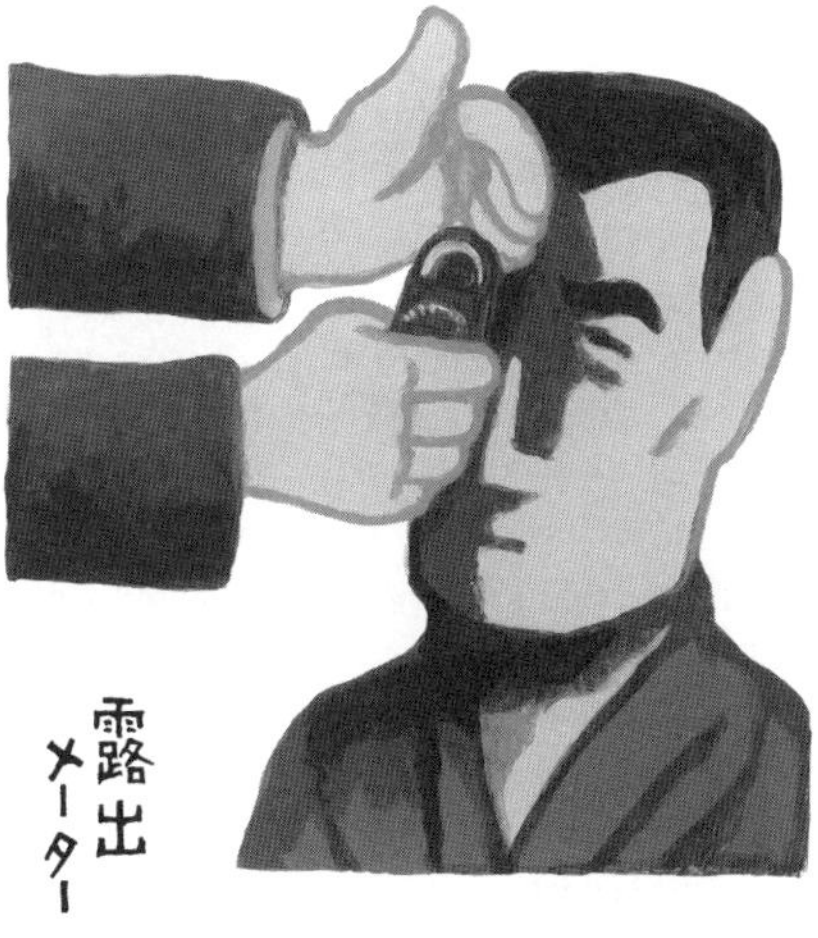

THE SCENERY OF DEBUT WORK

23

1960年

Masahiro Shinoda

篠田正浩

恋の片道切符

credit **恋の片道切符** 松竹大船映画製作

製作／今泉周男　脚本・監督／篠田正浩　撮影／小杉正雄　音楽／池田正義　美術／梅田千代夫　照明／加藤政雄　録音／小尾幸魚　出演／小坂一也、牧紀子、平尾昌章、鳳八千代、永井達郎、土紀洋児、佐竹明夫、日比野恵子、林洋介、海老原啓一郎、竹田公彦　公開／1960年4月15日（83分）　併映作／『黒潮秘聞・地獄の百万両』（監督／萩原遼）

［篠田正浩／しのだ・まさひろ］　1931年、岐阜県生まれ。中学時代は東海四県で名うての400mランナーとして活躍。早稲田大学在学中も東京―箱根駅伝に2度出場し、将来を嘱望されるが、足の故障がもとで選手生活を断念する。53年、松竹大船撮影所に助監督として入社。主として岩間鶴夫、原研吉監督につき、名助監督と評判を得る。60年に監督デビュー。文中作のほか『沈黙』（71）『瀬戸内少年野球団』（84）『少年時代』（90）『写楽』（95）『瀬戸内ムーンライト・セレナーデ』（97）など作品多数。2003年、『スパイ・ゾルゲ』にて引退を発表。

篠田正浩監督のデビュー作『恋の片道切符』が松竹系劇場で公開されたのは60年4月15日から21日までである。同年4月30日、松竹は第79期株主総会で無配決定、社長は城戸四郎から大谷博に交代しているから、まさにその直前の端境期に登場した映画だ。筆者の少年時代の朧《おぼろ》げな記憶を辿り、年表を繰ると、当時の世相は騒然としていた。同年1月16日には、岸信介首相ら新安保調印全権団渡米に反対して、全学連主流派学生約７００人が羽田空港ビルに座りこみ、警官隊と衝突。5月20日未明には、衆院本会議で新安保条約・協定を強行採決。そして6月15日には、全学連主流派が国会突入をはかり、警官隊と衝突し、東大生樺美智子さんが死亡する。

松竹の公開作品リストを見ると、60年6月3日に大島渚監督の第2作目『青春残酷物語』が、7月6日には吉田喜重監督のデビュー作『ろくでなし』が、8月9日には大島監督『太陽の墓場』が、8月30日には篠田監督の第2作目『乾いた湖』が、9月20日には田村孟監督『悪人志願』が、10月9日には大島監督『日本の夜と霧』と、吉田監督『血は渇いている』が2本立てで、それぞれ公開されている。

こうして松竹ヌーヴェル・ヴァーグといわれる作品のみを列記すると、壮観ではあるが、当時は1週間代りで2本立ての上映形式が定着しており、『恋の片道切符』にしても、同時上映作品は、萩原遼監督、田村高廣主演の時代劇『黒潮秘聞・地獄の百万両』である。松竹系では11月13日に小津安二郎監督『秋日和』が公開され、この年のキネマ旬報ベスト・テン第5位にランク、新世代と旧世代が轡《くつわ》を並べた時代であることが分かる。

岐阜第2中学時代は陸上選手としてならし、早稲田大学入学後も、東京―箱根間の大学駅伝ランナーとして2度出場、同時に中世演劇史を専攻していた篠田青年は、松竹大船撮影所入りし、原研吉、中村登、岩間鶴夫監督作品の助監督として修行を積み、この年に監督デビューすることになった。その間の経緯は、「60年初め、流行歌『黄色いさくらんぼ』を映画化することで、監督昇進の機会が与えられるが、これを拒否。たまたま自作のシナリオ『怒りの祭壇』が助監督室発行のシナリオ集に載り、大島渚の『青春残酷物語』とともに受賞したことから再び監督起用が決まり、3月、前記『怒りの祭壇』の映画化『恋の片道切符』をニール・セダカの同名ヒット曲を使うことを条件に初監督」（76年版「日本映画監督全集」／キネマ旬報社刊）とある。

これが、ただの歌謡映画ではなかった。当時の新宿歌舞伎町界隈の情景をロケーションで捉え（現在とは比較にならないほど侘びしく、僅かにコマ劇場周辺に懐かしさを感じる）、熱狂的な人気を誇るロカビリー歌手（平尾昌章）と、そのマネージャー（鳳八千代）、彼女を頼る青年（小坂一也）、その恋人（牧紀子）といった主要人物を手際良く動かし、マネージャーが歌手を自分のプロダクションにつなぎとめるため、青年の恋人を彼に世話する悲劇の物語で、主題は鮮明に描かれる。

大人たちに弄《もてあそ》ばれ「僕たちは生贄なんだ！」と叫ぶ青年は、ラストのコンサートで歌手を撃つ。テロルのイメージは、第2作『乾いた湖』に受け継がれるが、篠田監督自身も語っているように、コンサートの場面は「百何カットありました」（「人は大切なことも忘れてしまうから―松竹大船撮影所物語―」95／マガジンハウス刊）めまぐるしいほどのカットの量が、時代の熱狂を確実に反映していた。

しかし興行的には不発だった。「時代劇と現代劇の新作二本立の『黒潮秘聞・地獄の百万両』『恋の片道切符』が封切られたが、〝阪妻〟の再来と売り出しに積極的な田村高廣の人気がまだ地につかず、ニール・セダカのヒット・ソングの映画化も魅力薄く、一千人台にとどまった」（「キネマ旬報」60年5月下旬号・映画館）。「キネマ旬報」でも公開当時に批評はされず、単なる歌謡映画として扱われているにすぎない。だが、ここには大衆の熱狂の中で、個人が自らの運命と、いかに対峙するかという、後に篠田作品の中で繰り返し描かれた主題が、オリジナルシナリオということもあって、最も凝縮した形で提出されていた。

篠田監督が注目されるようになったのは、2作目の『乾いた湖』のヒット以降であり、当時の雑誌にも「大島渚、吉田喜重に続く松竹ヌーヴェル・ヴァーグ〝第三の男〟」と書かれたが、実際には吉田監督よりもデビューが3カ月早かったことを思えば、事実上「恋の片道切符」は黙殺されたことになる。篠田監督は「『恋の片道切符』と『乾いた花』(64年)と『暗殺』(64年)っていうのは、僕の不条理劇の三本」(「人は大切なことも忘れてしまうから」)と定義し、その延長線上に自身の最高傑作とする『処刑の島』(66)をおく。60年安保を背景に、テロリストを夢見る大学自治会の中央委員を主人公にした『乾いた湖』よりも、虚無の影を持つヤクザを主人公にした『乾いた花』を、そして幕末動乱期に、勤皇・佐幕の両派から命を狙われる浪人・清河八郎を主人公にした『暗殺』を〝不条理劇〟と語ることで、篠田監督はヌーヴェル・ヴァーグを支えるひとりと見倣されながら、徹底した個の視点から時代の変容を見据えようとする姿勢を強く打ち出している。そうした作品系譜からは外れるかもしれないが、個人的には『夕陽に赤い俺の顔』(61)『涙を獅子のたて髪に』(62)や『美しさと哀しみと』(65)『無頼漢』(70)などが僕の最も愛する篠田作品なのではあるが。

ともあれ、飯田心美氏による「キネマ旬報」の「60年度内外映画総決算・日本映画」の稿で、当時ヌーヴェル・ヴァーグが、どう見られていたのかの一端が分かるので、少し長くなるが、ここに引用させてもらおう。「この年、最も賑やかな話題を提供したものにヌーベル・バーグの誕生というのがある。主として大船撮影所から呱々の声をあげた新人監督の一団を指した名称で松竹の宣伝的意図も大いにあるわけだが、とにかく従来の大船になかった取材方向をとり、作風を打ち出そうとするこの一団の意気にはあたるべからざるものが感じられた。彼らの旗じるしとなったのはマンネリズムの鋳型にとじこめられた日本映画に新生命を与えるため、自分達の手で鋳型のカベを打破しようというのが、共通の目的と見受けられた。（略）だが、それらが我々にあたえた印象は総括すると未成熟の域を出ないもので、日本映画に新風をもたらす本格の仕事にはまだ遠い感じであった」（61年2月上旬号）。

未成熟と成熟、本格と変革の矩《のり》を軽々と越えて篠田監督が『心中天網島』（69）で、キネマ旬報ベスト・ワンを獲得するのは、デビュー後10年目のことである。『スパイ・ゾルゲ』（03）を最後に、映画監督としては引退を表明。なお、『恋の片道切符』のチーフ助監督は山田洋次とあり、彼も翌61年に監督デビューする。

THE SCENERY OF DEBUT WORK

24

1960年

Yoshishige Yoshida 吉田喜重

ろくでなし

credit **ろくでなし** 松竹大船映画

製作／今泉周男　脚本／吉田喜重　撮影／成島東一郎　照明／田村晃雄　美術／芳野尹孝　音楽／木下忠司　出演／津川雅彦、高千穂ひづる、安井昌二、千之赫子、川津祐介、山下洵一郎、林洋介、渡辺文雄、若葉慶子　公開／1960年7月6日（88分）　併映作／『闇法師』（監督／倉橋良介）

［吉田喜重／よしだ・よししげ］　1933年、福井県生まれ。少年期よりフランス映画に親しみ、55年東京大学卒業後、松竹に入社。助監督時代に大島渚、高橋治らと共にシナリオ同人誌「7人」を創刊し、60年に自作脚本でデビューを飾る。松竹ヌーヴェル・ヴァーグの渦中で秀作を発表するが、『日本脱出』（64）を機に同社を退社。以降文中作以外に『情炎』（67）『煉獄エロイカ』（70）『狂言師・三宅藤九郎』（84／記録映画）『嵐が丘』（88）ほかの映画作品以外に、TVドキュメンタリー『日本を恋うる手紙』などを手がける。

60年2月某日、木下惠介監督『笛吹川』(60)の脚本が完成間近の頃、松竹大船の細谷辰雄撮影所長が、木下監督に「プロデューサーから(脚本が)あがりそうだと聞きましたので、慰労を兼ねてお伺いします」と連絡をとった。木下監督は口述筆記で脚本を仕上げるのが常であり、その作業を手伝っていた吉田喜重助監督も同席して、細谷氏を迎え、酒をくみ交わした。その席で、細谷氏は「今日(私が)来た理由は別のお願いで来たんです」と言い、吉田さんに「1本、映画を撮りませんか」と切り出した。この時、吉田さん26歳。「私も驚きましたが、木下さんはもっと驚いたでしょうね。当時、木下組には4人の助監督が就いていて、私は一番下。だから常識的には(上から)順番に監督になるのが自然でしたし、内心では木下さんは困ったんじゃないでしょうか」と、吉田監督は静かに話しはじめて下さった。ただ、何となく予感はあった。前年に大島渚監督が『愛と希望の街』(59)でデビューしている。「彼も相当早く抜擢されたので、その話を聞いた時には、会社は大島の次に私を選んだんだなあと感じましたね」。

もともと吉田さんは「職業として映画をやるとは、あまり考えていなかった」という。東大仏文科に入学し、大学に残りたかったが、「父親が一種の職業病で失明」。実母は吉田さんの生後1年ほどで亡くなり、父親と継母との間にふたり子供が生まれ、その子供たちが幼かったので、就職の必要に迫られる。55年はナベ底景気で就職先は容易に見つからず、同期の石堂淑朗氏に誘われて松竹を受験。2千人の応募者の中から、合格者8人の中に、石堂氏や田村孟氏らと選ばれ、55年4月に入社する。当時は出題も採点も助監督が担当していたが、面接は監督が行なっていた。木下惠介監督と大庭秀雄監督が面接してくれたものの、吉田さんはふたりの名前は知っていたが、顔は知らなかった。木下監督が「あなたは『君の名は』を見ましたか?」、大庭監督が「あなたは『二十四の瞳』を見ましたか?」と質問した。両作とも前年大ヒットした松竹の話題作である。吉田さんが「どちらも見ていません」と答えると、木下監督が「この方が大庭さん」、大庭監督が「この方が木下さん」と、お互いを紹介してくれ、ふたりで笑って「どうして松竹を受けたんですか?」と言われた。その返答には窮したが、結局合格した。

しかし、映画は好きで、戦前からフランス映画はよく見ていたが「私が考えているような映画を日本の映画界で撮れるとは思えず」、入社が決まっても悩み、主任教授だった仏文学の権威・渡辺一夫先生に相談した。「今でもよく覚えていますが、渡辺先生に〝映画が好きならば、一遍行ってみたらいいじゃないですか。自分に合わないと思ったら(大学に)帰ってきなさい。大学は永遠に門戸を開いていますよ〟と言われまして、そう言われれば確かにその通りで、それで決心したんですね。ただ頭の中では、生活が少し安定したら大学へ帰ろうという気持ちは、かなり強かったですね」。

大島渚氏らとはじめたシナリオ同人誌「7人」の第1号に寄稿した『海辺の墓標』を読んだ木下監督に誘われ、『夕やけ雲』(56)から『笛吹川』まで、11本の木下作品に助監督として就き、この文の冒頭に戻る。

オリジナルでやらせてほしいと了解をとり、20日間ほどで『ろくでなし』の脚本を書きあげる。4人の大学生たちが刺激的な遊びの中にカタルシスを求めて自滅していく物語で、当時、吉田監督は「不毛な日常性の壁を突き破り否定しようとする青春のエネルギー、ある時には無目的に、ある時には衝動的に。こうした中で出会ったひとりの男と女の関係は奇妙な遊びにすぎない。しかしそれが遊びでなくなった瞬間、現代の悲劇がある」と製作意図を発表している。

撮影期間は4月初めから約25日間。一期下の前田陽一と山田太一の両氏が助監督として就いてくれた。会社側からは津川雅彦を主役の青年にと要請され、了承する。ヒロインは脚本段階から岡田茉莉子をイメージして執筆するも、彼女は吉村公三郎監督『女の坂』(60)に出演が決まっており、スケジュール的に無理ということで、高千穂ひづるが演じた。その代りに、キャメラマンには様々な事情から一本立ちが遅れていた成島東一郎氏を希望する。こうして『ろくでなし』は、『古都』(63)『儀式』(71)などでも知られる成島氏のデビュー作ともなった。

公開当時から、ジャン=リュック・ゴダール『勝手にしやがれ』(59)のラストシーンとの類似性が指摘されていたが、吉田監督は、この頃『勝手にしやがれ』は見ていなかった。「ただ、どういうストーリーかというのは知っていましたから、シナリオの段階から、それを組みこんで書いていたのは事実です。『勝手にしやがれ』を津川君は見ていて、私の目の前で、こうですよと演じてみせてくれました。なぜそうしたかというと、アレクサンドル・アストリュックの映画以降、ずっと見ていて、フランスのヌーヴェル・ヴァーグは何であるか分かっていましたし、それに対するシンパシーがありましたしね。フランスの場合は『勝手にしやがれ』ですむけれど、日本の若い世代の遊びが悲劇を生むのは、もっと他の要素が加算されているからでしょ。フランスと日本の戦後は、明らかに逆ですからね。フランスは戦勝国だし、日本は敗戦国ですから、同じように描いても、その通りにはいかないわけです」。

「キネマ旬報」60年8月上旬号での大島渚監督との対談で、吉田監督は「ヌーヴェル・ヴァーグよりもポーランド映画にリアリティを感じる」と発言されている。「それはあったかもしれない。私は（アンジェイ・）ワイダの作品より、『影』（56）や『尼僧ヨアンナ』（61）の（イェジー・）カワレロウィッチの作品の方が好きでしたが、ポーランドもナチスに負けた形で、日本とは似た状況でしたからね」。

「いよいよ、この夏でお終いか」と眩く若者たちの遊戯は、吉田監督自身は「嫌いな言葉ですが」

と話されていたが、青春の終焉を浮き彫りにしている。「誰にも束縛されたくないんだ」と叫ぶ津川雅彦たち若い世代は、三島雅夫演じる父親の世代の「人間は、いかなる時代でも思いきったことができるほど自由ではない」という声と衝突し、対峙する。「負の存在」としての青春像は、続く『血は渇いてる』（60）や『甘い夜の果て』（61）で、さらに掘り下げられる。この段階で、吉田監督の松竹内部での身分は、まだ助監督のままだった。松竹では3本撮ると、4本目から自動的に監督になるという不文律があったが、会社側からの、一方的な契約解除を懸念して、木下監督の勧めもあり、『永遠の人』（61）と『今年の恋』（62）で再び助監督に戻る。岡田茉莉子プロデュース・主演の『秋津温泉』（62）からが正式な監督作であり、彼女とは64年6月21日、木下恵介監督の媒酌により、西ドイツ・バヴァリア地方のシイガウ郡アスカウ村で結婚。同年『日本脱出』（64）の会社側からの一方的なカット事件で松竹を退社する。やがて、吉田監督、岡田茉莉子主演のコンビで、『エロス＋虐殺』（69）や『戒厳令』（73）などが生み出されるが、これらの未曾有の傑作については、また稿を改めなければなるまい。

THE SCENERY OF DEBUT WORK

25

1961年

Kinji Fukasaku

深作欣二

風来坊探偵・赤い谷の惨劇

credit

風来坊探偵・赤い谷の惨劇　ニュー東映東京作品

企画／佐藤正道　脚本／松原佳成、神波史男　撮影／飯村雅彦　照明／原田政重　音楽／池田正義　美術／北川弘　録音／内田陽造　編集／鈴木寛　助監督／小西道雄　出演／千葉真一、曽根晴美、北原しげみ、小林裕子、宇佐美淳也、須藤健、関山耕司、久地明　公開／1961年6月9日（62分）　併映作／『我が生涯は火の如く』（監督／関川秀雄）

［深作欣二／ふかさく・きんじ］　1930年7月3日、茨城県生まれ。中学3年の時に勤労動員に出て、米軍の艦砲射撃にさらされる。日大卒業後、53年に東映入社。マキノ雅弘、佐々木康、関川英雄、小林恒夫監督らに就き、監督昇進後は、『誇り高き挑戦』（62）で注目される。年間平均1本撮り続け、67年、東映とは本数契約になり、『仁義なき戦い』（73）で日本映画の檜舞台に踊り出る。『蒲田行進曲』（82）『火宅の人』（86）『バトル・ロワイアル』（00）などを連打し、2003年、逝去。

広島やくざ抗争20年の記録をダイナミックに描いた『仁義なき戦い』5部作（73～74）を大ヒットさせ、いちやく注目された深作欣二監督とのリアルタイムでの最初の出会いは、僕の場合『博徒外人部隊』（71）だった。その鮮烈な映像に刺激を受け、続く『現代やくざ・人斬り与太』（72）や『人斬り与太・狂犬三兄弟』（72）に、すっかり打ちのめされていたから、『仁義なき戦い』での世間の熱狂には、当時は少し距離を置いて見ていたような記憶がある。

とはいえ、縁あって東映に契約社員として入ることになり、『宇宙からのメッセージ』（78）や『魔界転生』（81）の宣伝に関わるようになった。これはもう願ったり叶ったりの至福の日々を送ることになったわけだ。当時、僕の所属していた東映洋画部は不思議なセクションで、ジャッキー・チェン主演の香港映画や、ヨーロッパやソ連の芸術映画などと並行しつつ、角川映画をはじめとする日本映画の製作や宣伝にも力を入れ、東陽一監督の『四季・奈津子』（80）を幻燈社と共同製作したり、東宝配給の角川映画『戦国自衛隊』（79）の宣伝のみを担当するという離れ業をやってのけたりしていた。その流れで、やはり東宝配給の深作作品『復活の日』（80）を宣伝のみ担当することになり、大慌てで79年7月25日に帝国ホテルで行われた製作発表記者会見の資料を用意した。会場で、上司らと深作監督にご挨拶すると、「おう！　みんなで南極に乗り込もうや」と言われて興奮したのだが、いざ撮影が始まると、大人の事情からか、東映は手を引くことになってしまったのが、とても悔しく残念だった。

フリーになってからも、『里見八犬伝』（83）や『バトル・ロワイアル』（00）の撮影現場を取材させてもらい、ある年、日本映画監督協会の忘年会にお邪魔した折には、この「デビュー作の風景」の取材をお願いし、快諾してもらえたが、雑誌での連載が中断になり、とうとう機会をのがしてしまった。

しかし、山根貞男氏による「映画監督・深作欣二」（03／ワイズ出版刊）をはじめとするインタビューが幸い残されている。監督デビューに至る軌跡を辿りつつ、現在の自分に大きな刺激と影響を与えてくれた深作監督に敬意を表しつつ遡っていきたい。

53年、日大芸術学部を卒業し、東映本社企画部に入り、翌年、東映東京撮影所に移る。61年の監督昇進まで、助監督として、小林恒夫監督『終電車の死美人』（55）や『点と線』（58）、関川秀雄監督『爆音と大地』（57）、マキノ雅弘監督『非常線』（58）『不敵なる反抗』（58）、村山新治監督『七つの弾丸』（59）、飯塚増一監督『黒い指の男』（59）など16監督、50作品に就く。

当時の日本映画界は、普及したテレビの影響もあり、58年をピークにして観客動員数は減少の一途を辿っていたものの、映画はまだまだ娯楽の王様だった。東映は邦画6社の中で業績はトップの座にあり、年間52週を毎週新作の二本立てで送り出している上に、60年3月1日より、もうひとつの封切系統「第二東映」を発足。翌61年2月には、その「第二東映」が「ニュー東映」に改称される。ザブーンと荒波をバックにした東映マークに加えて、噴煙が上がる火山の第二東映は、現代劇を中心にしていたが、長くは続かず、同年12月1日には終焉を迎えた。

深作監督のデビュー作『風来坊探偵・赤い谷の惨劇』が公開されたのは、6月9日。62分の小品だが、2週間後に公開された『風来坊探偵・岬を渡る黒い風』と二本撮りで製作された。いわゆる添え物作品（SP）という形で、同年に監督した千葉真一主演の第3作、第4作『ファンキーハットの快男児』『ファンキーハットの快男児・二千万円の腕』も、二本持ちで、同じような形で製作された。

「ホンは二本ほぼ同じにできたんじゃないかな。スケジュールを組むのも二本まとめてで予算も二本でいくらと」（「映画監督・深作欣二」）。そのために、監督が第一声をかけたクランクインのカットは、「二話目のいちばん最初に出てくる」探偵事務所の場面だった。東映第6期ニューフェイスである千葉真一の初主演作で、彼が演じる風来坊探偵の西園寺五郎が、冒頭のセスナ機墜落事故からはじまる観光事業開発の陰謀を暴いていく。

とにかくアクションに次ぐアクション。そのテンポの速さは、まさに後年の深作映画の源流と言うべきだが、ご本人は「どうも自分の思ったのとは違いましたね。アクションものだから、少なくとも勢いが良くないと困るわけですよね。人生の日々を描いているわけじゃない。ややこしい心情とか、心理の崖っぷちを描いているわけじゃない。だから、勢いが良くないと困るんだけど、そうなってない。で、どこが違うのかわかんないんですよ。キャメラマンもきょとんとしているし、面白いじゃないかと。役者はみんな横向いている。しかし、現場でＯＫを出したときの感じが違う。ずばり言うと、あの映画はどうも音がしない。音なしの感じ。飯村雅彦さんは田坂具隆さんの作品を撮った最高のキャメラマンなんですが、言ってもわかってもらえない。たとえば、そういう音の違い。キャメラを動かしているつもりだけれど、そのスピードが違うんだと思った」と、あくまでも冷静に分析されている。

会社からの注文は、当時、大人気だった日活の小林旭主演『渡り鳥』シリーズ（59～62）を、いただいちゃえと言われたそうだが、「その真似じゃなあ」と悩んだあげく、「まあ第一作だから、自分にとっては習作みたいなもんですよね。そのころ、東映の社内には、監督になるために一つのテストとして、予告編、3分程度のものですけれど、それをつくらせて、だいたいの力量を判断して、監督にするかどうかを決めるという雰囲気があった。各社とも同じようなことだったと思います。で、短いとはいえ60分ほどの映画なんだけれど、長い予告編のようなつもりで撮ればいいか、と気楽な調子でした（笑）」。

のちに『狼と豚と人間』（64）の脚本を共同執筆し、『人生劇場』（83）では共同監督として組むことになる佐藤純彌監督は「東映における最初のヌーヴェル・ヴァーグは三期生のサクさんでしょう。ただし、サクさんのデビュー作『風来坊探偵・赤い谷の惨劇』に関しては、みんな『日活の真似なんかしやがって！』と怒っていましたね。当時の助監督たちはみな『今までの延長じゃ駄目だ』と思いつつ、一方ではみんな日活ファンだったんですよ（略）。サクさんについては、自分のものが出せたのは、『誇り高き挑戦』からでしょう」と、「映画監督・佐藤純彌　映画よ憤怒の河を渉れ」（18／DU BOOKS刊）で語っている。ところが、ご本人の弁によれば「『渡り鳥』シリーズというよりは、今回（「映画監督・深作欣二」刊行時）見ててハッと気が付いたけれど、岡本喜八の『独立愚連隊』（59）にずいぶん影響されている。たしかに喜八さんのを面白いと思って見ていたけれど、あれほど影響を受けてるとは思わなかった」というあたりが面白い。

因みに、不時着する飛行機をはじめとするミニチュア撮影は、『宇宙からのメッセージ』の特撮を担当した矢島信男がノークレジットで手掛けた。千葉真一や曽根晴美という後年の深作映画を支える常連俳優たちが出演しているのも興味深く、ここから一世を風靡した深作アクションの怒涛の快進撃がはじまるのだが、その片鱗は既にこのデビュー作に十分すぎるほど垣間見えている。

THE SCENERY OF DEBUT WORK

26

1961年

Yoji Yamada

山田洋次

二階の他人

credit

二階の他人　松竹大船作品

製作／今泉周男　原作／多岐川恭　脚本／野村芳太郎、山田洋次　監督／山田洋次　撮影／森田俊保　美術／宇野耕司　音楽／池田正義　録音／栗田周十郎　照明／須藤清治　編集／谷みどり　助監督／不破三雄　進行／岸本公夫　出演／小坂一也、葵京子、高橋とよ、野々浩介、穂積隆信、峰久子、平尾昌章、関千恵子、永井達郎　公開／1961年12月15日（56分）　併映作／『小さな花の物語』（監督／川頭義郎）

［山田洋次／やまだ・ようじ］　1931年、宝塚市生まれ。2歳で満州に渡り、46年の引き揚げまで各地を転々とする。東京大学卒業後、松竹に入社。主に野村芳太郎監督の下につき『月給一三，〇〇〇円』で初の脚本家としてクレジット。監督デビュー後は、文中作品のほか『喜劇・一発大必勝』（69）『男はつらいよ』（69）と合わせて同年芸術選奨文部大臣賞を受賞。その他、『家族』（70）『同胞（はらから）』（75）『幸福の黄色いハンカチ』（77）『息子』（91）「家族はつらいよ」（16）など。

2本立て興行が封切館ではなく、下番線の映画館から流行しはじめ、そうした傾向に対応するために、松竹では52年から中篇映画を製作し、常時2本立て番組を上映するようになる。これが上映時間40〜50分の通称〝シスター映画《ピクチャー》〟（略称SP、看板作品の姉妹の意味）と呼ばれる映画群である。「シスター映画には、二つの目的があった。一つは、これによって新人監督や新人俳優の登用の道を拓き、一つは契約館から併映他社作品を不要とすることである。シスター映画の第一作は、西河克己監督の『伊豆の艶歌師』（52）、つづいて池田浩郎、萩山輝男、堀内真直、小林正樹などが登用された。中でも『息子の青春』（52）の小林監督の進出が目立った」（「松竹八十年史」75／松竹刊）。

野村芳太郎監督のデビュー作『鳩』（52）や、大島渚監督のデビュー作『愛と希望の街』（59）もシスター映画であり、山田洋次監督のデビュー作『二階の他人』もSP作品で、川頭義郎監督、瑳峨三智子、桑野みゆき主演『小さな花の物語』の併映作品として61年12月15日から23日まで松竹系劇場でひっそりと公開された。「世界の映画作家⑭加藤泰・山田洋次篇」（72／キネマ旬報社刊）で、山田監督は品田雄吉氏のインタビューに応えて、こう語っている。「僕は脚本をたくさん書いていたから、そろそろあれに撮らすかみたいなことになったのでしょう、会社の上層部で。それと同時に、野村（芳太郎）さんが推薦してくれた。そのことが強かったんですが、その頃はほんとうにいい時代で、（略）、SPと称したやつで、一種のテストを兼ねた作品なんです。最初から興行成績もそんなにあてにもしていないし、いい演出家が生まれたら、それを喜ぶという、まことに素敵な雰囲気ですね、いまから考えれば。で、普通より短い一時間もの。原作を野村さんが『どうだ』といってくれたのかな。僕は『喜劇的なホームドラマで』といったら『それでは、これでやってみないか』ということになった。原作は推理小説だったんです」。

大島渚と同期で松竹に入社した山田洋次は、ヌーヴェル・ヴァーグの波が去った後、こうして監督になる。原作は直木賞作家・多岐川恭の同名小説で、野村監督と山田氏が共同脚色し、撮影は森田俊保。長く続くコンビとなる高羽哲夫氏が山田作品の撮影を担当するのは、三作目の『馬鹿まるだし』（64）からである。いま『二階の他人』を見直すと、中篇とは言え、既にきちんとした完成度を持ち、新人らしからぬ落ち着きがあることに驚かされる。往年の撮影所の底力も作用しているのか。若いサラリーマン夫婦（小坂一也、葵京子）が借金をして、二階家を建て、二階を他人に貸して借金の返済を計画するが、最初の間借り人夫婦（平尾昌章、関千恵子）は下宿荒らしの常習犯、次の間借り人夫婦（永井達郎—64年に秀明と改名—、瞳麗子）は公金横領事件の逃亡犯という物語で、これに兄の家から喧嘩して上京してきた主人公夫婦の母親（高橋とよ）が絡むコメディである。はた迷惑な二階の他人や母親の存在にふり回される善意の若夫婦は、以後の山田作品にも一貫して登場する人物像であり、強引にこじつければ〝二階の他人〟ならぬ〝二階の親戚〟が他ならぬ寅さんにも見えてくる。『二階の他人』の二階へ通じる階段が、時を越えて、とらやの二階の寅さんの部屋にもつながっている気がしてならない。

前述のインタビューで山田監督は「(喜劇は)一番難しい仕事」「ただ、やっていて、非常におもしろかったんです、監督という仕事は。そのことは、僕にとって最大の収穫であり、救いでもあったということだけは、印象に残っています。(略)非常に楽しい充足感みたいなものがあって、その部分に関しては、映画のできなんかは、もちろん自信も何もないけれども、まんざらでもないと自分でも思っていたわけです」「(当時は)批評なんか書いてくれなかったのじゃないですか(笑)」と語っているが、「キネマ旬報」62年1月下旬号で、福田定良氏は、幾つかの難点を丁寧に指摘した上で、こう批評している。「ふつうの庶民喜劇には求めてもえられないようなまじめさが感じられ、(略)ともかく、この処女作品には、単なる庶民映画のパターンに妥協しない作家の若々しい目が感じられる。この作品の主題がもう一度別な形で展開されることを希望する」。

公開当時、この番組は邦画五社の興行成績の中では最低であり、しかも中篇の添え物である点を考えれば、福田氏の批評は相当に好意的であり、いかにこの新人が注目されたかがよく分かる。どう不発だったのか。都内主要劇場で、大映の『続悪名』『うるさい妹たち』の動員は4千人台、日活の『黒い傷あとのブルース』『大平原の男』は2千5百人台、東宝の『暗黒街撃滅命令』『ガンバー課長』、東映の『ひばりのおしゃれ狂女』『八人目の敵』は、それぞれ2千人台すれすれ、そして松竹の『小さな花の物語』『二階の他人』は1千人台であり、どう見てもこれは不発。もともと助監督時代から、井上和男監督『明日をつくる少女』(58)『暁の地平線』(59)、野村芳太郎監督『月給一三〇〇〇円』『その恋待ったなし』(58)『黄色いさくらんぼ』(60)『恋の画集』『ゼロの焦点』(61)などの脚本を手がけていたこともあり、山田監督はデビュー作の翌年、62年から63年にかけて野村監督のメロドラマ『あの橋の畔で』4部作の脚本を共作する。

監督第2作は倍賞千恵子主演の歌謡青春映画『下町の太陽』(63)を撮るが、ここでは〝まじめさ〟と〝若々しさ〟が会社の思惑からは外れ、第3作目『馬鹿まるだし』のヒットまで、ホサれることになる。筆者が山田作品をリアルタイムで見はじめたのは、ハナ肇とのコンビによる『喜劇・一発勝負』(67)『一発大冒険』(68)あたりからであり、遡って『馬鹿が戦車《タンク》でやって来る』(64)や『運が良けりゃ』『なつかしい風来坊』(66)を見るにつけ、やたらに面白い映画の作り手であるのに、何となく不遇だというイメージがあった、『男はつらいよ』(69)でブレイクするまで、『馬鹿まるだし』から5年、『二階の他人』からは8年、傍目にも物理的な時間以上に、その歳月は異様に長く感じられたのではないかと推測する。

『男はつらいよ』シリーズ全48作（69〜95）を経て、『学校Ⅱ』『虹をつかむ男』（96）で、今や松竹の、いや日本映画の屋台骨を支える監督になろうとは、デビュー時に誰も想像しなかったのではあるまいか。「喜劇の多い師にあたる野村芳太郎の影響と小津安二郎に代表される大船伝統のリアリズム喜劇の中に自分の資質を予感」（「76年版・日本映画監督全集」キネマ旬報社刊）していたとはいえ、筆者は「喜劇は難しい」と繰り返す山田監督の喜劇への謙虚な距離のとり方が、映画作家としての大成に結びついたと見る。

まじめさゆえの無器用さぎこちなさは『二階の他人』にも顕著に表われているが、これは山田作品に全て共通する特長かもしれない。

THE SCENERY OF DEBUT WORK

27

1962年

Hiroshi Teshigawara 勅使河原宏

おとし穴

credit **おとし穴**　勅使河原プロ作品

製作／大野忠　脚本／安部公房　撮影／瀬川浩　照明／久米光男　美術／山崎正夫　音楽監督／武満徹　音楽／一柳慧　出演／井川比佐志、宮原カズオ、大宮貫一、田中邦衛、矢野宣、佐藤慶、佐々木すみ江、観世栄夫　公開／1962年7月1日（95分）

［勅使河原宏／てしがわら・ひろし］　1927年、東京都生まれ。東京美術学校在学中から前衛芸術に携わり、53年には美術映画『北斎』を監督。その後プロボクサーを記録した『ホゼイ・トーレス』（59）を発表。在学中より交流のあった安部公房原作の『おとし穴』（62）によって劇映画デビューを果たす。その後、前衛芸術、陶芸家として旺盛な活動を続ける一方、映画では『砂の女』（64）『他人の顔』（66）『利休』（89）『豪姫』（92）などの一般映画に加え、『アントニー・ガウディー』（84）などの記録映画を発表する。2001年、逝去。

書籍というよりも言語を封じこめた塊りとでも形容すべき『安部公房全集　全29巻・別巻1』（新潮社刊）の刊行スタートに歩調を合わせるかのように、97年9月、赤坂草月会館で、シンポジウム&レクチャー「安部公房・演劇の仕事」が4回に亙って開催された。その第1回目（9月7日）「安部公房と映画」では、安部氏の原作・脚色による『おとし穴』（62）が上映され、草壁久四郎氏の司会で、勅使河原宏監督と、出演者の井川比佐志、矢野宣の両氏も出席され興味深い話を聞くことができた。『おとし穴』は勅使河原宏監督の長編劇映画デビュー作であり、久々に再見できて嬉しかったのだが、草壁氏の言うように「35年前の作品とは思えないほど、新しい魅力に充ちた映画」であると筆者も思う。

草月流家元に生まれ、東京美術学校（現・東京芸術大学）に進学した勅使河原氏が、安部公房と知り合ったのは、復員してきた岡本太郎に紹介され、共に前衛芸術の〝世紀の会〟に参加した時だった。当時の安部氏は「貧乏のどん底にあったが、尖鋭な面構え」をしていたという。ルイス・ブニュエル監督の傑作『忘れられた人々』（50）を見て「絵画よりも遙かに自由に複雑な現実を立体的に描くことができる強力な媒体である映画の魅力」にとりつかれる。美術映画『北斎』（53）の製作・監督を経て、亀井文夫監督のドキュメンタリー『流血の記録・砂川』（56）『生きていてよかった』（56）『世界は恐怖する』（57）の助監督にも就いた。

「劇映画を作りたくて仕方がなかったが、おいそれとは撮れず」、57年には羽仁進、松山善三、川頭義郎、荻昌弘、草壁久四郎らと〝シネマ57〟を結成し、『東京1957』『東京1958』を共同製作。58年には芥川比呂志が病気で降板して、川頭義郎監督の松竹映画『有楽町0番地』に俳優として主演する。「前衛調書・勅使河原宏との対話」（89／學藝書林刊）で、勅使河原氏は「さいわいその映画は今なくなっていると思います。（略）はずかしくて、はずかしくて……演技なんて、いうもんじゃない。数寄屋橋の角で『私の詩集買って下さい』なんて看板を首からぶらさげて売っている役（笑）」と語っているが、幸か不幸か、この映画は現存し、先年、今は亡き三軒茶屋スタジオamsでも上映された。やがて、父・蒼風の個展の手伝いで、ニューヨークに行き、プエルトリコ系のプロ・ボクサー、ホゼイ・トーレスを紹介され、そのトレーニングから試合までを記録した『ホゼイ・トーレス』（59）を16ミリ・キャメラで撮り、ますます映画にのめりこんでいく。

そして、60年10月20日にTV放映された、安部公房脚本、芥川比呂志主演のドラマ『煉獄』（九州朝日放送）を見た直後、「これを映画化したい」と、安部氏に連絡し、脚本を執筆してもらう。この年は北九州の三井三池炭鉱の大争議の年だった。「TVでは、炭鉱に出かけて行くんじゃなくて、書き割り的な単純なセットをつくって、その中で展開される対話劇的なものになっていたんです。そのTVを見ながら、荒廃した炭鉱をものすごくリアルに撮ったドキュメントの世界に、寓話的なものを、たたきこんでいったらどうなるだろうと考えたんです」（前掲「前衛調書」）。シンポジウムでは「『忘れられた人々』のメキシコの貧民街や、炭鉱の荒廃した風景の影響も強くあった」とも話されていた。

安部公房の運転するルノーに乗って、九州へ行き「約100カ所近くロケハンして、奇跡的に脚本のイメージ通りの場所を発見」する。こうして渡り者の炭鉱夫が、ボタ山の下の泥沼で、組合運動の犠牲にされて殺され、幽霊になって再生し、続くふたつの殺人事件を目撃するという異様な映画が誕生する。スタッフは16名で、ロケーション時は8名。飯塚でオールロケし、重要な舞台となる駄菓子屋のみセットを建てた。キャスティングは俳優座の創設者のひとり、千田是也氏に相談し、千田氏が新人の井川比佐志、矢野宣、田中邦衛、佐藤慶氏らを推薦してくれた。矢野氏は飯塚出身であり、「リアリズム追及のため」方言指導も担当した。

田中邦衛扮する白服の殺し屋Xが、井川比佐志扮する坑夫を追いつめ刺殺する場面では、「炎天下、スタッフ全員が急勾配の道でキャメラを乗せたリアカーを人間の歩く速度に合わせて引っぱり」、生々しいショットを可能にした。ラストで井川氏（2役）と矢野氏が泥まみれで殺し合う場面では「矢野氏が1分数10秒、水中に沈められるカットを、前夜、宿の風呂の中で特訓し」、撮影は陥没湖の中で行なわれたが、ここは「廃液が流れ込んだ汚水」であり、手で水を掬うと「明らかに普通の水よりも重い」。井川氏は、ついにトラホームになった。撮影中、監督はドキュメンタリーの精神を発揮し、偶然通りかかった野良犬を撮れと指示し「スタッフは不安になり、俳優も動揺したのでは」と話されていた。また「ラブ・シーンを撮っているときなんか、助監督が二人いて、それがラブ・シーンに造反しましてね。これはおかしい、とてもつきあえないって外へ出ていっちゃった（略）。編集してでき上がると、そのシーンがとても重要で、観終ってから『大変申しわけなかった』って謝って来ましたけど、そういうことがあるわけですね」（「前衛調書」）という事態にもなった。

スタッフは総出演。坑夫の死体を担架に乗せて運ぶ男の役で安部公房氏が、バスの乗客役で武満徹氏が出演している。

「原作はいわば、資本勢力がいかに巧妙に労働運動を切り崩すかということについての抽象的絵解きであるが、ドキュメンタリー出身の勅使河原宏は、これを現実の炭鉱地帯の荒涼たる実態のナマナマしい描写の中に置くことによって、貧困のまま切り捨てられたひとつの地方、産業、時代のドキュメントと言えるものにしている。自分が殺された理由を知って地団太を踏む幽霊という非現実的なアイデアさえもが、ここでは正に地団太を踏むしかなかった炭鉱労働者たちの心のドキュメントとして貴重に思える」という佐藤忠男氏の解説（「ＡＴＧ映画を読む」91／フィルムアート社刊）

は、『おとし穴』について最も正鵠を射る批評でもあるだろう。

「シネマ57」が母体となり、日本でも従来では非商業的と思われていた芸術映画の専門館を作ろうという「日本アート・シアター運動の会」が作られ、さらに61年11月15日、全国10館の劇場で組織された「日本アート・シアター・ギルド＝通称ATG」が発足する。第1回作品は、ポーランドのイェジー・カワレロウィッチ監督『尼僧ヨアンナ』（61）、第2回作品は、フランスのジャン・コクトー監督『オルフェの遺言』（59）が上映され、第3回作品が『おとし穴』で、この年のキネマ旬報ベスト・テン第7位にランクされる。続いて安部公房脚本・勅使河原宏監督のコンビは『砂の女』（64）『他人の顔』（66）『燃えつきた地図』（68）と連作し、いずれも高く評価された。『おとし穴』に戻れば、プリペイド・ピアノ2台、チェンバロ1台を駆使して――ピアノの内部弦にはボルトや消しゴム、玩具が挿し込まれたそうだ――、即興的に演奏されたという武満徹の音楽や、スタイリッシュな粟津潔のタイトルデザインは歳月を越えて、なお強烈な魅力を発散し、筆者をひきつけてやまない。

THE SCENERY OF DEBUT WORK

28

1962年

Noriaki Tsuchimoto

土本典昭

ある機関助士

credit **ある機関助士** 岩波映画社作品

製作／小口禎三　脚本／土本典昭　撮影／根岸栄　音楽／三木稔　録音／安田哲男
完成／62年11月（37分）

[土本典昭／つちもと・のりあき] 1928年、岐阜県生まれ。46年に共産党に入党、全学連中央執行委員会等を経て、56年に岩波映画製作所の臨時職員となる。主に羽仁進監督の監督補佐、編集を務め、62年に本格デビュー。以後『ドキュメント・路上』(63)『シベリア人の生活』(68※TV放映もされる)『パルチザン前史』(69)など人間の尊厳を根底に据えた主張するドキュメンタリーの姿勢を貫き、65年のTVノンフィクションに始まる水俣問題にはライフワーク的取組みを続ける。『水俣・患者さんとその世界』(71)『水俣一揆・一生を問う人びと』(73)ほかの作品以外に、『原発切抜帳』(82)では原発問題を、『よみがえれカレーズ』(89)ではアフガンの現実に取り組む。2008年、逝去。

98年開催の「第一回ゆふいん文化記録映画祭」で、土本典昭監督『海とお月さまたち』(81)に久しぶりに再会した。『海とお月さまたち』は、『水俣・患者さんとその世界』(71)――厳密に言えば NTVノンフィクション劇場『水俣の子は生きている』(65)から始まる土本監督の水俣病追跡シリーズの延長線上に位置する作品だが、不知火海の小さな漁村を舞台に、魚と漁師との知恵比べが瑞々しく描かれ、水俣病のみの字も登場しない。それが逆に観客の胸をうち、そこに生活する人々のあるべき姿として強烈な印象を残す。映画祭のゲストとして参加して下さった土本監督に、「デビュー作の風景」について伺うことができた。

中学、大学生時代から世田谷区祖師ケ谷で育った土本さんにとって「家の周り中が映画人だらけ。俳優もキャメラマンも美術の人も近所にいて、東宝撮影所への出入りも自由だったし、まるで遊び場みたいにしていましたからね。映画に興味を持つよりも先に、映画を作っている人たちとのつきあいが、まず、あった」。

46年に日本共産党に入党。早稲田地区の細胞に所属して活動し、48年の東宝争議には撮影所に支援に行く。東大に常駐してレッドパージ反対闘争を指導し、52年5月の早大事件で中央抗議委員会議長を務めたために、6月で大学を除籍。同月、山村工作隊の隊員として小河内に行き「ダム建設自体が、東京と首都圏の米軍基地の水資源を確保するためだという理屈がありまして、今から思えば、まるでマンガですが、建設阻止の具体的行動として、マッチを渡されてまして、これで放火してこいと（笑）。8人位で行きましたが、スパイが入っていましたから、事前に計画がばれていて（ダムに）近付いただけで逮捕。元気がいいから警察と揉み合いまして、暴力をふるったということで公務執行妨害罪に問われました」。4カ月ほどで仮釈放されたが、判決は執行猶予2年。控訴は、しなかった。

就職先がなく、日中友好協会事務局につとめ、『白毛女』（50）など中国映画の自主上映に携わる。たまたま祖師ケ谷の家の隣りに住んでいたのが岩波映画の重役、吉野馨治氏で、岩波映画に出入りするうち、羽仁進監督『教室の子供たち』（54）『絵を描く子どもたち』（56）を見る。「今見れば、それほどビックリするような撮り方じゃないでしょうが、一眼レフのアリフレックスというキャメラが初めて日本に入ってきて、それで子供たちを撮るわけです。その撮り方が非常に自由だったし、画期的だった。当時の羽仁さんには僕の早稲田の友達で小熊均という非常に秀れた助監督が就いていて、とうとう本物の先生になるんですが、彼が完全に子供たちを掌握していた。こういう撮り方だったら、映画は必ず変わるぞと思いましたし、こういう世界だったら、おこがましくも、僕に一番合うんじゃないかと（笑）」。

こうして56年に岩波映画の臨時雇員となり、最初に就いたのは、伊勢長之助監修・編集、瀬川順一撮影の八幡製作所のPR映画『鉄』(86)のロケ進行係だった。一年でフリーになり、フジテレビの『月輪の秘密』シリーズ(58~59)を5本、NETテレビの『日本発見――地理TV』シリーズ(59~61)を6本演出、『地理』シリーズのうち2本は「例えば山梨県の時にはラストシーンで富士の射撃場反対を描き」スポンサーの意向で没になる。そうした危機感が高まり、「俺たちは使い捨ての映像労働者じゃない。映画を創る人間になりたいんで、この事は無視できない」と、新宿のバー・ナルシスに若い演出家やキャメラマンたちが集まり、文字どおり毎晩映画について語りあうようになる。

当時のメンバーは土本さんはじめ、黒木和雄、小川紳介、東陽一、岩佐寿弥、鈴木達夫、大津幸四郎、田村正毅らで、「青の会」と呼ばれ、約3年間続く。ナルシスには、大島渚や井上光晴、埴谷雄高、宮島義勇らも飲みに来ていた。

「ツケで飲ませてくれるんで、毎晩開店から閉店まで集まっていました。そこでは秀れたカットを作り出すのに、キャメラや録音はどうしたのか、その秘訣をそれこそ剥き出しになって教えあい、批評しあう。これはもう喋る方も聞く方も夢中になる。ただひとつ、明らかに失敗したシーンや、誰もが批判できるようなシーンは、あえて問題にしない。映画についての徹底的な予習と復習の場でしたね」。

「そのバーがなかったら「青の会」は成り立たなかった。みんな家庭なんか顧みなかったので、離婚が続出（笑）。映画が人間だとすれば、奥さんと旦那と映画が三角関係になって、私を放ったらかしにして、家ではボーっとしてるくせに、あんなに映画について魅力的に語るなんて許せない、映画が憎い、という言葉を残して離婚した奥さんもいますよ」。

伊勢長之助総監督『海に築く製鉄所』（59）の現場演出や、羽仁進監督『不良少年』（60）の監督補と編集を経て、土本さんは62年5月の三河島事故でイメージ・ダウンした国鉄が列車の安全運転をPRする映画を作ろうと公募した脚本に応じて、1位に入選。「国鉄自体の本質的な改革をせずに、映画で安全性を訴えるのは、きわめてインチキなことですからね。だから、まず、その仕事を引き受けるには、その欺瞞性を見抜いていないとダメだと思っていました。当時の国鉄は、東京〜沼津間に現在もあるような追突防止のモデル装置を作っていて、17社が公募して、脚本を書く人が各社にひとりずついますから、その人たちを全員その線に乗せて、どういう脚本を国鉄が望んでいるかを誘導したんですよ。それがまたカチンときまして、岩波でもうひとりダミーの脚本家を立てて、彼にそこへ行ってもらい、僕は勝手に労働組合のつてを頼り、常磐線の罐焚《かまた》きに目をつけ、制服を着て、C62機関車に2回往復して乗りこんだんです」。国鉄の安全運転のPRとは逆に、機関助士と機関士の労働がいかに苛酷か、水戸から上野まで最大3分の遅れしか取り戻せない列車運転が、いかに危険であるかを観客にPRしてしまう傑作『ある機関助士』(62)が、こうして生まれた。

しかし、そうした脚本が、なぜ入選したのか。「やっぱり国鉄は、どこかで機関車が好きなんですね。他の脚本は全部、東京〜沼津間の安全装置を描いたものだったけど、その中では、唯一、乗務員の生の記録だったものですから、たぶん僕の推測では、その魅力に負けた人がいるんだろうし、国鉄の職員がどれだけ、一所懸命にやっているか分かってほしかったんだと思う」。撮影期間は約4カ月。PR映画の強味で、空《から》の一列車を動かし、数百カット全部コンテ割りして撮った。

63年度「キネマ旬報」短編映画ベスト・テンでは堂々第1位、教育映画祭最高賞、芸術祭賞、毎日映画コンクール賞などを独占するが、「キネマ旬報」選考委員11人中では、加藤否三郎氏だけが票を投じていない。「加藤さんは僕の意図を、きっとピタリとつかんだんですよ。こいつは本当は国鉄の安全なんか考えていないと(笑)。要するにPR映画が世の中に存在して、映画作家がそれを選択して撮る以上、その点で、そうした配慮をしなくてはいけない。それが最低限のモラルだという信念を持っていた人なんでしょう」。「カチンとくる題材の映画ほど、僕の作品の中では出来がいい」と笑う土本監督にとって、現代は題材の宝庫ではないかと思うが、『ある機関助士』は、その原点に位置する傑作だと、改めて実感する。

THE SCENERY OF DEBUT WORK

29

1963年

Junya Sato 佐藤純彌

陸軍残虐物語

credit **陸軍残虐物語**　東映東京作品

企画／吉野誠一、矢部恒　脚本／棚田吾郎　撮影／仲沢半次郎　助監督／降旗康男
出演／三國連太郎、中村賀津雄、西村晃、沢村貞子、岩崎加根子　公開／1963年6月14日（100分）　併映作／『警視庁物語・全国縦断捜査』（監督／飯塚増一）

［佐藤純彌／さとう・じゅんや］ 1932年生まれ。東京大学文学部卒業後、東映東京撮影所に入所。助監督として小林恒夫、家城巳代治監督らに就き、62年に監督に昇進する。デビュー作でブルーリボン新人賞を受け、以降『組織暴力』（67）『実録・私設銀座警察』（73）などで定評を得る。『新幹線大爆破』（75）は海外で評価された。76年の『君よ憤怒の河を渉れ』、続く『人間の証明』（77）『野性の証明』（78）が連続して大ヒットを記録。『空海』（84）『敦煌』（88）では中国ロケを敢行。ほか作品に『植村直己物語』（86）『おろしや国酔夢譚』（92）『北京原人』（97）『男たちの大和／YAMATO』（05）『桜田門外の変』（10）など。2019年、逝去。

兵役を免れようと、厠（便所）の汚物の中に銃の撃茎を捨てたことが班長の亀岡軍曹（西村晃）にばれて、矢崎二等兵（江原真二郎）は営倉に入れられ、連帯責任で犬丸二等兵（三國連太郎）と鈴木二等兵（中村賀葎雄）が糞尿の中て四つんばいになり撃茎を探す。カラーではなくモノクロでも画面から悪臭が漂ってくるような凄絶な場面だった記憶がある。『組織暴力』（67）や『博徒斬り込み隊』（71）『実録・銀座私設警察』（73）などの快作で筆者を瞠目させた佐藤純彌監督のデビュー作『陸軍残虐物語』を名画座で見ることができたのは、ずいぶん前になるが、大日本帝国陸軍の組織悪を下級兵士の視点から徹底的に描いた、この秀作には圧倒されてしまった。以前、三國さんに取材した時にも『陸軍残虐物語』の話が出て、あの映画を絶讃されていたことも懐かしく思い出す。後に佐藤監督と三國さんは『野性の証明』（78）や『未完の対局』（82）でも一緒に組むことになる。

筆者の実家から歩いて数分の場所に、佐藤監督が住んでおられることもあり、休日に待ち合わせて「デビュー作の風景」を伺うことができた。佐藤監督の著書「シネマ遁走曲」（86／青土社刊）にも書かれているように、中学から高校にかけては「毎日のように映画を見た。小説と映画が人生の先生でしたから」。邦画も洋画も浴びるように見て、中でもフランス映画――ルネ・クレール監督『自由を我等に』（31）や『巴里祭』（32）、ジュリアン・デュヴィヴィエ監督『地の果てを行く』（35）『望郷』（37）『旅路の果て』（39）などに感動した。東大仏文科時代は「福田陽一郎や岩淵達治らと毎日演劇部の部室でダべっていた（笑）」。56年に卒業、就職難の時代で、一般公募していた東映を受験して入社。東映は事務職、技術職、芸術職に分けて公募していた。「5人ほど芸術職に採用され演出部に回されたのは僕ひとりでした。同期でプロデューサーになった天尾完次は入ってすぐ京都に行かされましたし」。新宿東映や浅草東映で劇場研修し「客の呼び込みもやりましたよ」。1カ月後、大泉の東京撮影所へ。「7月までは試行期間ということで、製作課の事務にいて、撮影記録が毎日出るので、その日誌の整理をしていました」。3ヵ月後、助監督のひとりが病気になり、その欠員を埋めるため、すぐに撮影現場へ向かった。

最初にフォース助監督で就いたのは、小石栄一監督『にっぽんGメン・特別武装班出動』（56）。「とにかく雑布を腰に下げて、何でもいいから磨けと言われた（笑）。カットが変わるごとにセットをばらす手伝いをしたりとかね」。最初のうちは1週間徹夜で家に帰れず、1本終わると、すぐ次の現場へという日々だった。小石監督は、なかなかの毒舌家で自らを〝天皇〟と称賛する人物だったが、不思議に縁があり、佐藤さんの初めてのチーフ監督作品も小石監督の『遙かなる母の顔』（60）だった。今井正監督『白い崖』（60）にはセカンドで就き、チーフは後に『散歩する霊柩車』（64）や『吸血鬼ゴケミドロ』（68）を手がけた佐藤肇監督。「佐藤肇さんには何から何まで

——撮影現場での仕事の仕方や、一緒に映画を見に行ったり、ミステリについても教えてもらいま

した」。

佐藤さんは、前述した小石作品と、家城巳代治監督『若者たちの昼と夜』（62）、伊藤大輔監督『王将』（62）の3本しか、チーフの仕事はやっていない。労働組合の副委員長で忙殺されていたためだが、この時の委員長は、現社長の高岩淡氏。当時はチーフが予告篇や特報を作っていたが、家城監督『街』（61）や『王将』での佐藤さんの特報製作の評判が良く「そろそろ監督にということに」。折しも、大島渚や吉田喜重、篠田正浩監督らによる松竹ヌーヴェル・ヴァーグが注目されていたが、東映は新しい世代への交替が遅れていた。京都から東京へ岡田茂撮影所所長が移り、東映全体に新しい気運を作りあげようという動きもあった。「ちょうど（新人が）出やすい時期にぶつかったんです。古い徒弟制度の枠組みが壊れつつあったし」。

吉野誠プロデューサーが「今の助監督はどうして企画を持ってこないんだ」と言い、佐藤さんは「生意気にも反論しましてね（笑）」。1週間後に、吉野氏が「勝負しよう」と『陸軍残虐物語』の話を持ち込んでくる。吉野氏自身、学徒出陣し、陸軍内務班で虐められた経験があった。佐藤監督も中学生時代、田舎に疎開し、辛い日々をすごした。「僕の戦後史の始まりは、恐らく、自分自身をこのような狭間に追い込んだ者に対する怨念、僕に〝美しく死ぬ〟ことを思い込ませた者たちへの怨念と、あの故郷での一年間に体験した日本人の本質と思われるものへの憎悪心を燃やすことから始まっている」（「シネマ遁走曲」）。『陸軍残虐物語』の異様な迫力は、作者たちの怨念によって裏付けられている。

脚本家の棚田吾郎氏も7年間兵役の経験があり、体験的なエピソードの積み重ねが、ホンに反映された。「（脚本が）信用できないかもしれないので、3回だけNOと言える権利を下さいと最初に頼みました。初稿は、まとまりが良くなかったので、こちらの提案で回想形式を交えて貰ったりしました」。かつて小林恒夫監督『疑惑の夜』（59）のセカンドに就いた時、佐藤さんはB班を任された。撮影は宮島義勇氏だったが、小林監督は宮島氏の弟子筋である仲沢半次郎キャメラマンと組み、「つながりをキチンとするために僕と宮島さんを組ませてくれたんです。宮島さんからは月光の感じを出すために、光の加減だけで奥行きも質感も出るテクニックを教わって、それが随分役に立ちました」。『陸軍残虐物語』は仲沢キャメラマンの最高の仕事の一本であると思うが「セットの板はバーナーで焼いて、擦り、その上にワックスを塗りました。仲沢さんは毎朝そのセットを自ら30分以上かけて塵ひとつないほどにピカピカに磨いていました。庭の樹木に水をかけると、キラキラして艶が出ますが、じょうろで水をかけるのではなく、全部濡れ雑布で拭けとも言ってましたね」。

チーフ＝降旗康男、セカンド＝小松範任、サード＝澤井信一郎という顔ぶれで、澤井さんは「内務班の細かいことを知らない我々は、野間宏氏の『真空地帯』を資料として克明に読み、整列の仕方、寝具衣類の畳み方その他を参考にしたものです」（「私の助監督作品の思い出」）と語っている。当時は撮影所にも軍隊経験者が多く、小使さんが元軍曹だったので、軍事教練の指導をしてくれた。

飯塚増一監督の力作『警視庁物語・全国縦断捜査』と共に公開されたが、封切後3日目に大川博社長から抗議文が届く。面会に来た犬丸二等兵の妻ウメ（岩崎加根子）を亀岡軍曹が戦陣訓を言いながら犯す件りで「こんなはずはない」と社長の逆鱗にふれたのだ。わざわざ社長室に呼ばれて怒られたが「東映は新しく打ち出した〝戦記路線〟の第1作として売ったものだけに満足顔」（「キネマ旬報」63年7月下旬号）と興行的にはヒット。「新人のデビュー作としては恵まれた形でした」と佐藤監督自身が言われるように、キネマ旬報ベスト・テンでは第16位にランクされ、ブルーリボン新人賞、ＮＨＫ映画祭新人賞を受賞する。大胆かつ誠実な作風は『新幹線大爆破』（75）『敦煌』（88）『おろしや国酔夢譚』（92）などへと飛翔する。

当時の取材から数年後、佐藤監督の全作品を増當竜也氏と共に聞き書きした「映画監督 佐藤純彌 映画よ憤怒の河を渉れ」を18年にDU BOOKSから刊行することができたが、それを見届けるかのように、翌19年逝去された。ご冥福をお祈りします。

THE SCENERY OF DEBUT WORK

30

1964年

中島貞夫 Sadao Nakajima

くノ一忍法

credit **くノ一忍法** 東映京都作品

企画／小倉浩一郎　原作／山田風太郎　脚本／倉本聰、中島貞夫　撮影／赤塚滋　録音／加藤正行　照明／中村清　美術／桂長四郎　編集／河合勝巳　助監督／富田義治　出演／芳村真理、中原早苗、三島ゆり子、金子勝美、葵三津子、野川由美子　公開／1964年10月3日（86分）　併映作／「散歩する霊柩車」（監督／佐藤肇）

[中島貞夫／なかじま・さだお]　1934年、千葉県生まれ。東京大学美学美術史科卒業後に東映京都撮影所に入社。マキノ雅弘、沢島忠、田坂具隆監督らに師事した後、64年『くノ一忍法』で監督デビュー。以降『戦後秘話・宝石強奪』（70）『木枯し紋次郎』（71）『安藤組外伝・人斬り舎弟』（74）『日本の首領（ドン）』（77）『犬笛』（78）『序の舞』（84）『瀬降り物語』（85）『激動の1750日』（90）『極道の妻たち・危険な賭け』（96）ほか多数の作品を監督。最新作『多十郎殉愛記』（19）が劇場公開されたばかり。

1958年（昭和33）年、日本映画の観客動員数は約11億2千7百万人で史上最高を記録し、映画の黄金時代として記憶されている。この年に中島貞夫監督は大学を卒業。東大在学中は倉本聰、村木良彦氏らと「ギリシャ悲劇研究会」を創設し、日比谷野外音楽堂で「エディプス」を上演して、芝居に凝っていたが「芝居では飯が食えず」、最盛期の東映に入社する。同期入社は内藤誠、山口和彦、高桑信の各氏だったが、中島さんは京都撮影所に配属される。折しも東映は第二東映を発足させ、60年3月の『次郎長血笑記・秋葉の対決』（工藤栄一監督）『まぼろし峠・暗雲篇』（藤原杉雄監督）の2本立てから配給を開始。以後、驚異的な量産体制に突入する。

「映画40年全記録」（86／キネマ旬報社刊）に脚本家の結束信二氏は「太秦の東映の夜空が夜間オープンの照明のために赤く染まったころである。夜間撮影は毎晩のように続いた。午前二時や三時になることは普通だから、たいていのスタッフや出演者たちは撮影所に泊まり込んでいた。翌日が午前八時ロケに出発では自宅に帰る暇がないからなのだ。文字通りフル回転で撮影所は働いたのである」と書かれているが「とにかく撮影所内を歩いている者は誰もいない。誰もが走っている」状態だった。まず、加藤泰監督、大川橋蔵主演『紅顔の密使』（59）のロケーション応援要員として撮影現場に足を踏み入れた中島さんは、やがてマキノ雅弘、今井正、田坂具隆、沢島忠（正継）監督らの作品に助監督として就く。セカンドとして就いた山下耕作監督の名作『関の弥太ッぺ』

(63)では、チーフの鈴木則文氏と共に脚本《ホン》直しを担当(脚本は成沢昌茂)、初めてのチーフ助監督作は、山下耕作監督『江戸犯罪帖・黒い爪』(64)で、同作で初めて脚本にクレジットされる。「ただ脚本《ホン》は、かなり早くから書いていて、沢島監督の『ひばり・チエミの弥次喜多道中』(62)を高田宏治氏との共同ペンネーム〝高島貞治〟名義で書いたり、マキノの親父の脚本《ホン》直しを相当やらされたり、それに松竹でTVの帯ドラマの脚本を2年位書いてましたしね。(周りの)みんなは知ってましたよ(笑)」。

当時京都撮影所所長だった岡田茂氏が、2年間東京に行って、佐藤純彌監督らを育て、再び京都に帰ってきた。「岡田さんが助監督のうるさい連中に『お前ら、企画を持ってこい』と、かなり刺激的に言いまして、東京からも新人を出したので、京都でもという意識があったんでしょうね。絶対映画にならないものを持っていこうと、全然本気じゃなくて半分冷やかしで、ベストセラーだった、山田風太郎の忍法小説『くノ一忍法帖』を出したら、案の定、岡田さんからは『バカモン、あんなもの映画になるかい』と言われました。ところが数日後、また岡田さんから呼ばれて『おい、あれ、飲み屋の女どもが面白い言うとるぞ。いっぺん脚本《ホン》にしてみいや』ということで、岡田さんも映像化は難しいと思ったから脚本で判断しようと思ったんでしょう。それで全然何も書かずに1週間位ブラブラしていたら、また呼び出されて、『いろいろ考えたけど、あれを撮る奴は他におらんし、お前やれ』と言われまして、『それだけは堪忍して下さい』って言ったら（笑）、『今更、何言ってんだ』と」。「私も、できれば、山本周五郎さんの『ちゃん』あたりでカッコよく1本立ちできればと願う映画青年だった」（『映像のスリット・わが人生』87／芸艸堂《うんそう》刊）。

東京にいる、学生時代の友人・倉本聰に連絡し「助けてくれ」と言うと、ちょうど体が空いていたので、京都に来てくれて、一緒に脚本を執筆する。「最初にこれをやらなきゃいかんと思った時にリアルな画面なんて作れっこないんだから、徹底的に様式化しようと。シーン数を極力少なくして、様式化したオールセットで撮るよりしょうがない。そうじゃないと、これは撮れんぞと思いましてね」。ところが肝心の女優がいない。いま、ピンク映画やロマンポルノを見た目で『くノ一忍法』を見直すと、その描写のおとなしさに驚くほどだが、後年とは異なり脱いでくれる女優さんを集めるのは一苦労だった。「セックス・シーンを演じること自体に抵抗があったでしょうし、特に時代劇だしね」。汗だくになって、三島ゆり子を説得、のちに彼女は「ほんとう言うとね、監督に口説かれた時、理屈ばっかりでナニ言ってんのか、ちっとも分からなかった。でも、汗をびっしょりかいてさ、あの汗見てたら、断われなくなっちゃったのよ」（『映像のスリット』）と話してくれたという。

撮影日数は約25日。「撮影所中、ピリピリして、セットは関係者以外立入禁止。セットの前には番人もいたしさ（笑）」。こうして真田幸村の命令で秀頼の子を宿した千姫方の信濃くノ一（芳村真理、中原早苗、三島ゆり子、金子勝美、葵三津子）VS豊臣の血筋を絶やそうとする徳川方の伊賀忍者（大木実、待田京介、山城新伍、小沢昭一、吉田義夫ら）の凄絶な戦いが展開する。胎児が女体から女体へと移る忍法やどかり、男の精気を抜き取る忍法筒涸しなど珍無類の風太郎忍法の数々が映像化されたが、セットの中で「深尾（道典）が助監督で、二人で体位の研究をやっていたら、そこを写真に撮られて、どこかに載せられてしまって（笑）。ちょうど組合闘争日で赤いハチマキしめて、二人で体位の研究やってるんですよ（爆笑）」（「殲滅・中島貞夫の映画世界」74／北冬書房刊）。出演してくれた木暮実千代さんが、京都の出世稲荷でお守りを買ってきてくれて、「あの時は涙が出るほど嬉しかった」。

その甲斐あってか『くノ一忍法』はヒットした。同時期公開の日活『愛と死をみつめて』に次いで第2位の興行成績で、「キネマ旬報」64年11月上旬号〈興行街〉欄には「徹底したエロと娯楽作戦が功を奏したといえよう」と書かれ、同年すぐに『くノ一化粧』も監督し公開される。同誌64年12月下旬号の特集「各界スター　この一年の勤務評定・監督篇」で、小倉真実氏は「エロ忍術のからむ風太郎流ロマンを試み、一応のテクニシャンの水準を見せる」と評す。中島監督は2作目の撮影途中から「完全に女の裸拒否症になり、胃が痛くなって、ついに胃潰瘍になったんですよ。3本目をやれと言われて、それは勘弁して下さいと頼みこんだほどです」。今から思えば「特撮とは言わないけれど、もう少しテクニックを鍛えてから、ああいう映画《シャシン》はやりたかった」。

4本目の秀作『893愚連隊』(66)で、日本映画監督協会新人賞を受賞する。以後数々の傑作、佳作、怪作を連打するが、ことに野坂昭如の歌う「マリリン・モンロー・ノー・リターン」が効果的に使われていた傑作『現代やくざ・血桜三兄弟』(71)が筆者には強烈な印象だった。題名こそ凄いが、荒木一郎主演『ポルノの女王・にっぽんSEX旅行』(73)も、日本版『コレクター』と呼ぶべき青春映画の快作で、公開当時、この映画を見て感動し、「キネマ旬報」の読者の映画評に投稿し採用されたのが、何を隠そう若き日の小生の一文だった。あれから四半世紀が過ぎ、「極道の妻たち・決着(けじめ)」の撮影直前の中島監督に初めてお会いして、以上のお話しを伺うことができて感無量だった。22年ぶりに新作『多十郎殉愛記』が公開され、これからも面白い映画を撮って下さい! と、一ファンである筆者は切望しています。

THE SCENERY OF DEBUT WORK

31

1966年

Yasuo Furuhata

降旗康男

非行少女ヨーコ

credit **非行少女ヨーコ**　東映東京映画作品

企画／栗山富郎、加茂秀男、吉田達　脚本／神波史男、小野龍之介　撮影／仲沢半次郎　音楽／八木正生　照明／銀屋謙蔵　助監督／内藤誠　出演／緑魔子、谷隼人、石橋蓮司、城野ゆき、大原麗子、関本太郎、荒木一郎、岡田英次　公開／1966 年 3 月 19 日（84 分）　併映作／『日本大侠客』（監督／マキノ雅弘）

［降旗康男／ふるはた・やすお］　1934 年、長野県生まれ。57 年大学卒業後に東映東京撮影所に助監督として入社。66 年に監督昇進し、『現代やくざ』シリーズ（69）『新網走番外地』シリーズ（69 ～ 72）を次々と発表、以降『日本の黒幕』（79）『居酒屋兆治』（83）『夜叉』（85）『藏』（95）『鉄道員・ぽっぽや』（99）『あなたへ』（12）『追憶』（17）など数多くの劇場作以外に、テレビ映画『キイハンター』（69）『雨の日の訪問者』（86）も手掛ける。2019 年、逝去。

「白黒の画面がどんなにきれいなものかを見せたいねとキャメラマンの仲沢半次郎さんと相談して撮りました」と降旗監督が言うように、新宿の雑踏で物憂げに佇むヨーコ（緑魔子）の表情が、白黒の画面に鮮烈に捉えられていたのを思い出す。かつて名画座で一度見たきりなので、細部の記憶は曖昧なのだが、それでも忘れ難い映画だった。降旗康男監督のデビュー作『非行少女ヨーコ』は、65年8月15日付毎日新聞の終戦20周年特集に載った実話が基になっているという。「キネマ旬報」66年3月下旬号「次回作」欄に、降旗監督は「睡眠薬遊びにおぼれこんだ少女が、そこから抜け出すために、愛し合っている少年と、あこがれていたサントロペの海岸、地中海の光と風をめざして、ナホトカ航路の客船で旅立つ話でした」と書かれている。『冬の華』（78）から『追憶』（17）に至るまで、降旗監督は大作映画の名手として知られているが、その作品歴には『非行少女ヨーコ』をはじめ、現在ではあまり顧みられることのない数多くの秀作が存在している。映画界入りから「デビュー作の風景」までを、『現代仁俠伝』（97）を撮り終えたばかりの降旗監督に伺うことができた。

57年に大学を卒業し、同年4月、東映東京撮影所の助監督になる。助監督として最初に就いた作品は、小林恒夫監督、美空ひばり主演『青い海原』（57）。この映画の主題歌が大ヒットした「港町十三番地」だった。「ある日撮影所に行きましたら、ほぼ1ヵ月間、撮影で家に帰れず、これはもうかなわんなと（笑）。その後、1ヵ月近く、山に行ったりブラブラして、もうやめようかと思って、給料を取りに行ったら、初任給が1万3千円位だったと思うんですが、残業代が5～6万円あったんです。当時は1万円札がなくて、千円札で50枚以上ですから、テーブルの上に封筒をポンと置くと、ヨコに立つ（笑）。それに釣られて（映画界に）残ってしまったという本当に浅薄な出発なんです」。『青い海原』の撮影現場では、ひばりのお母さんと喧嘩してしまう。録音スタッフが重いマイクを持ったまま居眠りしてしまい、ひばりさんの鼻を掠めて、マイクを落としてしまったのだ。ひばりサイドは激怒し、録音技師を含めて交替を要求。「それは悪いことにちがいないけれど、あやまることと、辞めることは別だろうと、何人かでワァワァ言いまして、その要求は撤回させたんですけどね」。撤回はさせたが、しこりは残った。以後、撮影所のお偉方の意向で、大スターの主演作から降旗さんは外されてしまう。そして、家城巳代治監督『裸の太陽』（58）に就いた時、宮島義勇キャメラマンに出会う。「僕自身、映画ファンではあったけれど、就職難の時代で、行くところがなくて、映画会社に入っただけでした。家城さんの人柄も尊敬していましたが、宮島さんからは、毎晩、焼酎を飲むのにおつきあいして、映画を作るとはどういうことか、いろいろ教えてもらい、もう少し映画をやってみようかと思ったんです」。

当時は会社側と組合とが強烈に対立していた時期で、大川博社長からは「君たちは映画を撮りに来たのか、組合運動をやりに来たのか」と言われるほど。「このカットをどうしようとか、お互いに映画の話をした記憶は一遍もなかった。そこが今のように映画が好きでやってらっしゃる方とはちがうかもしれませんね」と降旗監督は苦笑しながら話してくれた。だが、56年に入社した佐藤純彌監督が『陸軍残虐物語』（63）でデビュー。この作品には降旗さんもチーフ助監督として就いたが、「その頃の状況は、要するにトコロテンですから、佐藤純彌の次は僕なんですよ。僕が（監督に）ならないと、その次がなれない（笑）。後輩からも突き上げられまして、それじゃ撮ろうかということに」。

プロデューサーとは別の企画を暖めていた。もともと『非行少女ヨーコ』は佐藤純彌監督の企画だったが、佐藤監督が、佐久間良子、三田佳子主演『愛欲』（66）を急遽撮ることになり、宙に浮いて、降旗監督に御鉢《おはち》が回ってきた。「最初は白黒スタンダードで撮りたいと会社に交渉しまして、白黒はフィルム代が安くなるので、すぐに受け入れられましたが、スタンダードは映画館で毎回レンズを替えなきゃいけない。そんな面倒臭いことはできないと、結局シネマスコープで撮りました」。脚本は既に出来ていて、ラストでヨーコとジロウ（谷隼人）が、みんなに祝福されてサントロペに旅立つのは、全体の流れから見ても一寸おかしいし、変えようと思ったが、製作部長から「それがあるから、東映の映画になるんで、それを外すんだったらオクラですよ」と言われる。「こっちも撮影中でしたし、純情に悩んで（笑）、虻蜂《あぶはち》取らずになって、甘かったなあと反省しましたけどね」。

緑魔子は東映で主演作をたて続けに撮っていた時期だった。「彼女は芸達者だし、年齢的には実際のヨーコより上でしたが、暗い翳《かげ》りみたいなものがあって、3〜4歳のハンデは乗り越えてくれたんじゃないかと思いますよ」。当時の東映作品にしては異色の配役が揃ったが、ヨーコたちがジャズ喫茶の壁にかけてある絵に火をつけて騒ぐ場面には、客として寺山修司氏が顔を見せ、「バカだなあ、あんな絵をいくら燃やしたって、何も壊れやしないんだよ」と呟く。「画家の岡本太郎さんも出演してくれるはずでしたが、フランスから帰ってこなくて、寺山さんだけ来てくれました。彼は演技したことがないというから、そこにいるだけでいいと」。新進気鋭の脚本家だった寺山氏が、劇団天井桟敷を設立したのは翌67年のことである。

「デビュー時には」と音楽を担当してくれる約束だった佐藤勝氏は「これだけジャズが出てくるんじゃ、僕には書けない」と、八木正生氏を紹介してくれた。タイトルバックに、シルエットでジャズプレイしているのは、八木正生（ピアノ）、渡辺貞夫（サックス）、日野皓正（トランペット）という豪華メンバーであり、これだけでも日本ジャズ映画史上に残ると言っていい。ジャズ喫茶の場面ではセットの天井をビニールで覆い、ビニール越しにライティング。どこからどう撮っても大丈夫で、仲沢キャメラマンを車椅子に乗せ、降旗監督がそれを押して、縦横無尽に撮りまくった。大川社長は試写で見て、あまりのめまぐるしさに「気持ちが悪くなった」そうだが、そうした試みは周囲からも高く評価された。当時のキネマ旬報ベスト・テンでは、第33位。田山力哉氏が3点（第8位）、票を投じている。以後、原爆症のヤクザをシャープに描いた『地獄の掟に明日はない』（66）や、第一級の人情ドラマ『ごろつき無宿』（71／伊藤俊也＋澤井信一郎脚本！）、和製フィルム・ノワール『日本暴力団・殺しの盃』（71）など、『冬の華』や『駅・STATION』（81）『あ・うん』（89）に勝るとも劣らぬ秀作が撮られてゆくわけだが、その出発点である『非行少女ヨーコ』の灼けつくような脱出願望は、半世紀の歳月を越えて、今も瑞々しく輝いているはずだ。

THE SCENERY OF DEBUT WORK

32

1967年

Koichi Saito 斎藤耕一

囁きのジョー

credit **囁きのジョー**　斎藤プロ製作　松竹配給

企画／斎藤節子　製作／斎藤節子、三木浩　脚本・撮影／斎藤耕一　照明／海野義雄　録音／関野任郎　美術／安田邦宣　編集／足立律　助監督／小島義史　出演／中山仁、麻生れい子、信欣三、金内吉男、富士真奈美、笠井紀美子　公開／ 1967 年 12 月（91 分）　併映作／『炎と女』（監督／吉田喜重）

［斎藤耕一／さいとう・こういち］　1929 年、東京都生まれ。48 年にスチールマンとして映画界入りし、今井正、市川崑、今村昌平監督作品のスチールマンやシナリオ・ライターとして活躍する。67 年に監督デビューした後、『小さなスナック』（68）『約束』『旅の重さ』（両 72）『津軽じょんがら節』（73）『望郷』（93）『薔薇ホテル』（95）など多数多彩な作品を発表。『おにぎり ARCADIA 物語』（04）を遺作に、2009 年、逝去。

ひと通りのない早朝の六本木の路上をブラブラ歩く殺し屋ジョー（中山仁）の姿が、日本映画とは思えないほどシャープで洗練された黒白の映像美の中に捉えられていたのを思い出す。徹夜明けで、けだるく、しかし身体の奥には、まだ残り火の余韻がある、そんな実感を斎藤耕一監督のデビュー作『囁きのジョー』（67）は見事にフィルムの上に焼き付けていた。ブラジル行きを夢見ながら瓢々とした生活を送るジョーの青春の彷徨を描いたこの作品で、斎藤監督は、監督のみならず脚本・撮影・音楽（世良譲と共同）をも担当。

47年に大学卒業後、東映東京撮影所の前身、大泉映画に入社し、最初は撮影部に入ったが、スチールマンに回される。今井正監督『ひめゆりの塔』（53）ではキネマ旬報スチール・コンテスト第1位に入賞。54年、日活製作再開と同時に引き抜かれ、『豚と軍艦』（61）で今村昌平監督に出会う。『にっぽん昆虫記』（63）『赤い殺意』（64）を経て、『「エロ事師たち」より・人類学入門』（66）では脚本段階から関わり、監督補に近い形で参加。春原政久監督『猫が変じて虎になる』（62）からは脚本も執筆。中平康監督『現代っ子』（63／引田功治名義）『月曜日のユカ』（64）、山崎徳次郎監督『学園広場』（63）などの脚本を手がけて多才ぶりを発揮し、やがて今村監督の大作『神々の深き欲望』（68）にも企画当初から関わる。この時、今村監督は斎藤さんをキャメラマンにと懇望するが「日活はセクショナリズムが発達していて、部外者はキャメラを回すことができず、推薦してくれた姫田（真佐久）さん以外のキャメラマンが反対して、組合問題にまで発展したんです。それなら日活を辞めれば、耕ちゃんをキャメラに使えるということで、他にも多少の理由はあったんでしょうが、今村さん、姫田さん、僕、照明の岩木（保夫）さん、音楽の黛（敏郎）さん、小沢昭一さんら10人位のメンバーが全員出資して、今村プロダクションを作ったんですよ」。

『神々の深き欲望』は足かけ4年越しの企画で、撮影自体も4度中断したそうだが、その時期に『囁きのジョー』の脚本を書き始める。「作品のタッチは中平（康）さんの映画に近いんですが、書いているうちに、だんだん自分で撮りたくなってきたんですよ。これは自分にしか撮れないと。今村さんに相談して、『神々の深き欲望』の撮影は、チーフで就いていてくれていた岩波映画出身の栃沢（正夫）君に正規の形でやってもらって、僕は中途でオリたんです。家族に相談しまして、製作資金の2千万円は家屋敷を抵当に入れて作ったんですが、配給先は全然考えてなかった。ところが主演の中山仁さんが松竹専属で、彼が話をしてくれて、松竹の関係者がラッシュ（部分試写）を見に来て、完成後に配給が決まったんです。八方破れで、とりあえず作ってしまおうという癖は相変わらず抜けません（笑）。フリーのスタッフを集めて、撮影日数は約1カ月半。結構贅沢な作り方をしましたが、自主映画のつもりで撮ってたんですよ」。

実は『囁きのジョー』以前の65年秋に、斎藤監督には『能』という記録映画の監督作品がある。

水の江プロ製作で、芸術祭奨励賞を受賞したこの作品は「日本が世界に誇る古い歴史と伝統を持つ能を、全然なにも知らない人にも理解させようとした、きわめて意欲的な作品」と「キネマ旬報」66年1月上旬号でも紹介されているが、監督名は大門慶光になっている。

「この名前は水の江（滝子）プロデューサーが姓名判断に凝って命名してくれて（笑）、能のことは全く知らなかったので、余計に大胆な発想で撮った記憶があります」とのことだが、ぜひ見てみたいものだ。

『囁きのジョー』に戻ると、この作品は、当時斎藤監督が六本木で友人と共同経営していて、大評判だったライブハウスに近いクラブ「セブン・ノート」に出入りしていた、ある人物がジョーのモデルになっているという。女性歌手に笠井紀美子、バンドマンのピアノを世良譲、ベースを栗田八郎、フルートを渡辺貞夫が担当して出演しているのも、当時の「セブン・ノート」の日常を反映している。

「その頃、僕の仕事を手伝ってくれていた、マキノ雅弘監督の息子の正幸さん——彼は、のちに沖縄アクターズスクールを作って、安室奈美恵の育ての親になった人物ですが——彼の母親の轟夕起子さんが亡くなり遺産が入って、六本木の俳優座の裏に、マックス・ホールというクラブを作ったんで、映画は、そこで撮ったんですよ。その店では僕は専務でしたが、やはり伝説的なクラブで、カーメン・マクレエとか、ミルヴァとか、アンディ・ウィリアムズとか、外国人タレントがコンサートを終えて、突然店に来て、舞台に立ったりする。お客さんが喜んで、それが名物になったりしていたんですよ」。

映画の後半で、ジョーは浮浪者の老人（信欣三）と知り合う。老人は生き別れになった娘の晴着をいつも後生大事に抱えているのだが、実は娘の存在自体が嘘だと分かる。「あの話は、井田探監督、高橋英樹主演の『拳銃野郎』（65）の脚本を書いた時にベースにしたもので、アクション映画の中で〝生きるための嘘を承知で、それを信じて生きる〟というテーマを描いても、あまり効果がなくて、『囁きのジョー』では、それを正面に据えたんです。換骨奪胎して、簡単には気付かれないはずですが（笑）」。

斎藤監督の〝秘密と嘘〟という主題は、のちに青春歌謡映画の傑作『小さなスナック』（68）にも瑞々しく継承されている。「僕が指向しているのはアンチ・ドラマで、ドラマが弱いと言われるのは、あたりまえなんです。ちっともドラマをやろうとしていないんです。通常の起承転結のドラマ構成をさけようとしているんです。何かそれにかわるべきもので、ドラマを表現したいと」（『世界の映画作家27 斎藤耕一・神代辰巳篇』75／キネマ旬報社刊）という監督自身の発言があるが、斎藤作品の即興演出とグラフィックな映像美は、しばしば評論家から批判の対象にもなった。いみじくも『囁きのジョー』のラストで、ジョーは「とにかく、こうでもしなきゃ始まらなかったんだよ」と呟く。「当時の松竹の製作部長が、音楽の使い方に感心して、歌謡映画を撮らせてみようということで、『思い出の指輪』(68)を皮切りに歌謡映画を撮りはじめたんです」。前述の『小さなスナック』をはじめ、『落葉とくちづけ』(69)や『海はふりむかない』(69)など、従来の歌謡映画の域を遥かに越えた青春映画の秀作が、こうして生み出されることになる。

THE SCENERY OF DEBUT WORK

Tatsumi Kumashiro 神代辰巳

33

1968年

かぶりつき人生

credit **かぶりつき人生** 日活作品

企画／大塚和　原作／田中小実昌　撮影／姫田真佐久　照明／岩木保夫　録音／太田六敏　美術／大鶴泰弘　出演／殿岡ハツエ、丹羽志津、玉村駿太郎、中台祥浩、花恵博子、名取幸政　公開／ 1968 年 4 月 13 日（94 分）　併映作／『ネオン太平記』（監督／磯見忠彦）

［神代辰巳／くましろ・たつみ］ 1927 年、佐賀県生まれ。松竹京都撮影所を経て、54 年に製作を再開した日活に移籍。主に滝沢英輔、斎藤武市監督に師事する。デビュー後、『濡れた唇』（72）『一条さゆり・濡れた欲情』（72）『恋人たちは濡れた』（73）などで注目され、以降『赫い髪の女』（79）『離婚しない女』（86）『棒の哀しみ』（94）などを監督。95 年『インモラル淫らな関係』を遺作に、1995 年、逝去。ロッテルダム国際映画祭を始め世界的な評価が高まり、その後特集上映などが行われている。

筆者が最後に神代辰巳監督の姿を見たのは、94年12月27日、第19回報知映画賞授賞式の席上だった。神代監督は『棒の哀しみ』（94）で最優秀監督賞を受賞し、当日は車椅子に乗り、酸素ボンベを携えて会場に現われた。一瞬、誰よりも早くサッと立ち上がり、雛壇に上がる監督の車椅子を支えたのは、『居酒屋ゆうれい』（94）で主演男優賞を受賞した萩原健一だった。言うまでもなく、神代監督と萩原健一は『青春の蹉跌』（74）や『もどり川』（83）『恋文』（85）などでコンビを組んだ間柄だが、その時の萩原健一の行動からは、監督の逝去後、俄《にわか》に氾濫した神代作品への安易なオマージュを遥かに上回る敬意と愛情が感じられて、間近で見た筆者は少なからず感動した。言葉よりも行為だ。

時間を遡る。筆者も、その末席に名前を連ねる報知映画賞の選考会――この賞は討議で決められる――が終了して、会食していた時、同じ選考委員の田中小実昌氏が、ふっと「神代のデビュー作は、オイラの原作だったんだよなあ」と話された。居合わせた選考委員一同は、筆者も含めて記憶の奥を探ったはずだが、そのデビュー作こそ『かぶりつき人生』（68）である。

20年近く前に一度見ただけで、記憶も曖昧になっていたが、先日、京橋のフィルムセンターで開催されている「逝ける映画人を偲んで」という特集上映の中で久々に再見することができた。〽男は男、女は女、みんなはみんな……という、けだるい主題歌と、ヒロインの洋子（殿岡ハツエ）が、物干し台の上で、昔の男（市村博）と口論するうち、ナイフで刺される場面を覚えていて懐かしかったのだが、どのカットも、それ以後作られた神代映画の、例えば『一条さゆり・濡れた欲情』（72）や『美加マドカ・指を濡らす女』（84）の名場面と二重写しに見えるような錯覚を起こさせる。それだけデビュー作から神代映画は独特のリズムを貫いていたといえるのだろう。殿岡ハツエと神代監督は、この後に結婚したが、すぐに別れたと聞く。

ほぼ丸ごと一冊、その追悼に捧げられた「季刊・映画芸術」95年夏号は、神代辰巳の人と作品への愛情に溢れた素晴らしいものだったが、脚本家の加藤正人氏による『かぶりつき人生』作品評の中、監督自身が記したシナリオの序文「ある試み」が転載されており、その全文をここでも引用したいと思う。「戦後20年、セックスは成長して来ました。この二つのセンテンスは異質のものではないはずです。民主主義について言えば、そのいいところは何か、悪いところはどこかをもう一度考えてみる時期に来ていますし、それと同じように育って来たセックスについても、いい悪いの判断を下していい時期です。そして、民主主義についても、性についても、理念や抽象的に批判するのではなく、即物的に批判しなければならないのです。わざわざ民主主義というものを例に出しました。そういう例を出さなければいけないほど、性は歪められて考えられているからです。このシナリオはその試みです」。加藤氏が書かれているように、神代監督のその姿勢は最後まで変わらなかっただろうし、『かぶりつき人生』で随所に見られる――洋子と、やはりストリッパーである母親・笑子（丹羽志津）との絶妙なかけあいや、自分を刺したチンピラと、呉越同舟《ごえつどうしゅう》になって同じ救急車で運ばれる場面などに滲む巧まざるユーモアは、全作品の中でも際立った描写だと思う。

「世界の映画作家㉗斎藤耕一・神代辰巳篇」（75／キネマ旬報社刊）によれば、助監督時代に執筆し、日本シナリオ作家協会シナリオ賞を受賞した『泥の木がじゃあめいてるんだね』（64）の企画が「やっぱりこれじゃ、通らないよ、と企画の連中にいわれて。イマヘイ（注・今村昌平）さんのエロのものまねでもしたら通るんじゃないか、みたいな言い方があって（笑）」、ということになり、母娘二代のストリッパーの物語『かぶりつき人生』をオール・ロケで撮った。が、完成した作品は「（自分で）見ていていやだったなあ。見ていられなかったですよ。やっぱり自分できざだなと思って。かなりきざなんですよ。ゴダールのまねをしたりしているところが出てくるわけですよ。そんな感じで見ていた（笑）。あれ以来自分のシャシンは初号っきり見たことないんですよ。そのいやさを味わうのが……。初号もかなりいやですがね。あらばっかり目について。あのいやらしさが何とも身にこたえているから、初号以降は見たことがないですね」という。磯見忠彦監督のデビュー作『ネオン太平記・経営学入門』（68）と二本立てで公開されたが、これが〝日活開闢《かいびゃく》〟以来の不入りで、神代監督は71年に日活がロマンポルノ路線を開始するまで、映画を撮る機会には恵まれなかった。

そして『濡れた唇』（72）や『一条さゆり・濡れた欲情』『恋人たちは濡れた』（73）『四畳半襖の裏張り』（73）などが次々に発表され、高く評価されて、神代監督はいちやく時代の寵児となる。

大島渚監督は、その著書「大島渚１９６０」（95／青土社刊）で「神代さんの場合は、神代さんという人の資質があって、むしろ神代さんの資質がロマンポルノの枠をつくったんじゃないかと思うね。だから、みんな神代さんのようにやろうと思って日活ロマンポルノをつくったんだけど、やっぱりそれぞれの監督というのは独自のテンデンシーがありますから、田中登は田中登のような、小原宏裕は小原宏裕のような、小沼勝は小沼勝のような映画をつくるわけで。ただ枠をだれがつくったかというと、神代さんがつくったんだと思う。神代さんは、ときどき自分でイライラして、その枠でないものをつくろうと思ってつくるんだけど、そういうときはおもしろくないんで。けっきょく、神代さんが素直につくったときがいちばんいいものができている」と書かれているが事実上、神代映画がロマンポルノの牽引車的存在であった。

没後に各地で散発的に上映されていたが、96年1月のロッテルダム国際映画祭での特集上映を契機に、世界的な気運が高まり、ついに「神代辰巳／女たちの讃歌」と題して、9月27日から11月12日まで、劇場公開全34作品が渋谷ユーロスペースで上映された。企画・製作したビターズ・エンド代表の定井勇二氏は今までに加藤泰や松田優作特集上映を手がけて成功したが、今回は「ニュープリントで可能な限り、昼間に見やすい形で上映したかった」と話してくれた。ビターズ・エンドが経費を負担して『一条さゆり・濡れた欲情』『恋人たちは濡れた』『四畳半襖の裏張り』『赤線玉の井・ぬけられます』(74)『赫い髪の女』(79)の5本を新たに焼き、既にニュープリントになっていたものを含めて、計12本がニュープリントで上映された。定井氏自身は『恋人たちは濡れた』が〝神代映画の原石〟として個人的にも思い入れが深く、サブプログラムで上映される『櫛の火』(75)『アフリカの光』(75)『遠い明日』(79)を「滅多に見ることができないので是非上映したかった」と、新たに神代映画を見る人々に勧めてくれた。神代監督も、撮影の姫田真佐久氏も、助監督でのちに神代映画のプロデューサーを務めた三浦朗氏も、今はこの世にないが、映画は遺されている。僕はまた見る。

THE SCENERY OF DEBUT WORK

34

Masato Hara

原将人

1968年

おかしさに彩られた悲しみのバラード

credit **おかしさに彩られた悲しみのバラード**

公開／1968年・16ミリ（13分）

［原将人／はら・まさと］ 1950年、東京都生まれ。麻布高校在学中に製作した16ミリ『おかしさに彩られた悲しみのバラード』によって、「第1回フィルム・アート・フェスティバル東京'68」のグランプリを受賞。当時のアンダーグラウンド・シネマ運動に多大なる影響を与え、以後は松本俊夫監督の助監督などを経て、70年に『自己表出史・早川義夫編』を完成。翌71年からは、北海道から日本列島を南下するロードムービー『初国知所之天皇』に着手し、途中中断をはさみ73年上映時間8～9時間を要する実験的大作を完成する。80年代は主にテレビ・ドキュメンタリーの演出に専念。93年の『百代の過客』を経て、97年にはアイドルの広末涼子を主演に初の商業映画『20世紀ノスタルジア』を発表。「はつくにしらすめらみこと」ほか著作やレコード制作も数多い。

68年、草月アートセンターが主催した、「フィルム・アート・フェスティバル 東京1968」は16ミリ作品のみを一般公募し、応募作品は74本。当時高校3年の原正孝（75年5月に将人と改名）が『おかしさに彩られた悲しみのバラード』で最優秀作品賞を受賞し、彼はいちやく時代の龍児となった。この連載でも彼と同世代の多くの映画監督たちが異口同音に〝原正孝の登場〟を原体験のひとつに挙げていることからも、いかにそれが大事件であったかが推察できる。当時中学生だった筆者から見ても、それは本当に眩しい風景だった。

大島渚監督『東京战争戦後秘話』（70）の脚本及び予告篇作りに続いて、渋谷ポーリエ・フォルトで毎週土曜日に上映された上映時間8～9時間にも及ぶ壮大な8ミリ叙事詩『初国知所之天皇』（73）の体験——このプリントは76年11月16日、火事で原将人の自宅と共に焼失したという——が筆者にもたらした影響は計り知れぬ。当時、『20世紀ノスタルジア』（97）に続く作品『20世紀ソングス』を準備中の原将人監督に、「デビュー作の風景」について、お話を伺うことができた。

「『おかしさに彩られた悲しみのバラード』は高2から高3の春休みにかけて作ったんです。（麻布高校には）映研がなかったので、友人を集めて有志で」製作した。実は前年にも8ミリ映画を、一本作っていた。「高校の学園祭が5月にあるので、春休みに撮ると学園祭で上映できるんですよ。その時の8ミリは学校をさぼって街をうろうろしている男の子の話で、マイルス・デイヴィスの

「SOMEDAY MY PRINCE WILL COME」という曲を使って、『いつか王子様が』というタイトルにしたと思います。30分位のものですが、18コマで撮って基本的にスピードが遅いんですよね。画面の質感も一寸《ちょっと》気に入らなかったし、自分で作ってってもあんまり面白くなかったんですよ。それでやっぱり16ミリで作りたいなと。その頃はみんな16ミリで作る時代になっていたんですよ」。

草月シネマテークやアメリカ文化センターなどでアメリカの実験映画が上映され、原さんもそれに通いつめていた。「普通の映画館で上映している映画も好きでしたが、ジョナス・メカスやスタン・ブラッケージやブルース・ベイリーの映画を見て、実験映画がすごく好きになって、自分でも作れるかなあと思って。日本でも大林（宣彦）さんが、『伝説の午後、いつか見たドラキュラ』（67）を作ったりしていたし」。

最初はブニュエルの『黄金時代』（30）に倣って『黄金時代・68』を撮ろうとしたが、それを解体して映画の中に組み込み、かくして、映画を作りたいのだが何を撮ったらいいのか分からない若者たちの日常を、『絞死刑』（68）や『大人は判ってくれない』（59）などへのオマージュやパロディをふんだんに持ち込んだ軽快な傑作が誕生した。12のエピソードから成るジャン＝リュック・ゴダール『女と男のいる舗道』（62）に触発され、『第1章　地獄の季節』『第2章　疎外された労働』『第3章　空虚感』『第4章　映画なんか人生じゃない』『第5章　再び疎外された労働、又は自ら売り渡した肉体』『第6章　黄金時代・68予告篇』『第7章　自己否定、又は主体を取り戻すこと』『第8章　再び自己否定、あるいはラストシーン』の8章立てで構成した。

「撮影自体は1週間。毎朝その日撮る分のシナリオを書いて撮っていました。16ミリだと直接見れるから、ビュアーが要らないわけで、とにかく3畳の部屋いっぱいに紐を張り巡らせて、それに洗濯バサミで何百というカットのフィルムを吊るして、2コマ、3コマと短くしながら編集していたんです。4月から7月まで4ヵ月位かけて、編集には夏までかかりました」。製作費は5万円。だが、当時の高校生には大金である。苦労して調達し、人に紹介された市ヶ谷の現像所へ。「僕は何も知らなくて、自分でネガを編集するんだろうなと思っていたら、こっちでやってあげるからって（笑）。高校生ということもあって、すごく安くしてくれた」。

「フィルム・アート・フェスティバル」での上映時には評判が良く、「松本俊夫さん、武満徹さん、粟津潔さん、植草甚一さん、勅使河原宏さんが審査員でしたが、受賞できるかもしれないと思ったし、授賞式には学校が（麻布で）近かったせいもあって、僕が習っていた先生たちが随分沢山見に来てくれた」。

ビートルズをはじめ既成の曲を多数使用していたので「授賞式の時に、これだと上映できないからと、武満さんから、全部（曲を）付け直してあげるって言われたんですが、断っちゃったんです。今考えると残念ですけど、その時付けてもらっていれば武満さんのバージョンができていたのに、当時はやっぱりとんがっていたからね」。賞金は20万円だった。「それで光学の録音ができたんですよ。最初は本当にお金がなかったから、磁気テープにストライプを塗り、そこに直接録音していた」。

翌年の「フィルム・アート・フェスティバル　東京1969」は、開催反対派のゲバによって中止になる。団体で押しかけた一派もあったが、この時、原さんは単身草月ホールに突入を試みた。「69年当時学生運動が一番盛り上がっていた時期で、万博の問題があり、草月のメンバーが、みんな万博に関わっていたこともあって、草月を粉砕したんです。そういう意味では僕も学生運動のシンパでしたから、やっぱり、万博はいかんのじゃないかということで（フェスティバルの）中止を求めたんです」。前年68年にはゴダールらによってカンヌ映画祭が中止に追い込まれた。激動の時代だったのである。ソ連らワルシャワ条約機構軍が、事前通告なしにチェコに侵攻、〝プラハの春〟は戦車によって踏みにじられ、パリでは左派系学生によるド・ゴール政権打倒デモが起こり、五月革命が始まった。日本でも国際反戦デーに全学連が新宿駅を占拠し、国電がストップ、学生デモに初めて騒乱罪か適用され、734人が大量検挙された。

原さんは高校卒業後、松本俊夫監督『薔薇の葬列』（69）の助監督に就く。「撮影現場を一寸見たかったんで、松本さんにお願いしたんですが、やっぱり商業映画の現場というのは、すごく時間がかかる。結局、松本さんも仕様がなくて使ってくれたんで（笑）、仕事があまりなかったんですよ。キャメラを据えてファインダーを覗かせてもらったりする程度でした（笑）。松本さんの現場で教わったのは、一度監督をした人間は助監督になるもんじゃないということで、自分は助監督の道を歩んで、商業映画を撮る道には向いていないなあと、よく分かりました（笑）」。

先日、横浜美術館で何度目かの『おかしさに彩られた悲しみのバラード』を久しぶりに見た。少年は、ああ、映画が撮りたいと眩き、家から追い出され、風に舞う1万円札を追う。ようやくフィルムを手に入れても、何を撮ればいいのか分からない。そうした切実な感情が、フィルムの彼方から、今でもこちらの胸に響く。ラストで『大人は判ってくれない』のジャン＝ピエール・レオのように海辺を走る少年は、次の瞬間、顔面にパイをぶつけられ、スタッフが画面に闖入し、たちまち劇画化される。スタッフら5人の記念写真がストップモーションになり、「1968年春、ぼくたちは映画を作りました」と、30年前の春の永遠の瞬間が、ここに捉えられている。以後、原監督の生き方＝映画をめぐる旅は、まさにここから出発する。

THE SCENERY OF DEBUT WORK

35

1969年

Akio Jissoji 実相寺昭雄

宵闇せまれば

credit **宵闇せまれば**　プロダクション断層作品

製作／淡豊昭　脚本／大島渚　撮影／町田敏行　音楽／冬木透　出演／斎藤憐、清水紘治、樋浦勉、三留由美子　公開／1969年2月15日（44分）　併映作／『新宿泥棒日記』（監督／大島渚）

[実相寺昭雄／じっそうじ・あきお]　1937年、東京生まれ、59年、早稲田大学を卒業後、ＴＢＳテレビ演出部に入社。『佐川ミツオ・ショー』（61）を皮切りに『ウルトラマン』『ウルトラセブン』などの大人気シリーズものを手掛ける。69年、自らのプロダクション断層でデビュー作を撮り、70年にはＴＢＳ退社と同時に実相寺プロを設立。以降『無常』（70）『曼陀羅』（71）『ウルトラマン』（79）ほかを発表。しばらくテレビの演出に戻るが、88年に『帝都物語』でスクリーンに返り咲いた。『ラ・ヴァルス』（90）のほか、『屋根裏の散歩者』（94）『D坂の殺人事件』（98）の江戸川乱歩ものを手掛ける。2006年、逝去。

『ウルトラマン』(66〜67)や『ウルトラセブン』(67〜68)の頃から意識はしていたものの、中学生時代に茶の間のブラウン管で『怪奇大作戦』シリーズの『恐怖の電話』(68)や『呪いの壷』(69)、特に『京都買います』(69)を目撃した時の衝撃は大きかった。やがて新宿3丁目、伊勢丹横のアートシアター新宿文化で『無常』(70)が上映され、確か成人指定だったが、仲間たちと共謀して劇場に潜入し、芸術とエロスに興奮したものだ。実相寺作品が未知の世界への扉だったので、取材で御本人にお会いしても、面映ゆい思いでいっぱいになる。44分の中篇『宵闇せまれば』(69)が劇場用映画のデビュー作になるそうだが、筆者がこの作品を初めて見たのは、公開後しばらくしてからであり、念願叶って「デビュー作の風景」を伺うことができた。

東京四谷生まれで、青島《チンタオ》や北京等で育ち「青島でドイツの飛行機映画を見た記憶がある」。親に連れられて、西部劇やチャップリン、アボット、コステロの喜劇映画などジャンルの見境いなく映画を見る。最も鮮烈に覚えているのは、アメリカ映画『ステート・フェア』(45)で「子供心にも華やかさを感じましたし、カラー映画で一番印象に残っているんじゃないかな」。

幼稚園の頃、青島で金森馨《かおる》氏と出会う。「金森さんは小学1年生。僕がひとり息子で金森家と親戚付き合いをしていて、お兄さんのような存在でした。金森さんは小学校でも絵の天才で画家になるのかなあと思っていたら、舞台美術家になって、彼の影響が一番強いですね。金森さんと出会っていなかったら、僕もこの世界に人っていなかった」。

引揚げ後、高校・大学時代は堰を切ったように映画館に通いつめる。「恥ずかしい話だが、私の青春の一時期は確実にフランス映画と共にあった。丸の内名画座、神田南明座、東洋シネマ、日活名画座、エビス本庄、人世座、等の小屋の暗闇が私の全てだった」（「闇への憧れ」77／創世記刊）。アメリカ映画や無声映画もよく見たが「（映画を）職業にしようとは思わなかった。小説家はダメだろうと思って、シナリオライター志望でした」。

家庭の事情で昼間は勤め、大学は夜間に移ったが、映画会社は夜間部の人間を採用せず、「遠縁に映画関係者がいて、その伝《つて》を頼り紹介してもらいましたが、結局ダメで」、フジテレビとTBSの試験を受ける。フジテレビは落ちてTBSに入社。同期に今野勉、村木良彦、のちに作家になった阿部昭、一期下に久世光彦氏らがいた。「テレビの揺籃期で、いろんな人間がいて面白かったですね」。『日真名氏飛び出す』などのAD（アシスタント・ディレクター）を務めた後、61年10月、日劇『佐川ミツオ・ショー』の中継番組で、一本立ちする。「中継ディレクターをやって、スタジオものをやらせるというステップがあったんですよ。中継は対象との一期一会ですからね。ドラマの場合はNGだと仕方なくやり直しますが、舞台は進行していますから、そうはいかない。ウジウジしていたらできないので、決断力や判断力を養う意味もあるけど、要領良くもなっちゃう（笑）」。

62年、初のドラマ作品『おかあさん・あなたを呼ぶ声』（大島渚脚本）を演出。今回この『あなたを呼ぶ声』や傑作『おかあさん・さらばルイジアナ』（63・田村孟脚本）を見る幸運に恵まれたが、その瑞々しい映像は『怪奇大作戦・京都買います』に優るとも劣らぬ素晴らしさだ。TBSではテレビ映画の局内制作を考え、円谷一、中川晴之助、飯島敏宏の三氏がフィルムの監督として、演出部から映画部に籍を移し、実相寺さんも映画部に転属する。日仏合作テレビ映画『スパイ・平行線の世界』（66）で円谷一監督の助監督に就いた後、『ウルトラマン』や『ウルトラセブン』『怪奇大作戦』などのテレビシリーズを演出。「中川晴之助さんと創造社の山口卓治プロデューサーが大学の同級生だった縁もあったのか、大島さんはじめ創造社の同人にテレビドラマの脚本を随分書いてもらっていたんですよ。僕の体質には、大島さんのようにアピールする主題が明確で、ロジックがあってというようなものはないし、『愛と希望の街』（59）が好きだったこともあって、よく脚本を頼みに行っていました」。

『宵闇せまれば』は、大島監督が東京12チャンネルのテレビドラマ用に書いた脚本で、「ガス栓をひねって、部屋の中の4人の学生（斎藤憐、清水紘治、樋浦勉、三留由美子）の誰が最後まで残れるかという遊びのイメージがテレビではダメだったんでしょうね。それで僕が大島さんから脚本を貰って、短篇映画でやろうかと」。プロダクション「断層」が製作になっているが、「これは僕がまだＴＢＳに在籍していたので、この映画のために作ったんです。「断」は淡豊昭プロデューサーの〝淡〟をとり、「層」は実相寺の〝相〟をとって、合わせて「断層」にしたんです。三留さんは山口卓治さんの推薦で、大島監督の『新宿泥棒日記』（69）の横山リエさんの役のオーディションで次点になった人で、その後は俳優はやってらっしゃらないようですね」。

撮影期間は約1週間。京都で栗塚旭主演の時代劇『風』（67〜68）を何本か撮り「スタッフと親しくなって、全部京都で撮りました。大道具の人にセットを10万円で作ってもらったりして、そういう迷惑をかけ、スタッフはボランティア。（東京から）呼んだ俳優さんの宿泊費と、お涙金程度のギャラで、そんなにお金はかかってないんですよ。斎藤憐さんの自由劇場とＴＢＳの演出部時代から仲が良かったので、そういうところにも甘えました」。

かくて「花が女か、男が蝶か……」の、けだるい歌声から始まるワンセットドラマは〝遊びから始まっても、遊びでなくなる瞬間がきっとくる〟危険な空間を創出する。「最初の劇場用映画だし、あんまり映像的になるのはやめようと思いました。脚本のテーマである、若者の遊びと真面目さの交錯を『ウルトラマン』を撮っている時みたいな野放図な映像で撮ると、主題が散るといけないと思って、殆どミッチェルのカメラを動かさず、据えっぱなしにして、わりと禁欲的に撮った記憶がありますね。サイズもオーソドックスなスタンダード・サイズで撮りました」。

『風』の一篇『誰がための仇討ち』(68)で1本立ちした町田敏行カメラマンが撮影し、「照明機材も京都映画が全部都合をつけてくれて、(他作品の)撮影がない時に借りてきてくれましたね。ミッチェルを使ったのは初めてでしたが、重たいカメラだし、エクレールとかアリフレックスとは大分ちがうというか、不自由で堂々とした良さがある。ちゃんと据えて、きちんと計算して撮らないとダメなんですよ」。

『宵闇せまれば』は、アートシアター新宿文化の支配人だった葛井欣士郎プロデューサーの尽力で、『新宿泥棒日記』の併映作として公開された。70年、実相寺監督はTBSを退社。同年公開された『無常』は前作の反動からか、移動撮影、広角レンズ、短いカットによるモンタージュ、遠近法を用いたグラフィックな構図と、テクニックが爆発し、キネ旬ベスト・テン第6位で、ロカルノ映画祭グランプリ受賞。テレビやビデオ、コンサートやオペラの舞台演出、小説やエッセイの執筆、イラストや本の装丁など、幅広い分野での活躍が嬉しいが、惜しくも、06年に逝去。実相寺美学は残された作品の画面の隅々に至るまで、強烈に刻印されている。

THE SCENERY OF DEBUT WORK

36

1969年

Katsu Kanai

金井勝

無人列島

credit **無人列島**　かない・ぷろだくしょん作品

脚本／金井勝、山崎佑次、富田雪　撮影／鈴木正実　美術／山崎佑次　照明／久保田照和　出演／串田和美、佐沢博、竹田都、新井純、伊東満智子　公開／1969年4月25日（56分）

[金井勝／かない・かつ]　1936年、神奈川県生まれ。60年、日本大学卒業とともに大映東京撮影所に入社し、撮影助手として高橋通夫に師事。64年退社し、フリーとして鈴木清順監督らの作品を撮影。その後、かないプロを設立。69年、デビュー作『無人列島』でスイス・ニヨン国際映画祭グランプリ受賞。続く『GOOD-BYE』（71）『王国』（73）の“微笑う銀河系”3部作を製作し、以降は主にテレビでドキュメンタリーの演出をしながら、オムニバス映画を製作し、91年にはそれらを再構成した『時が乱吹く』を劇場公開した。CM、教育映画のほか著作もある。

金井作品を最初に見たのは『GOOD-BYE』(71)だった。友人から「主人公の少年(むささび童子)が失語症でラーメンも注文できず、自分の部屋で、〝ラーメン下さい!〟と何度も訓練してラーメン屋に出かけるんだけど〝普通ですか? 大盛りですか?〟と聞かれて何も言えなくなっちゃう映画なんだよ」と教えられ、当時失語症気味だった筆者は、映画を見る前から、そのエピソードに感動していたのだ。そして実際に見て意識下の記憶の広がりが、海峡を越え朝鮮半島にまで達してしまう展開に驚愕した。続く『王国』(73)では、八王子からガラパゴス島まで映像の翼は飛翔する。デビュー作『無人列島』(69)『GOOD-BYE』『王国』の3本は『微笑《わら》う銀河系』3部作とされ、「連帯の中の個をテーマとした『無人列島』が〈人の巻〉なら、血から地へと辿る『GOOD-BYE』は〈地の巻〉なら、そしてこの時間と格闘する『王国』は当然〈天の巻〉となって、三部作で『微笑う銀河系』となる構造だ」(「微笑う銀河系」81/れんが書房新社刊)。

大傑作と呼ぶべき『時が乱吹《ふぶ》く』(91)を見た時から金井監督に取材したかったのだが、やっとこの「デビュー作の風景」でお話を伺うことができた。

「高校時代、黒澤明『羅生門』(50)を見て、見る前は芥川文学のダイジェストかなと思っていたんだけど、もうビックリしてね。映画の世界に入ろうと思ったんですよ」。60年に日大芸術学部映画学科へ入学。同学年に加藤彰、山根成之、一学年下に小沼勝がいた。「今でもそうだけど、人見知りなので監督よりはキャメラマンになろうと」相模原の自宅から江古田まで片道3時間半、往復7時間かけて通った大学でも技術コースに学ぶ。

鍋底景気真っ只中で、卒業と同時に大映東京撮影所技術部撮影課に入り、「アラン・レネ監督の日仏合作『二十四時間の情事』(59)を手がけた高橋通夫キャメラマン——子息がNHKディレクターの康夫氏であり、女優・三田佳子さんの夫君である——にすごく可愛がられ、入社して8カ月でセカンドの撮影助手になった。大映では高橋さんと小林節雄キャメラマンに交互に就き、増村(保造)監督の映画が多かったですね」。

「会社が意欲作を作らなくなり、撮影所がつまらなくなった頃に、『二十四時間の情事』のチーフ助監督を務めた白井更生から、ふたりで会社を飛び出して、独立プロを作ろうと誘われて」、64年12月に大映を退社。白井監督とは『ヒロシマ一九六六』(66)を製作するが、その間ピンク映画初期の傑作、新藤孝衛監督『雪の涯て』(65)の撮影を勝目勝の名義で担当するなど、キャメラマンとして10本近く仕事をする。この頃、黒木和雄監督『とべない沈黙』(66)を見て、「飛ぶ蝶をぶれずに追う鈴木達夫のキャメラを見て、〝これはすごい!〟とショックを受けてね。それまでは宮川一夫さんのキャメラに代表されるようなカッチリとした画が本流だったのが、こういう肉体的なセンスを持ったキャメラマンにはかなわないと思って、やっぱり監督になりたいと考えはじめたんだよ」。

　CMのキャメラで貯めた300万円の製作費で作られた『無人列島』は、「山崎佑次が夢で見た〝尼に鞭打たれて螺旋階段を登る〟というイメージと、ぼくの怨みの記憶とを絡ませて創り上げた」（「微笑う銀河系」より）。

『無人列島』は奇怪な幻想映画である。畸形児の日出国（串田和美）は、雪深い山中の修道院で折檻され、背中に瘤のような赤児ができてしまう。それは日出国の背中につながって離れず、子供が成長すると自ら殺してしまう。彼は殺した息子と同じ痣を持つ夫婦を襲い、妻を犯すと彼女は畸形児を生む。漆黒の空間で尼僧たちは踊り狂い、異様な結末を迎える。撮影期間は約1カ月。公開当時は、カワレロウィッチ『尼僧ヨアンナ』（61）とのイメージの共通性が指摘されたりもしたが、「むしろブニュエル『糧なき土地』（31）からの影響が大きかった」。国会議事堂前での対決の場面など、どうやって撮ったのかと息をのむカットも数多いが、「あの時の撮影は本当に大変だった。今はもう体力的にも撮れないなあと思うよ」。「自分が撮ったのではなく、時代が撮らせている」という金井監督の言葉から、僕は『微笑う銀河系』の中の「映画をつくるのは作者＝監督なんかじゃありませんヨ、もしそんなものなら、タカダカ人間の限界で留って終ってしまうシロモノでしかありはせんのだ。やつがれのシネマは監督とその魔《デモン》と、各スタッフとその魔との乱交の果てに生れるのだヨ。そして、あの神の胆、それに金玉までもスリとる超人の域へ!! これをやつがれ映画《シネマ》と呼ぶ！ もう我等の精神と技術はその辺りまで完成しつつあるのであるゾ……！」という一節を思い出した。大映を辞めて、『無人列島』の脚本を共同執筆した山崎佑次らと「映像表現の会」を結成し、代々木小劇場を拠点に金井さんはシネクラブ活動を開始したが、ここで上映された小川紳介監督『圧殺の森』（67）のパンフに書かれた「ぼく等の第一回作品――紅顔なる畸形児の自叙伝。巨人族《タイタン》との間に交わされたマゾ伝説。叛逆児に対するサド世界。時間と魂についての大演説会。隣国と大国との争いのドサクサに美女に化けた狐の昔噺。そして、1945年から70年代に向う、これ等全てのブカッコウに編上げられたコブだらけの縄《ロープ》。ねずみの嫁入り状の空間論」は、かくしてフィルムの形でこの世に送り出された。

67年に日活を解雇され裁判闘争に発展した〝鈴木清順問題共闘会議〟に関わった縁で、フランス映画社の柴田駿氏と知り合い、彼を通じてスイスのニヨン国際映画祭に出品された『無人列島』はグランプリを受賞する。ヨーロッパでの金井作品の評価は高く、マックス・テシエは日本を代表する10人の映画作家のひとりに金井監督を選ぶ。「『無人列島』を撮り終えた時点で三部作にしようと思った。製作費等の問題を含めた様々な処で、自分等の力の無さを痛い程知らされたぼくは、続け様にあと2本の映画を創って、それ等がそれぞれの間にある一定の角度を保つ独立した作品でありながら、且つ合体した時には壮大な一本の映画にもなり得るような3本の映画をと考えたのである」（「微笑う銀河系」より）。こうして『GOOD-BYE』『王国』が作られ、70年代の自主映画界を震撼させた。「今将ニ逝カムトスル夢野久作氏ニ是ヲ捧グ」と冒頭に掲げられ、76年11月に脱稿されたシナリオ「ドリーム・ドキュメント／城門の蟹」が製作に至らなかったのは、日本映画界の大きな損失と言わざるをえないが、その後、『夢、走る』（87）『一本勝負の螽蟖』（88）、『ジョーの詩が聴こえる』（89）の3本をオムニバス形式で再構成し、〝短歌（か）、俳句（く）、詩（し）シネマ〟として、『時が乱吹《ふぶ》く』を完成。『ゲバルトピア』（75）の作者として知られ、急逝した友人・城之内元晴への鎮魂歌でもある。この作品は、6年がかりで製作されたビデオ作品『聖なる劇場』（98）と共に、個人の徹底した映像へのこだわりが同時に現実への強烈な起爆力たりうることを鮮やかに証明している。

98年秋、横浜美術館で、寺山修司『檻囚』（64）、奥村昭夫『猶予もしくは影を撫でる男』（67）、城之内元晴『ヴォルス』（69）と共に、『無人列島』を久しぶりに見た。遥か60年代末からの挑発は今でも色褪せず、弛緩した現実を撃ち哄笑してやまない。

THE SCENERY OF DEBUT WORK

37

Makoto Naito **内藤誠**

1969年

不良番長・送り狼

credit **不良番長・送り狼**　東映東京作品

企画／吉田達、矢部恒　脚本／松本功、山本英明　撮影／星島一郎　録音／小松忠之　照明／元持秀雄　音楽／八木正生　出演／梅宮辰夫、谷隼人、小松政夫、山城新伍、菅原文太、団巌、鈴木やすし、丹下キヨ子、赤座美代子　公開／1969年7月31日（91分）　併映作／『日本女侠伝・侠客芸者』（監督／山下耕作）

［内藤誠／ないとう・まこと］　1936年、愛知県生まれ。早稲田大学卒業後、東映東京撮影所に入社。主に石井輝男、深作欣二監督に就き、69年に監督デビュー。続く5本の『不良番長』シリーズ、『夜のならず者』（72）『番格ロック』（73）などで当時の若者から熱狂的に迎えられる。以降『時の娘』（80）『俗物図鑑』（82）『スタア』（86）などを監督するほか、『幻魔大戦』（82）『廃市』（84）『女豹』（85）などの映画・テレビの脚本も多数担当。「昭和の映画少年」（秀英書房刊）「快楽亭ブラック」（講談社刊）ほか著作・翻訳書も多い。

45年前というから半世紀近く前になるか。当時「キネマ旬報」の読者だった筆者は〈愛読者ベスト・テン〉に投稿し、それが採用され、73年度決算号に掲載された。日本映画の第1位に、内藤誠監督『ネオンくらげ』を、第5位に、同監督『番格ロック』を挙げた。若気の至りだとは思わない。76年版「日本映画監督全集」(キネマ旬報社刊)の内藤監督の項目に、竹中労氏は「(略)荒唐無稽、奇想天外、出でてますますアナーキーな作品群を連発、ビートルズ世代の映画ファンをとりこにした。73年『番格ロック』において、その目ざした路線は最高潮に達したといえよう。大和屋竺のシナリオを得て、まれに見る傑作を彼は撮り上げ、映画青年たちの中にはベスト・ワンにこの作品を推すものが多かった」と書かれていたが、あの頃の筆者は(ひょっとしたら今でも)映画青年だったんだなあ。

この頃、友人の尾形敏朗氏から電話があり、「今、飲み屋で内藤監督と一緒なんだよ」と突然言われ、御本人が電話口に出て「内藤です」の声には驚いた。その時、こちらが何を話したのかは全然記憶にない。実際にお会いするのは、ずっと後になるのだが、『不良番長』シリーズの熱烈なファンであり、70年代前半の内藤作品――ことに『ネオンくらげ』や『番格ロック』を繰り返し劇場で見ていた筆者には、内藤監督はアイドルであり、ひどく嬉しかったのを覚えている。尾形氏よ、あの時は電話を取り次いでくれて、ありがとう。

そして、デビュー作『不良番長・送り狼』（69）に至る風景を、内藤監督自身から伺えるのは、映画青年冥利に尽きるというものだ。内藤監督は当時の日記を携えて記憶を掘り起こしながら話し始めて下さった。

「高校時代から映画はよく見ていて、大学2年の後半から映画の仕事をやりたいと思っていたんです。同級生に『酔いどれ天使』（48）の伊藤武夫キャメラマンの息子がいたので、伊藤さんを訪ねて話を聞いたりして、いろいろ努力してたんですよ」。

大学に非常勤で教えに来ていた明治文学研究家の木村毅氏に可愛がられ、その下でアルバイトをした時、映画評論家の岩崎昶氏を紹介される。岩崎氏に「業界の事は何も知らないんですが、どこに行ったらいいんですか」と聞くと、「そりゃあ、君、『米』や『純愛物語』（57）の東映だよ。絶対そこに行きなさい」と勧められる。

「とにかく、僕の場合、映画会社だったら、どこでも良かったんだね、ホントに。映画会社に行けないんだったら、大学院に行って、翌年入ろうと思ったほど。実際、東映の先輩には大学院に行ってから、翌年東映に入社した人がいて、『どろ犬』（64）や『高原に列車が走った』（84）の佐伯孚治監督がそうですよ」。

「東映しか入社試験は受けなかった」熱意が報われて、59年4月、東映東京撮影所に助監督として入社。劇場への研修後、家城巳代治監督『素晴らしき娘たち』（59）に途中から就く。「初日は何も知らないから、背広にネクタイをして行った（笑）。川島雄三に憧れていたからね」。川島監督は撮影現場ではダンディーな人物として有名だった。「映画界は封建的で恐い所だと世間で言われていたけど、家城監督は紳士だし、チーフは太田浩児、セカンドは降旗康男、サードは神波史男と、超弩級の優しい人ばかりで、入ったばかりの僕にも、〝こういうのは若い人としてどう思いますか〟と聞くんだよ。すごいよ（笑）」。

主に石井輝男、マキノ雅弘、深作欣二監督作品に就く。深作監督『誇り高き挑戦』（62）では「セカンドながら脚本作りにも参加させてもらって楽しかったし、主題歌も僕が作詞した。G.I.の青年がアレン・ギンズバーグの詩を酔って眩く場面では僕が詩を訳したけど、あれは本邦最初のギンズバーグの訳じゃないかな」。

初めてのチーフ作品は、石井輝男監督『網走番外地』（65）。セカンドは伊藤俊也、サードは小平裕。マキノ監督の『侠骨一代』（67）や『昭和残侠伝』シリーズなどにも就き、「明けても暮れても健さんの映画をやっていた時期がありましたね。ただマキノさんにB班をやらせてもらって、いいことか悪いことか分からないけど、一応健さんを撮るわけじゃないですか。巨匠の代りに健さんを撮っていたから、自分が監督した時に、全然あがらなかった。すれっからしというか、へんな緊張感がなくて、それは有難いことだったですけどね」。

助監督会で出していた同人誌に多くのオリジナル・シナリオを書き、「オリジナルで自分の映画を撮りたいなあと思っていましたよ」。そろそろ監督の順番が回ってくる頃、野田幸男監督『不良番長』（68）の準備を早くから手伝う。後年、この企画は最初、井上梅次監督の予定だったと聞くが、当時は知らなかった。矢部恒、吉田達の両プロデューサーが、新人でやりたいと言い、野田監督に回ってきたのだ。岡田茂社長は、マーロン・ブランド主演『乱暴者《あばれもの》』（53）のヒットを念頭に置いた上で、ロジャー・コーマン製作『ワイルド・エンジェル』（66）の線でやれということで企画を出発させたらしい。「野田さんと一緒にヒッピーやサイケやバイクの勉強をしましたよ。ふたりで後楽園シネマに『ワイルド・エンジェル』と、ドン・シーゲル監督『刑事マディガン』（67）の二本立てを見に行ったりした。今考えれば、豪華なプログラムだよね（笑）」。

『不良番長』はシリアスな出来栄えだったが、シリーズ化されて、4作目の『送り狼』で監督デビューする。「せっかく一所懸命にオリジナルを書いたのに俺の脚本は通らないのかと、一寸ガッカリしたね。考えあぐねて、深作さんや伊藤俊也に、どうしようかなと相談してるけど、みんな、とにかくやった方がいいと言ってくれた。これはもう冗談にしてもパロディにしても、何をやっても大丈夫だという感じがあったしね。岡田（茂）さんには〝映像で撮るなよ、芝居でつなげ〟と何度も言われてる。何故かというと、もうヌーヴェル・ヴァーグが入ってきてたし、ゴダールも人気があって、僕は当時、リチャード・レスターの映画が好きだったから、チーフをやっていても、これはレンズは何ミリにした方がいいとか、ここは望遠（レンズ）で撮りましょうとか、よく言うタイプだったんだろうね。京都から山城新伍を呼んだりして、コメディ・タッチでいくしかないと、そういう意味では、もう乗りかかった舟だと十分納得していたのは事実だよね」。完成直後、試写を見た岡田社長から「全体としては上の出来」という手紙が速達で届く。

以後、梅宮辰夫率いるカポネ団の面々のスラップスティックかつアナーキーな活躍はエスカレートし、内藤監督のシリーズ第12作『手八丁口八丁』（71）は、日本喜劇映画史上燦然と輝く傑作だと、当時興奮したのを記憶している。

近年は「映画百年の事件簿」（95／角川文庫）、「シネマと銃口と怪人」（97／平凡社刊）「偏屈系映画図鑑」（11／キネマ旬報社刊）などの著作や、「サローヤン伝説」（97／共訳／ワールドマガジン社刊）の翻訳など、精力的な執筆活動が続くが、『明日泣く』（11）や『酒中日記』（15）などの監督作も発表。ビートルズ世代の僕には、内藤監督は、今でもアイドルだ。

第5章 五社体制が崩壊しはじめて

70年代

助監督経験を経て、大手映画会社からデビューするという形が、映画会社の体制が変化することにより、崩壊しはじめた時期であり、70年代は、その過渡期で、日活ロマンポルノやピンク映画の世界から、のちの日本映画を支える有能な人材が輩出してきた。自主映画から商業映画にデビューするケースも増え、そうした強力なメンバーが、あたかも〝水滸伝〟のように、80年代にデビューする監督と共に、ディレクターズカンパニーに合流する。

THE SCENERY OF DEBUT WORK
38
1970年

澤田幸弘 Yukihiro Sawada

斬り込み

credit **斬り込み** 日活映画製作

企画／園田郁毅、藤浪浩　脚本／永原秀一　撮影／高村倉太郎　照明／熊谷秀夫　編集／鈴木晄　音楽／小杉太一郎　出演／渡哲也、郷鍈治、扇ひろ子、藤竜也、沖雅也、岡崎二朗、藤健次、青木伸子、大浜詩郎、杉良太郎　公開／1970年3月7日（88分）
併映作／『あばれ丁半』（監督／江崎実生）

［澤田幸弘／さわだ・ゆきひろ］ 1933年、神奈川県生まれ。中央大学卒業後、日活に入社。助監督として鈴木清順監督や斎藤武市監督などに師事する。70年の監督デビューと同時に日活ニュー・アクションの旗手と目され、『反逆のメロディー』（70）『関東幹部会』（71）を連発。以降『高校大パニック』（78／石井聰亙と共同監督）『俺達に墓はない』（79）『撃てばかげろう』（93）等のアクションから、『あばよダチ公』（74）『仔鹿物語』（91）等の児童ものまで幅広く手掛け、TV作品も『太陽にほえろ』『西部警察』ほか多数。

60年代後半から71年9月のダイニチ映配崩壊まで製作された「日活ニュー・アクション」は、「ぴあシネマクラブ94年版」では「それまで日活にあった不良少年ものや青春映画ものの流れが、いきなりアクションの場に転じていったものと言える。裕次郎や小林旭のような虚構のヒーロー像ではなく、身近な主人公たちがアクションの場にかり出されていく姿。行動や思想の飛躍よりも、人間的生々しさをもつこれらの映画の主人公たちは、時にはカッコ悪く戦い惨殺され、時にはカッコ悪く恋を失う。その彼らの姿に、60年代末から70年代初頭の若者は、自分たちの青春像を見たのだ」と解説されているが、渡辺武信氏「日活アクションの華麗な世界㊦」(82/未来社刊)では、より明確に「日活アクションの初心である〝個〟の神話の鮮明な確認」と記され、その特徴が要約されている。筆者も当時、番組が替るごとに、日活→ダイニチ映配系の劇場に、胸躍らせて通った記憶がある。〝日活ニュー・アクション〟という呼称自体、「キネマ旬報」71年1月上旬号の渡辺信氏の投稿「日活ニュー・アクションの源流と論理」で命名されたものであり、中でも集団抗争劇として、ひときわ強烈な印象だったのが、澤田幸弘監督のデビュー作『斬り込み』(70)であり、長谷部安春監督『流血の抗争』(71)、小澤啓一監督『関東破門状』(71)などの傑作群だった。『斬り込み』は名画座まで追いかけて何度も何度も見た。澤田監督に当時のお話を伺えるのは望外の幸福というものだが、まずは映画界入りの頃の話から——。

それまでは西部劇や『ターザン』を見て映画に親しんではいたが、高校生時代にジャック・フェデー監督のフランス映画『外人部隊』（33）を見て強く影響される。高校卒業後は銀行に就職するが、「どうもなじめず、進路を見直すために」辞めて、中央大学経済学部に進学。大学時代は児童劇団の裏方に従事し、卒業後は日活に助監督として入社。同期は、小澤啓一、林功、根本悌二、武田靖らの諸氏。入社直後、どの監督に就くかは、あみだくじで決められた。「僕らの運命はあみだで決まったんですよ」。その結果、阿部豊監督『色ざんげ』（55）に途中から就き、正式に助監督で就いたのは、鈴木清太郎（58年に清順と改名）監督の第2作『海の純情』（56）が最初だった。鈴木清順、斎藤武市、小杉勇監督作品に主に就き、同期の小澤監督のデビュー作『大幹部・無頼』（68）が初チーフ。「小澤とは、とても仲が良かったので、彼がデビューするのならと、全然こだわりなく、助監督として協力したんですよ」。

監督昇進の話が出て、会社側からは別の企画を提示されるが、かねてから暖めていた『斬り込み』の原型というべき作品にこだわる。「関西の暴力団が、相手の組の縄張《シマ》にチンピラを送り込み、抗争を起こさせて殺させる。その葬式を出す名目で（相手側に）乗り込むという実話を元に『斬り込み』のプロットを考えていたんですよ。渡（哲也）さんとは以前から仕事を一緒にしていましたし、1本目はどうしても渡さん主演で、その話を撮りたいと思っていました」。蔵原惟二（チーフ）、伊地智啓（セカンド）、岡田裕（サード）という今から見れば錚々たる助監督チームと共に準備稿以前の脚本を作って、企画の園田郁毅氏に提出。勿論、渡さんは全篇出ずっぱりの話だったが、連続TVドラマの撮影と重なり、彼は1週間しか『斬り込み』に参加できなくなった。「そうした状況を考慮して、永原（秀一）さんに来てもらったんです。彼が、ああいうまとめ方をしてくれて、脚本が完成したんですよ」。

こうして、主演は渡さんではあるが、彼の出番は短く、郷鍈治、藤竜也、岡崎二朗、沖雅也、藤健次らの群像劇へと『斬り込み』は変貌する。大組織・関東連合会の傘下に入ることで、結局は自分たちの組にも裏切られ自滅していくチンピラたちの凄絶な物語が誕生したが、出番が短いとはいえ、渡さんの出演場面は、すこぶるカッコイイ。チンピラたちが連合会の会長を暗殺するのを阻止するため、彼——庄司新（渡哲也）は闇の中から現われ、ドスを渡り廊下の軒に突き立て、それがビーンと震えるうちに姿を消す。庄司もまた、かつて連合会に潰された組の幹部であり、「死体に湧いたウジだって、時がたてばハエになる。今頃は怨み声をあげて、どこかを飛んでいるだろうよ」という眩きが忘れ難い。それだけに、藤健次→岡崎二朗→沖雅也の順で消されていくチンピラたちの悲劇が胸に迫る。

撮影日数は約25日。冬場を中心に撮影し、完成後すぐ、70年3月に公開された。「渡さんが白い息を消すために、氷を口に含んでいましたからね」。川崎を中心に撮影したが、渡哲也、郷瑛治、藤竜也がラストで殴り込みをかける川崎の寺では、乱闘場面が撮れず一部は世田谷区烏山の寺で撮り、一部はセットという具合に組み合わせて撮った。「ファーストシーンは空撮から始まるので、最後も空撮で終りたかった。烏山で空撮をすると、周囲が住宅街だというのがバレますから、また川崎の寺につながるんですが、今思えば贅沢な撮影でしたね」。

『斬り込み』をデビュー作に選んだ、そのこだわりを、さらに伺ってみた。「最初からチンピラものをやりたかったんです。それまでの日活映画は、幹部連中のヤクザの話が中心でしたが、もっと底辺の連中の話を撮りたかった。要するに、幹部は出鱈目ができないでしょ。兄貴分の命令には逆らえずに、鉄砲玉になって、ひとりずつ散っていくけれど、それでもチンピラの方が自由奔放で面白いじゃないですか、青春はチンピラでしょ。青春を撮りたかった」。助監督チームを含めて、スタッフにも恵まれた。会社とも相談して、撮影は、川島雄三監督『幕末太陽傳』(57)や、浦山桐郎監督『非行少女』(63)などを手がけたベテラン高村倉太郎氏に担当してもらった。「こう撮りたいと相談して、確実に、こちらの狙いを映像に変えて出してもらいましたからね。本当にいいスタッフでした」。

「澤田幸弘は、決して様式美にこだわらない。暴力団のヒエラルキーのなかで、下層から、何よりもまず下層から血しぶきがあがらざるをえない所以を冷徹に描き進める。そして底辺から奔流する血の上昇運動は、義理と人情なる、東映からの輸入イデオロギーとも無縁なのだ」（「キネマ旬報」70年4月下旬号／松田政男）と公開時の批評も良く、会社からの評価も「まあまあ」で、すぐに第2作目『反逆のメロディー』（70）の準備に入る。サングラスにジーパン姿のアウトロー原田芳雄を主人公にしたこの作品で、澤田監督は、いちやく注目された。キネマ旬報ベスト・テンでは、『斬り込み』は、斉藤正治氏が7点（第4位）、山田宏一氏が7点（第4位）の票を投じて、第30位にランクされたが、よりアナーキーな『反逆のメロディー』は、第23位だった。どちらも筆者は大好きな映画だが、それでも僅かに『斬り込み』に肩入れしたくなるのは、チンピラたちに世話になった郷田組長（中村竹弥）の殺しを命令せざるをえなくなった郷鍈治が、妻（扇ひろ子）に、「お前、郷田の御隠居が好きか……、俺は好きだ」と眩く場面があるからだ。夭逝した、この異能の俳優・郷鍈治の代表作の1本としても『斬り込み』は十分すぎるほどの輝きを放っている。

THE SCENERY OF DEBUT WORK

39

1970年

Katsumune Ishida 石田勝心

頑張れ！日本男児

credit **頑張れ！日本男児** 東宝映画作品

製作／金子正且　原作／野坂昭如　脚色／白坂依志夫　撮影／志賀邦一　出演／藤岡琢也、白川由美、小沢昭一、春川ますみ　公開／ 1970 年 5 月 23 日（83 分）　併映作／『野獣都市』（監督／福田純）

［石田勝心／いしだ・かつむね］ 1932 年、東京都生まれ。東京芸大卒業後、東宝撮影所に入社。製作係を経て助監督に。主に成瀬巳喜男監督に師事。69 年に監督昇進後同社を離れ、『頑張れ！日本男児』でデビュー。その後数々のサラリーマン喜劇や、『父ちゃんのポーが聞こえる』（71）『風は知らない』（80）などの異色作、『白熱／デッドヒート』（77）『はだかの天使』（81）などを発表。テレビ作品では『ジキルとハイド』（73）『無実の証明』（88）『ガラスの絆』（89）『傷だらけの旅路』（91）『家族の条件』（96）など代表作多数。2012 年、逝去。

60年代半ばから70年代にかけて製作された野坂昭如氏原作の映画は、今村昌平監督『〝エロ事師たち〟より・人類学入門』（66）や、三隅研次監督『とむらい師たち』（68）、千野皓司監督『極道ペテン師』（68／原作「ゲリラの群れ」）、坪島孝監督『喜劇・負けてたまるか！』（70／原作「水虫魂」）、増村保造監督『遊び』（71／原作「心中弁天島」）など秀作や佳作が目白押しだが、直木賞受賞作『アメリカひじき』を原作にした石田勝心監督のデビュー作『頑張れ！日本男児』（70）も忘れ難い作品だった。

CM製作会社を経営する主人公（藤岡琢也）は、終戦の翌日、米軍から支給された紅茶のティーバッグをひじきと間違え、鍋でグツグツ煮て食べた、切なくもほろ苦い過去を持つ。それがアメリカ人老夫婦のホームステイを契機に、コンプレックスとして甦り、「アメ公の顔を見てると無性にサービスしたくなる」というセリフに笑わされ、ホロリとさせられる。

石田監督自身、集団疎開や空襲を経験した世代で、東京芸大に進学。マイヨールの弟子であった山本豊一教授に粘土の塑像を学び、彫刻家になろうと思ったが、「旧制高校時代から、アメリカやフランス、イギリス、イタリアの映画を見始め、やっぱり映画の道へ行こうかと」。

就職難の時代で、松竹や日活は助監督の公募もなく「高校の同級生から評論家の佐々木能理男さんが東宝でシナリオ教室をやっていて、そこへ通えば撮影所の受験資格が貰えると教えられ、強引に顔を出したりしました」。

結局、編集志望のルートで入社するが、「まず研修で3カ月間、経理や資材など事務の仕事に回されて、いよいよ現場に出る時、ここで粘らないとダメだ、最後のチャンスだと思って、製作部長に〝とにかく助監督にしてくれ〟と言って、（助監督に）なったんです。タイムレコーダーのカードを見ると、僕は〝い〟だから同期のトップにいなきゃいけないのに、一番下の〝渡辺〟の下でしたから、やっぱり俺は番外地かと（笑）。これはよっぽど頑張らないとサードのうちに振り落とされちゃうなあと思いました」。

同期には出目昌伸、大森健次郎、吉松安弘らがいた。

最初に成瀬巳喜男監督『裸の大将』に製作係として就く。「隅田川に花火の実景を撮りに行ったり、演技課に小林桂樹さんを呼びに行ったりしましたが、山下清さんの絵を何百枚かステージに運んで撮った後の初期の段階で中止」、堀川弘通監督が引き継いで完成させる（58）。「完成作品はシネスコで、成瀬組の時に花火をスタンダードで撮ったから、丸い花火がこう伸びて写ってる（笑）。同じ会社ですし、堀川さんがお使いになっている」。

助監督として最初に就いたのは、マキノ雅弘監督『一本刀土俵入』（57）。稲垣浩、斎藤寅次郎、川島雄三、岡本喜八監督作品などにも就くが、成瀬監督には『杏っ子』（58）から遺作『乱れ雲』

（67）まで就いた。

「成瀬さんの現場は静かで淡々としていて、最初は何と当たり前の撮り方をする人かと。水際でクレーンを振り回すようなカッコいいところが全然なくて、あまり感心もせずに就いていたんですが、オールラッシュの一歩手前のセミオールラッシュを見て、このシナリオがこういう風に出来上がるのかと非常に感心しました。ひとつひとつのカットは平凡でも、それが積み重なって、作り方全体に押されるという感じなんですよ」。

初めてのチーフに昇格した作品は松林宗恵監督『社長千一夜』（67）。その後、助監督のシナリオ誌にマルセル・エーメ「壁抜け男」をヒントにしたコメディ『怪人赤マント伝』を発表し、「これがわりと評判が良くて、撮影所長に呼ばれ」、監督デビューへの道につながる。「1本目は原作もので公園の覗きのプロの話が来て、それをやるつもりでいたらダメになり、2本目は東京映画で北大路欣也さんの主演作をやるかと言われ、それもダメになり、そのうち今、新人監督を出すよりも、丸山誠治監督『日本海大海戦』（69）を劇場へ出す方が大事なんだ、お前チーフをやれと言われて、それで助監督に逆戻り。それを終えてから、また製作部長に呼ばれ、〝お前、野坂昭如をやるか？〟〝絶対にやります〟って（笑）」。

白坂依志夫氏の準備稿は既に出来ていたが、この時は『東京国際空港』という題名だった。「それから『頑張れ！日本男児』というタイトルになったけど、劇場《コヤ》へ行ったら何でこんなタイトルをつけたんだって言われて、あれは俺がつけたんじゃないって。当時は二本立ての添え物でしたから、そういう細かい配慮はないわけです」。

石田監督の持参された当時の撮影用シナリオには、絵コンテが細かく描きこまれていた。「カット数は全部で400カットいってません。意識して長めに撮らないと失敗すると思ったのを今でも覚えています」。

それはどうしてだろうか？

「例えばジョン・フォード作品でも最盛期の頃、1本ごとにつまらなかったり良かったりするのが不思議でね。小説家でも絵描きでも彫刻家でも、あるレベルまでいったら、そんなに愚作は作らない。映画はなぜこんなに波があるのか、ずっと疑問だったんです。それで川島雄三監督『接吻泥棒』（60）に就いた時、たまたま撮休日で、成瀬組の『娘・妻・母』（60年）の予定表を見たらセットに入っていて、挨拶に行ったんです。それで僕が行ってからテストを2回して本番。結髪の中尾（さかえ）さんが一緒に見ていて、僕はその本番はダメだと思って、中尾さんに〝これ、NGだよ〟と言うと、〝何でNGなの。ちゃんとセリフを言ってるじゃないの〟〝いや、NGだよ〟と。成瀬さんがよく考えて〝もう1回行こう〟（笑）。テストに比べて何となくカットが死んでいる感じがしたんです。本番では俳優さんが守りに入って、ミスを出さない方向で、前へ出て来る感じがなかった。セットを出てから、ああ、ひとりの巨匠が傑作を作ったり駄作を作ったりするのは、こういう事の積み重ねかなと考えたわけです」。そのワンカットがOKかNGかという判断が、自分ではなかなかつかないとして、「それを補い、もしも判断がつかないとしたら、カットのスピードを落とさないのが安全策ではないか。幸いシネマスコープでもあるし、ひとりよりもふたりが入っているカットの方が安定するんですよ。それで1本目はワンカットで撮れるところは、なるべく長めに撮ってスピードを出していこうと考えて、カット数が少ないんですよ」。

原作者の野坂昭如氏も歌手役で出演。藤岡琢也や小沢昭一、白川由美らの快演もあって、キネマ旬報ベスト・テンでは第20位にランクされる。

「〝僕は普段自分の出た映画を見ようとは思わないけど、これは見たいと思います〟って、小沢さんが、わざわざ言ってくれました」。

コメディのみならず、難病ものの傑作『父ちゃんのポーが聞こえる』（71）やサラリーマン喜劇の佳作『昭和ひとけた社長対ふたけた社員』（71）、パニック映画の快作『東京湾炎上』（75）など幅広いジャンルで確かな演出力を見せてくれた。石田作品を今こそまとめて見直したい衝動にかられる。

THE SCENERY OF DEBUT WORK

40

1970年

Tsugunobu Kotani

小谷承靖

俺の空だぜ！若大将

credit **俺の空だぜ！若大将** 東宝映画作品

製作／藤本真澄、安武龍　脚本／田波靖男　撮影／蓬沢譲　美術／薩谷和夫　録音／原島俊男　照明／比留川大助　音楽／広瀬健次郎　出演／加山雄三、飯田蝶子、有島一郎、江原達怡、中真千子、酒井和歌子、田中邦衛　公開／1970年8月14日（87分）併映作／『バツグン女子高校生・16才は感じちゃう』（監督／松森健）

［小谷承靖／こたに・つぐのぶ］ 1935年、東京都生まれ。幼少時は鳥取県倉吉市に戦時疎開し、60年東京大学文学部卒業とともに、東宝撮影所に入社。助監督を経て70年監督デビューし、以降文中作以外では『ザ・ゴキブリ』（73）『がんばれ！若大将』（75）『ピンク・レディーの活動大写真』（78）『潮騒』（85）などを発表。73年の日米合作ミュージカル『マルコ』をきっかけにして、『BERMUDADEPTH』（77）『BUSHIDO BLADE』（78）ほか数篇の米テレビ映画も手掛け、国内でも『私鉄沿線97分署』（85）『NEW ジャングル』（88）『はみだし弁護士』（95）などの、人気ドラマを演出する。

61年から71年まで東宝で計17本製作された『若大将』シリーズは、老舗のすきやき屋・田能久の息子で田沼雄一（加山雄三）こと若大将が、毎回様々なスポーツに挑み、ヒロイン（11作目までは澄子＝星由里子、12作目からは節子＝酒井和歌子）をめぐって、ライバル青大将（田中邦衛）と対決するが、最後はハッピーエンドに至るという明朗青春映画で、小学生時代から若大将映画のファンだった筆者は、こうした設定を刷り込まれてしまったほどだ。有島一郎、飯田蝶子、中真千子、江原達怡らレギュラー陣の魅力に加え、若大将が歌う「君といつまでも」や「夜空を仰いで」などのヒット曲は一世を風靡した。こう書いていても、懐かしくて泣けてくる。

小谷承靖監督は、シリーズ第16作『俺の空だぜ！若大将』（70）でデビューしたが、冒頭には『GET YOUR SKY, YOUNG GUY』という題名が出て、ラストでも滑走路にはＥＮＤと記してある。これは中学時代から洋画に熱中していた影響なのかどうか、そのあたりから小谷監督に伺ってみた。

「英語で題名を出すのは当時の流行でしたからね。高校を卒業するまで鳥取県倉吉にいましたが、チャップリンの『黄金狂時代』（25）や『荒野の決闘』（46）『赤い靴』（48）など手当たりしだいに洋画は見ていました」。大学時代はフランスのヌーヴェル・ヴァーグ全盛期で、ゴダール『勝手にしやがれ』（59）の影響もあり「大学では映画美学の講座をとり、他の課目でいい成績がとれず、それだけ優を貰ったこともあります。今とはまたちがう意味で就職難の時代でしたが、60年4月に東宝の試験を受けて入社し、採用された者の中から現場に行きたい者を集めて助監督試験があり、秋に待望の助監督になりました」。同期入社は河崎義祐。「彼は最初宣伝部にいて、助監督になったのは2、3年遅かったはずです」。

助監督として最初に就いたのは、稲垣浩監督『ゲンと不動明王』(61)。以後、成瀬巳喜男、川島雄三、千葉泰樹、堀川弘通、須川栄三、恩地日出夫監督作品などに就く。64年、東宝がヨーロッパ・ロケ作品を3本企画し、「当時50~60人いた助監督の中から、ひとり先乗りしてメニューぐらい読めるようになっておけという公募があり、ずっとカチンコばかりだったので、いい機会だから行ってみたいと思い、応募したら選ばれてパリに行ったんです」。仏文卒業だったが、フランス語は全然出来なかったので、語学の勉強に励むが、幸か不幸か、映画の企画がポシャり、半年間カンヌ映画祭に行ったりシネマテークに通って映画の勉強ができました(笑)」。パリ滞在の経験は監督になってからの作品にも強く影響したそうだが、「帰国してからも海外ロケ作品や〝若大将〟ものに、半分通訳を兼ねた助監督として参加できたんです」。

こうして『アルプスの若大将』(66)にはサード、『南太平洋の若大将』(67)にはセカンドとして就くが、チーフ助監督として就いたのは、和田嘉訓監督『ドリフターズですよ!前進前進また前進』(67)と、劇場未公開で大阪万博のために製作された恩地日出夫監督『太陽の狩人』(70)の2

本のみ。「当時、製作担当重役の藤本（真澄）さんは、助監督から監督にする目安として、脚本が書けるか、予告篇作りがうまいか、現場の処理がうまいかのどれか3つにひっかからなくてはダメだと、よく言われまして、たまたま僕が作った松山善三監督『戦場に流れる歌』（65）や『〜前進前進また前進』の予告篇が好評で、それが認められたようですね」。

東宝は『若大将』シリーズにかわる加山の新しい企画を模索していた時期で、助監督に新企画を応募し、小谷さんは『ＯＨ！ニューヨーク』というオリジナル脚本を書いて応募する。結局実現しなかったが、それが認められ監督デビューが決まる。当初は『若大将は日本晴れ』という題名だった。「それまでの15本で、たいがいのスポーツはやっていて、何か目新しいものをと思い、加山君とも世代的に一緒だったので、いろいろ相談して、彼が当時スカイダイビングをやっていたので、ぜひやりたいと言ったら、藤本さんから〝そんな危険なものはダメだ〟と言われました。まあ、結局強引にやらせてもらいましたが」。

撮影期間は通常3〜4週間だが、5週間近くかかる。「天気が良くても風が強くて、スカイダイバーが降下できなかったりしてね（笑）、僕自身助監督にも就いていたし、15作続いたシリーズなので、ツボを外しちゃいけないということも分かっていた。でも新人としてデビューするんだから、少しは新しい感覚を入れたいとも思いました」。カマボコ兵舎での加山と後輩・茂夫（大矢茂）

の殴り合いの場面などには、確かに新人らしい瑞々しい意欲が漲っていた。主要人物が「人知れず」の歌に合わせてピクニック気分で遊ぶ場面では「脚本にはない部分で、楽しんで演出しました。ビートルズ来日の66年に『ビートルズ・イン・ジャパン』を撮りたくて、実現寸前にダメになっちゃった。『若大将』でも音楽には力を入れましたね。リズム・カッティングしたり、ビートルズを出来なかったことが、そういう風に残っているんですよね」（「若大将グラフィティ」95／角川書店刊）と、小谷監督は語っている。

『俺の空だぜ！若大将』は、大林宣彦監督作品でも知られる美術監督の薩谷和夫氏のデビュー作でもある。「僕と薩谷さんとは同じ年齢で、僕が助監督時代から映画の話をしたりして仲が良くてね。これだけは藤本さんにお願いしたんです。その後、僕の作品は薩谷さんに随分助けてもらいました」。小谷監督自身、この作品をふりかえり、「新しいことをやろうと思いながら、ガッチリ枠ができていた作品だったから、気ばかり焦って、それほど思うようにできなかった。作品としての完成度は高くなかったと思いますが、映画界全体の見通しも明るくなくなっていた時期に、それでも何とか、この道で食べていくんだという思いが籠っていて、可愛い作品だという思いが強いですね」。「キネマ旬報」70年10月下旬号の「読者の映画評」で、この欄の常連投稿者だった寺脇研氏が『俺の空だぜ！若大将』について、こう書いている。「陳腐な話のワクの中に、新人小谷承靖監督は、若さのフィーリングというものを画面いっぱいにみなぎらせている。おそらく、最近のこのシリーズで、若大将や青大将がこんなにまで若々しく見えたことはなかった」。「あれは嬉しかったですね。プログラム・ピクチュアで、批評にもなかなかとりあげてもらえなかった時に「読者の映画評」で寺脇さんが書いてくれたんで、感激して手紙を出しましたよ」。

以後、小谷監督は数々の映画を撮るが、中でも私見ながら『急げ！若者』（74）『はつ恋』（75）『ホワイト・ラブ』（79）の3本は青春映画の傑作であると思う。73年に日米合作映画『マルコ』の日本側監督をつとめた縁で、アメリカに招かれ、トム・コタニの名前で『最後の恐竜』（76）なども手がける。81年には「加山雄三芸能生活20周年記念作品」として、『帰ってきた若大将』が作られた。「ハワイで撮影しましたが、『俺の空だぜ！若大将』への思いが、『帰ってきた若大将』のオープニングで、若大将がスカイダイビングしながら空から降りてくるシーンにつながるんですよ」と、小谷監督は笑いながら話して下さったが、『帰ってきた若大将』のタイトルも『GET YOUR SKY, YOUNG GUY』として、まず画面に現れたものだった。

THE SCENERY OF DEBUT WORK

41

1971年

Masaru Konuma 小沼勝

花芯の誘い

credit **花芯の誘い** 日活作品

脚本／萩冬彦（小沢啓一） 撮影／安藤庄平 照明／森年男 助監督／八巻晶彦 出演／牧恵子、三田村元、浜口竜哉、黒田昌司、織田俊彦、木夏衛、鈴木リエ 公開／1971年12月18日 併映作／『色暦女浮世絵師』（監督／曽根中生）

［小沼勝／こぬま・まさる］ 1937年、北海道生まれ、中学3年生の時に上京し、日大芸術学部映画学科を経て日活に入社。野口晴康、鈴木清順、中平康監督などに助監督として就く。71年に監督デビューを果たし、以降文中作以外にも『生贄夫人』（74）『女教師・少年狩り』（75）『性と愛のコリーダ』（77）ほか、耽美的作風により初期から注目を集める。81年にフリーとなってからも、『軽井沢夫人』（82）『箱の中の女・処女いけにえ』（85）など多くの秀作を発表、本篇以外にも『天と地と・黎明篇』（90）などのＴＶドラマ、『雀鬼』シリーズ（92～96）ほかのOVで活躍している。

71年8月公開の『八月の濡れた砂』『不良少女魔子』の2本立てを最後に一般映画から撤退した日活は、3カ月後の11月に新路線、日活ロマンポルノをスタートさせる。一点突破、全面展開の気分が濃厚だった。第一弾は、西村昭五郎監督『団地妻・昼下りの情事』と、林功監督『色暦大奥秘話』。高校生だった筆者は、日本映画の性表現解放という映画雑誌仕込みの、お題目を胸に、思春期の好奇心を原動力に、切符売場のオバサンの、こちらを見る胡散臭そうな視線と戦いつつ、劇場へ通いつめた。やがて女優さんだけでなく監督の名前を意識するようになる。小沼勝監督のデビュー作『花芯の誘い』は3番組目。思いがけない事件のショックで記憶を失ったヒロイン雅子（牧恵子）が、医師の診断で回復のために、受けた暴行シーンを追体験するという物語だった。白い盆茣蓙《ござ》の上でヒロインが刺青のやくざに犯されるという、のちの小沼作品を象徴するような官能的場面は、以後、本作に関する文献には度々登場するが、当時の筆者は固唾をのんで画面を見ていただけにちがいない。小沼監督とは88年の湯布院映画祭で初めてお会いし、Vシネマ『XX・美しき狩人《ハンター》』（94）の撮影現場ルポでお世話になったが、念願叶い、「デビュー作の風景」の話を伺うことができた。

出身地の北海道・小樽で「ロケに来た谷口千吉監督『ジャコ万と鉄』（49）で映画の撮影現場に」

初めて接したとか。中学3年の時に上京。「初めての下宿生活でホームシックもあって、安い3本立ての名画座を主に通いつめ、『巴里祭』（33）『望郷』（37）などを見まくりました」。小学生の頃から絵を描くのが好きで、受賞することも多かったが、「山口薫、脇田和、海老原喜之助ら若手グループの絵を見てショックを受け、絵の方への色気はフッとびました」。

受験校として名高い新宿高校で篭球部、絵画部、文芸部などを渡り歩き、授業をさぼって映画館で弁当を食べたりした。

「大学受験は早大演劇科だけ補欠でひっかかったんだけど、経済方面の学科でないとダメと親元に反対されて浪人。2年目も失敗して、発表を見に行った帰り道でこれから受けられる大学のビラをもらって、日大芸術学部を受けたんです。親には、映画TVの撮影や、録音の新しい技術者を育成する大学だと手紙を書いて、やっと送金してもらえたんです。ただその時は映画でメシを食おうとは全然思わなかった」。

折しもヌーヴェル・ヴァーグの時代。従来の映画評論の言葉では、ジャン＝リュック・ゴダール『勝手にしやがれ』（59）や、クロード・シャブロル『いとこ同志』（59）の表現を伝えきれていないと感じ、映画評論の道を志望し、岡田晋編集長時代の「キネマ旬報」を訪ねて就職を希望するも叶えられなかった。

「松竹も電通も落ちてウダウダしてたら、日活の助監督試験があったんです」。この時、小沼監督と同期で合格したのが小原宏裕、田中登だった。

カチンコ見習いのフィフス助監督として最初に就いたのは、森永健次郎監督『胸の中の火』(61)。2本目にフォースで、野口博志(晴康)監督『三つの竜の刺青』(61)に就き、以後、野口監督をはじめ、滝沢英輔、西河克己、小杉勇、鈴木清順、中平康、吉村廉、井田探監督作品などに就く。

「当時チーフは雲の上の人で現場には殆ど顔を見せなかったし、セカンドは俳優さんのスケジュール担当、サードは衣装担当でした。僕はダメな助監督だったけれど、同期でのちにプロデューサーになった結城(良熙)は優秀でね。彼の現場を見に行くと、フォースなのに大勢のエキストラを見事に仕切っていた。先輩からは〝仕事は、ああいう風にやるんだよ〟と言われましたよ」。

その後、助監督も3人編成になって、加藤彰、小沼、八巻晶彦のコンビが長く、「俳優の演技指導も含め、加藤さんには一番教えられました」。

初めてのチーフ作品は丹野雄二監督『ハレンチ学園』(70)。既に日活は経営的に末期状態で、会社全体がどうなるか分からなかった。丹野監督の営業力によって、東京12チャンネルのTVドラマ『わんぱく番外地』を監督したり、PR映画の手伝いをしていたら、「日活の那波製作部長から電話で呼び出しがかかって、〝ポルノシーンが幾つかあるが、それ以外は自由にやっていいから〟と」。

当時、日活専属のスタッフや俳優の大半は、ポルノ製作に拒否反応を示し退社して行ったが、止まる者もまた多かった。そんな中での監督への抜擢だったのである。

「キネマ旬報」72年4月上旬号の日本映画紹介欄でも『花芯の誘い』のスタッフの項目には〈脚本・萩冬彦、監督・小沼勝〉としか記されていない。2作目の『ラブハンター・熱い肌』(72)の脚本も執筆した萩冬彦は、小沢啓一監督のペンネームであり、撮影は安藤庄平、照明は森年男、助監督は八巻晶彦のメンバーで、撮影期間は7日から10日の間ぐらいだった。

「監督になれることで、まず嬉しかったですね。ただ映画を撮りたいピークって26～27歳頃でしょう。『花芯の誘い』は33歳の時ですから、逆に新人らしさとは何か？　たどたどしく見せたいなどと考えた記憶があります」。

「当時は女優探しが一番大変だったでしょう。加藤さんの『恋狂い』(71)の面接で落ちた牧恵子が主演になりました。シナリオが暗かったので彼女の明るさに賭けようと……。彼女に限らず女優といってもほぼ素人ですから、テストと同じように演ずるのは困難で、ドキュメントの現場に近いところがあった。白川和子さんのようなピンク映画出身のプロの女優は例外的で、監督は楽だし、ベッドシーンに怯える日活男優をなだめながら、演技指導もしてくれると、ひっぱりだこだった」。

『花芯の誘い』では「ヒロインのレイプシーンが四回あったのですが、若者はコミカル、タクシー運転手は変質的、刺青ヤクザは様式美、黒人兵はリアルにと、色分けしてやりました」。

初号試写の社内評は「まあまあ」だったそうだが、路線変更直後では、他にコトバもなかったということか。

「性とは最も個的世界だから、艶技は勿論、カメラから小道具に至るまで、スタッフ全員が試行錯誤していた。女優の腋毛にカントクは健康なエロを感じ、カメラマンは不潔に思うとかのズレはしょっちゅうだったけど、今思えば、日本を代表する技術陣が支えていたんだよ」。

小沼映画独特のフェティシズムが結実して、『昼下がりの情事・古都曼陀羅』(73)や『花と蛇』(74)『濡れた壺』(76)『夢野久作の少女地獄』(77)『妻たちの性体験・夫の眼の前で…』(78)『ベッド・イン』(86)などの秀作が、こうして送り出される。

最後に女優を綺麗に撮る秘訣を聞いてみると、「醜さのお勉強は当然だけど、その女優さんの持っている良いものをどこで使うかを考える。例えば小川恵だったら、持ち前のかわいい笑顔を、ぐっとこらえて寂しく見せて、ここっていうところまで取っておくってことかな」。

小川恵主演『さすらいの恋人・眩暈《めまい》』(78)も、忘れ難い青春映画だった。主題や物語以上に、女優をどう美しく見せるかが、ないがしろにされている現在、小沼監督の演出力こそ、日本映画には緊急に必要とされていると思うが、どうだろうか。

THE SCENERY OF DEBUT WORK

Chusei Sone 曽根中生

42

1971年

色暦女浮世絵師

credit **色暦女浮世絵師**　日活作品

企画／岡田裕　脚本／新関次郎　撮影／森勝　美術／柳生一夫　録音／木村瑛二　照明／絹田今朝夫　編集／辻井正則　助監督／松岡明　色彩計測／水野尾信正　出演／小川節子、嵯峨正子（山科ゆり）、前野霜一郎、福島むつお、久遠利三、神山勝、長弘、牧恵子、堺美紀子、橘田良江　公開／1971年12月18日（67分）　併映作品／『花芯の誘い』（監督／小沼勝）

［曽根中生／そね・ちゅうせい］　1937年、群馬県生まれ。62年、東北大学文学部美学美術史学科卒業後、日活に入社。鈴木清順作品などに助監督として就き、監督デビュー後は『わたしのＳＥＸ白書・絶頂度』（76）『天使のはらわた・赤い教室』（79）などを撮り、日活ロマンポルノを代表する監督として活躍。『嗚呼！花の応援団』（76）など一般映画でも気を吐くが、88年、映画業界から忽然と姿を消し、2011年、湯布院映画祭で20数年ぶりに公の場に登場する。2014年、逝去。

80年の秋だったと思う。東映洋画部の上司に『博多っ子純情』（78）や『天使のはらわた・赤い教室』（79）が、いかに面白く、何度も劇場に通いつめて繰り返し見たと話していたら、「それなら、その映画の監督に会わせてあげよう」と、あっさり言われて唖然とした。何と、その上司は、曽根監督を学生時代から知っていて、あろうことか『不連続殺人事件』（77）のプロデューサーだったのだ。数日後に、日活を辞めてフリーになったばかりの曽根監督本人に、本当に紹介された。

やがて、そのプロデューサーと再び組んで、東映で『太陽のきずあと』（81）を撮ることになり、成り行きから、企画成立、脚本作り、撮影、完成に至るまで、お手伝いすることになり、映画の製作現場を、つぶさに体験することができた。ロマンポルノ初期の頃から、失敗作も含めて曽根作品のファンだった筆者にとっては、得難い日々だったが、まずは本稿の目的である監督デビュー作について書く。

71年、日活は経営不振により一般映画の製作を断念し、同年11月20日公開の『団地妻・昼下りの情事』『色暦大奥秘話』からロマンポルノ路線をスタートさせる。「製作費は一本７００万円、時代劇は７５０万円」、監督には「専属料として月額８万円、監督料として一本20万円」のギャラが提供されたと、松島利行「日活ロマンポルノ全史」（00／講談社刊）にある。

62年、日活入社後、数々の作品に助監督として就いていた曽根さんは、連続テレビドラマ「大江戸捜査網・アンタッチャブル」(71)の脚本や監督、オープニング映像を演出していたこともあり、時代劇への経験も買われてロマンポルノ登板につながったのか。ベテラン監督たちが一斉に日活を離れ、それまで干されていた西村昭五郎、神代辰巳が水を得た魚のように復活し、小沼勝や田中登ら新人がデビューした。その流れの中でも曽根作品は光っていた。監督昇進を機に、本名の「曽根義忠」から「曽根中生」に改名。「森勝のカメラマンとしての第1作目。岡田裕もプロデューサー1作目だった」。

「脚本の新関次郎さんに会いたいと言ったら、プロデューサーも会ったことがないし、名前も初めて聞く、という返事がかえってきた。……脚本家の顔がない。言い知れぬ不快感を覚えた」。実は、新関次郎は、大工原正泰と松本孝二の共同執筆ペンネーム。当時のロマンポルノを取り巻く状況が窺える。若い浮世絵師が師匠の娘と結婚したものの、肺を病んで思うように仕事ができず、生活のために春画を描くようになるという物語だった。封切時に見たのか、名画座で見たのか、記憶が曖昧だが、全篇にバッハの曲が流れ、浮世絵師の妻が強姦される冒頭の場面では、紅椿が鮮烈に使われ、明らかに師匠筋の鈴木清順の影響が見てとれた。

曽根監督自身は「『時代劇かあ、あんまり撮りたくないなあ』と思っていましたけど、これを撮ってくれって言うから『仕方ないなあ』と思ったりしました」。撮るにあたっては「スタッフをどう掌握するかっていうのが大変な問題で（略）、1日に1回はスタッフが『えっ』と目を見張るようなカットなりシーンなりを見せてやらないといけないと思いました。とにかく、私は初めての監督だから、みんな緊張がないんです。相手は、もう森（勝）さんにしたって、私より全然先輩ですから。水野尾（信正）さんにしたって先輩。照明なんて大先輩です。美術、小道具、スタッフはみんな先輩。つまり、私がフォースの時代に一生懸命、かけずりまわっていた頃の小道具なりが、そのままついているわけですから。だからまず最初にスタッフの掌握がいちばん重要でしたね。撮影、照明、録音、小道具、大道具、とにかく50人くらいいるわけですから」。とはいえ、「自分自身の演出に対して、不満は残りますよね。初日のラッシュは翌日にはまだ見られなくて、3日目ぐらいに現像があがって見たんじゃないかな。ラッシュを見て、まあまあ少しホッとしました。それまでは無我夢中で、現場でキャメラを覗き込んで見ていましたけれども、どうなるか、不確実ですからね」。

ヒロインは、ロマンポルノ第1作目にも主演した小川節子だが、「まあ、精一杯やっていたんじゃないですか。ああいう顔って、なかなか芝居が出てこないんですよ。片桐夕子みたいなのは表情がすぐに出てくるんです。小川節子みたいなのは、お人形さんで使う分にはいいんですけどね」と、あくまでも手厳しく、共演した前野霜一郎は、一般映画の時代から日活に所属していたが、

「もとは笹塚の布団屋の倅で、いろんな経歴を持っていましたからね。アメリカに行っていたりするから。で、目に凶暴な光が出るかなあと思って期待があったんですけど、やっぱり何か物足りなかったですね」と、こちらにも点が辛いが、前野自身は76年3月23日、児玉誉志夫邸に小型飛行機で突入する事件を起こして自爆。現実世界で狂気の虜になってしまった。

完成した作品を見て、「『私の才能はこんなもんか』と思いましたね。だからまあ、『上手くすりゃあ、撮り続けられるかもしれん。これ1本で終わるかもしれん。まあ、こんなもんだろうな』と思いました。だから、『もしダメだったら何の職業を選びゃあいいんだろう』と考えていました」と思ったそうだが、その心配は杞憂で、このデビュー作の公開前から、2作目の「性盗ねずみ小僧」(72)の撮影に入り、以後、次から次へと作品を発表する。

冒頭に戻ると、フリーになってから、フィルムワーカーズを設立。第1作目『BLOW THE NIGHT! 夜をぶっとばせ』(83)こそ大ヒットしたものの、プロデューサー作品の不振が祟り、最後の監督作『フライング・飛翔』(88)の後、映画界から失踪。80年代半ばまで、それこそ連日のように曽根監督と会っていたので、こちらも気がぬけたような状態になってしまった。生死も定かでなく、「ヤクザに、ス巻きにされて海に沈められた」とか、「九州でトラックの運転手になった」などなど様々な噂が飛び交った。ビデオやDVDで旧作を見て、いつか会うことがあるのだろうか、たぶんもうないだろうなとぼんやり思っていた。

ところが、ここからの展開が、ものすごい。90年代に入って、九州の湯布院映画祭に深く関わるようになり、年に何度か大分に通うようになった。その縁で、臼杵にも行ったが、その臼杵に曽根監督は、ずっと住んでいたのだ。２０１１年、その湯布院映画祭で『博多っ子純情』が上映され、シンポジウムの会場に、公式的には20数年ぶりに曽根監督は姿を現した。その年の初めに、曽根監督とは再会し、さすがに年老いた印象は拭えなかったが、炯炯《けいけい》たる眼光だけは変わっていなかった。

そこから、また濃密な時間のはじまりだった。紆余曲折の末、「曽根中生自伝・人は名のみの罪の深さよ」（14／文遊社刊）のインタビューを務めることになり、以前にも増して、お会いするようになった。デビュー作についての監督の証言は、全てこの本の中の筆者の取材による。刊行直前に曽根監督は亡くなられたが、登場した当事者の方々たちから、事実関係について顰蹙《ひんしゅく》を買い、集中攻撃される破目になったりした。これはこれで仕方がないと諦めたが、四半世紀にも及ぶ曽根監督との数奇な縁は、それ自体が1本の映画のようにも思えた。

THE SCENERY OF DEBUT WORK

43

1972年

Banmei Takahashi 高橋伴明

婦女暴行脱走犯

credit **婦女暴行脱走犯**　葵映画作品

製作／西原儀一　脚本／高橋伴明　撮影／池田清二　助監督／斎藤博　出演／宮下順子、城新子、松井康子　公開／1972年5月（68分）

[高橋伴明／たかはし・ばんめい]　1949年、奈良市生まれ。69年早稲田大学入学後、新藤孝衛監督の助監督を務め、72年に監督デビュー。その後一時映画を離れ、76年に若松孝二プロデュースによる『非行記録・少女売春』で復帰。『少女を襲う！』（79）『襲られた女』（81）など脅威的な多作をこなし、79年に高橋プロダクションを設立。82年、実際の強盗事件を基にした『TATOO〔刺青〕あり』で初の一般映画にも進出し、キネマ旬報ベスト・テン6位にランキングされる。同年から89年までATGに参加。90年代に入ってからも黎明期の東映Vシネマ『ネオチンピラ・鉄砲玉ぴゅ～』(90)や、『修羅の帝王』（94）『愛の新世界』（94）『セラフィムの夜』（96）『大いなる完　ぼんの』（98）『光の雨』（01）など活躍は衰えない。

『狼』の公開時だから82年頃か、赤坂のディレクターズ・カンパニーの事務所で高橋伴明監督に初めてお会いして以来、撮影現場を含めて幾度となく取材させてもらったので、今回開口一番「(デビューの頃の)話、してなかったっけ?」と言われ、こちらもこの連載に登場願ったっけと咄嗟に思ったりもした。「いえ、まだでした」と答えて、伴明さんの「デビュー作の風景」を伺うことができた。『少女を襲う!』(79)や『少女緊縛』(80)『ドキュメントポルノ・痴漢常習者』『襲《や》られた女』(81)などピンク映画時代の秀作をはじめ、『愛の新世界』(94)や『迅雷・組長の身代金』(96)など大好きな映画が並ぶ伴明さんの話を聞くのは楽しい。

「奈良の生まれなんだけど、幼稚園の頃から父親に連れられて『大番』(57)とか、邦画はよく見てましたよ。当時は娯楽というと映画しかなかったから。ただ、日活だけはラブシーンが多かったり、キャバレーで女の人が踊るシーンがあったせいか、連れていってもらえなかった。日活はひとりで自主的に映画を見に行くようになってからだよね」。

69年早稲田大学に入学。中学高校時代の先輩が映研にいて「お前も来いよと言われて、タダで映画が見れるのかなと思って」入る。「先輩の前で新入生はどんな映画を見てきたかを言わされるんだけど、俺はその時にみんなの話を聞いて驚いちゃってね。監督で映画を見るという発想が全然なかったし、ゴダールだのルルーシュだの、そんなの全然知らなかった。嘘をついてもばれるから好きな映画を正直に2、3本挙げたんだよ。『893愚連隊』(66)とか『無頼・人斬り五郎』(68)とか、桑野みゆきが好きだったんで『青春残酷物語』(60)とかね。そうしたら、その話を聞いていた、ひとりの先輩が、ピンク映画の助監督のアルバイトをしていて、やめたくてしようがなかったらしいんだ。それでコイツは後釜にいいだろうと思ったらしくて、呼び出されて〝映画の現場で一寸アルバイトしないか〟と言われて〝じゃあ、やりますよ〟と行くことになったんだよ」。

たまたま、そこは『青い暴行』(67)を見て感動した新藤孝衛監督の現場だった。それ以前には映研の先輩、鴨田好史が『ハレンチ学園』(70)の助監督のバイトをしていて、外野から手伝いをした経験があったが、まったく初めての撮影現場だった。「世の中にこんな世界がまだあったのかと思ったね。徒弟制度の最後の頃で、現場がある時以外にも監督の家に行って庭掃除から買物、子守りまでやらされた。監督のお父さんが幼稚園を経営していたので、幼稚園の机や椅子の壊れたのを修理して直したりしていた(笑)」。一本目は浅香なおみ(鈴木いずみ)主演で「やっぱり変わってた」。

「ただ幸か不幸か初めての現場に助監督が3人いたんだけど、チーフとセカンドが途中で揉めてやめて、俺だけが残ったんですよ。応援が来るだろうと思ったけど、誰も来ない。初めてだし、ひとりだし、何も知らなくて、誰に何を聞いても恥ずかしくないじゃないですか。バカみたいに質問しまくって、その分、仕事を早く覚えられた。2本目からは、ちゃんとした体制でやるのかと思ったら、お前やれと言われてチーフになっちゃったんですよ（笑）。新藤さんからはウチで3本持ったら3年持つ、3年持ったら監督になれるって言われたんだよ。その時にこんな奴隷みたいな目に遭うなら一度は監督にならないと浮かばれないなと、初めて目覚めたんだ、監督になろうって」。

この時期、全共闘運動にも参加していて1本目に就いた後、府中刑務所に「半年近く」拘置される。「出てきてからはフリーの助監督になって」若松孝二監督作品以外殆どのピンク映画の監督に就く。

「若松さんのところは常に足立（正生）さんとか、ガイラ（小水一男）がいたし、後半には荒井（晴彦）とか斎藤（博）がいたから、助監督として就くことはなかったけど面識はありましたよ。彼らとは結構飲んでいたし」。

多く就いたのは佐々木元監督で「元さんは俺のスケジュールに合わせてクランクインするんですよ。〝お前の体が空くまでクランクインを待つから〟って」。他に岸本恵一、梅沢薫、小林悟監督作品など3年間で30～40本に就く。「その頃の撮影期間は10日で、それから7日になって、俺が監督になった頃には5日なんていうのが出てきてたよね」。

デビュー作の話は唐突に来た。小林悟監督が主に葵映画の仕事をしていた流れの中で、「社長から〝1本撮るか〟〝じゃあ、やります〟って」。主演は宮下順子で、彼女のデビュー作である小林悟監督『私はこうして失った』（71）に伴明さんが就いていて「（俺が）1本やる時には、やってくれよなという話が、もうついてた面がある」。杉浦富美子＋山田宏一＋山根貞男編による宮下順子「水のように夢のように」（84／講談社刊）に「助監督のときの高橋伴明さんはよく知ってるんですよ。1本目の映画のときから、小林悟さんにずっと助監督でついていて、それでずいぶんいっしょにやったんですよ。助監督時代は、なんか女の子みたいでね。髪の毛を長くして、チリチリパーマかけてたんですよ。で、色が白くてね、ポチャッとしているでしょう。みんな、〝ぼんぼん〟って呼んでいた。すごく性格は素直で、おっとりした感じでしたけどね」という証言もある。

デビュー作『婦女暴行脱走犯』（72）を筆者は未見であり「脱獄した三人の少年が夢にまでみたシャバが夢にすぎず、一人は殺され、一人は病死、残った少年が開けてくれとムショの門を叩くという話」（「日本映画監督全集」76／キネマ旬報社刊）とあるが、「自分も中（刑務所）に入った経験があるんで、理不尽な事は勿論あるけど、そういう所の方が物事が理路整然としていて住みやすいというのが実感的にある。世間の方がひどいみたいな気分がベースにありました」。

撮影現場では「未だにそうなんだけど、キスシーンを撮るのが嫌いなんです。それで俺は撮りたくないって言ったら、プロデューサーが〝じゃあ、俺が撮ってやる〟となって、自分で〝ヨーイ〟

と言いだしたからね。最後までそんな調子だった。スタッフもプロデューサーの子飼いで抵抗できないし、役者は混乱するしで、嫌気がさした。一本撮って当初の目的は果たしたし、現場に戻る気はなくて、それから3年位ブランクがあるんだよ」。

雑文書きや別の監督の脚本を書いたりするうちに、若松監督に誘われて『非行記録・少女売春』(76)でカムバックする。「『婦女暴行脱走犯』は自分としてはゼロ本目で、これが1本目という感じがする。新東宝からは、こんなのピンク映画じゃないって言われたけど、若い人たちが支持してくれたからね。でも、それなりに努力しているつもりだったけど、あんまりいやらしく撮れなかったんですよ。そういうシーンが約束事として入っていれば、やりたいことをやれるのがピンク映画だと俺は思っていたから。後半では、その約束事をいかにいやらしく見せればいいのかという風には変わりましたけど、作り手が作りたいものを一貫して主張できる、自分の思いが青かろうが拙かろうがストレートに出せる、それがピンク映画だと思っていました」。

そうした思いに共感して水谷俊之、周防正行、米田彰らの逸材が集まり日本映画の流れを大きく変えていく。伴明さん自身も『TATTOO〔刺青〕あり』(82)『DOOR』(88)『愛の新世界』などの秀作を生む。

THE SCENERY OF DEBUT WORK

44

1972年

村川透 Toru Murakawa

白い指の戯れ

credit **白い指の戯れ**　日活作品

企画／三浦朗　脚本／神代辰巳、村川透　撮影／姫田真佐久　照明／高島利隆　録音／古山恒夫　美術／松井敏行　編集／井上親弥　音楽／小沢典仁　助監督／岡本孝二　出演／伊佐山ひろ子、荒木一郎、石堂洋子、谷本一、粟津號、五條博、木島一郎、賀川修嗣　公開／ 1972 年 6 月 7 日（75 分）　併映作／『恍惚の朝』（監督／加藤彰）、『性神風土記・秘められた愛』（監督／秋山駿）

［村川透／むらかわ・とおる］ 1937 年 3 月 22 日、山形県生まれ。福島大学経済学部卒業後、日活に入社。助監督として、舛田利雄、西河克己らに師事し、日米合作映画『トラ・トラ・トラ！』（70）では日本側パートの撮影を、舛田利雄、深作欣二両監督を補佐して取り仕切った。監督デビュー後は、松田優作との出会いをきっかけに、『最も危険な遊戯』（78）『蘇る金狼』（79）『野獣死すべし』（80）などの快作を送り出す。「大都会」（76）「探偵物語」（79）などＴＶ作品も多い。

ロマンポルノ黎明期に『白い指の戯れ』（72）を見た時の衝撃は忘れられない。渋谷の街頭で、拓（荒木一郎）が、おもむろに空を見上げ、横向きざま、ペエッとガムを吐き捨てるラストショットまで、夢中になって見た。上映される度に、名画座に足を運んで何度も見た。新人・村川透監督について、事情通の友人に訊ねると、『トラ・トラ・トラ！』（70）を実質的に撮った人らしいよと教えられ、さらに興味をかき立てられた。

それから約半世紀が過ぎ、２０１９年2月、村川監督に初めてきちんと、お話を伺う機会を得た。

「高校生時代から映画を見まくって、いずれは自分でも映画を作りたいと思うようになったんですよ」。アルフ・シューベルィ監督『令嬢ジュリー』（52）や、ジョージ・スティーヴンス監督『陽のあたる場所』（52）に感銘した。映画だけではなく、演劇にも触手をのばして戯曲を書き、小説にも手を染めたが、音楽の分野では〝村川透とブルースターズ〟というジャズバンドを結成し、〝FMC〟というクラシック畑では有名な合唱団でトップテナーを担当し、全国コンクールでの優勝体験を持つほどだった。長兄の千秋氏が、のちに、ショスタコヴィッチの日本における屈指の指揮者のひとりとなるという事実も影響しているのだろう。

大学を卒業後、日活の入社試験を受け、難関を突破して合格するも、本社の営業部から上野日活に配属される。だが、これは調布の撮影所で行われる助監督試験とは全く別のルートだった。「そんな事情は全然知らなかった。それでも職場で頑張って、小林旭の衣裳一式を借りて扮装し、イベント当日の朝に借りた馬に乗って、上野広小路界隈を練り歩き、宣伝コンクールでは一等賞になったりしたけど、どうしても映画を作る現場に行きたかったので、一旦会社に辞表を出し、改めて助監督試験を受けたんですよ」。

その試験では「若い時代」というテーマで、1時間の制限時間内に書かされた2つの文章が、今村昌平監督の目にとまり、彼の強い推挙で入社、晴れて日活撮影所の一員となる。最初に就いたのは、西河克己監督『若い傾斜』(59)。山本俊輔＋佐藤洋笑・著「映画監督村川透・和製ハードボイルドを作った男」(16／DU BOOKS刊)では、監督自身の記憶も曖昧で「時期で言うと、まだ村川が助監督試験の勉強をしている最中である」と書かれているが、村川監督は、きっぱりと「いや、『若い傾斜』が僕の初めての現場です。見習いとして就いていましたから」と断言する。

助監督時代の師は、西河克己、森永健次郎、舛田利雄の3人だった。「西河さんには、映画のいろはを、森永さんには、人間や事物を見る視線の優しさを、舛田さんからは人間と人間の間に生じるドラマを絞り出す力の定義を教えられました」。「トラ・トラ・トラ！」では、日本側の監督のひとりである舛田監督を支え、12人の助監督を従えるチーフ助監督として見事な采配ぶりを示し、獅子奮迅の活躍。「ハリウッドのプロデューサーから、アメリカに来ないかと誘われましたが、日本で監督になりたかったので断りました」。

やがて日活がロマンポルノの製作に踏み切った頃には、一時退社も考えたが、神代辰巳監督の出現で留まることにした。「神代監督のデビュー作『かぶりつき人生』（68）では、のちにプロデューサーになった三浦朗がチーフで、僕はセカンドでしたが、あれが日活史上最低の入りで（笑）。それでも神代監督のロマンポルノ1作目の『濡れた唇』（72）のチーフに就いて、これが突破口になるかもしれないと思ったんです」。

その後、東宝の森谷司郎監督の組に就いた時、三浦朗プロデューサーから喫茶店に呼び出され、1冊の台本を渡される。「まだ決定稿じゃないけど、これを撮ってくれ。日活には、もう人材がいないんだ、と言われたんです」。それは雑誌『シナリオ』（65年12月号）に掲載された神代辰巳監督脚本『スリ』だった。さっそく、神代監督と共に、伊東温泉へ赴き、シナリオ直しの合宿に入る。ヒロインのゆき（伊佐山ひろ子）が、渋谷で二郎（谷本一）と知り合い、彼がスリの現行犯で捕まると、そのグループに加わり、拓と、つきあうようになるが、彼を庇って身代わりに自首するという物語だった。

製作費は750万円で、撮影日数は10日間。拓役には荒木一郎しか考えられなかったが、「ギャラが高いから」と会社からは一蹴された。自分の監督ギャラか、脚本直しの手数料を荒木のギャラに上乗せしてもいいと食い下がり、荒木の自宅まで「趣意書」を持参して直談判する。その出演の経緯については、小生がインタビューを務めた「まわり舞台の上で・荒木一郎」（16・文遊社刊）にも詳細に記している。「実際、村川の入れ込み方は大変だったよ。自分で衣裳を持ってきたり、何なり。（略）あと、村川の音楽の使い方って、いいんだよね。その後、『大都会』（NTV76〜79）で、僕の『君に捧げるほろ苦いブルース』を使うって村川が言って、全面的に使った。そういう使い方も結構斬新。村川は、もともとクラリネットを吹いたりしてて、音楽は、素材を渡しとけばうまく使ってくれるっていうのはあるね」。

しかし、出演者のひとり、故・粟津號が連れてきたヒロイン役、伊佐山ひろ子の起用には、関係者全員が反対したが、村川監督は、だからこそ、「これは絶対だ」と手応えを感じて抜擢した。前述した本で、荒木氏も、こう証言している。「伊佐山ひろ子に会ったときびっくりしたけどね。何でこんなブスが主役やるんだと思ってさ（笑）。日活もせっかく面白いものをやるってことになったのに、それにしちゃあ、これかよ。いくら予算がないって、こんなの連れてくるのか、もうちょっとマシなの持ってきたらどうだ、と思ったもんね。で、やりだしたら面白いんだよ。芝居が独特だよね。例えば、鏡で自分を見てるんだけど、ああいう芝居、普通はやらない。普通、上にこうやって髪を持ち上げて鏡を見るっていうのは（髪を指でつまんで上にひっぱる仕草）、やらないだろうなぁと思うんだよ、誰も。すごく自然なんだよね。そういった仕草に、今までにないものがあって、そこが面白かった」。

何と初日には、スケジュールの都合から、トップシーンとラストシーンを、同じ日、同じ場所で撮り、姫田真佐久のシャープなカメラワークもあって、見事に成功させる。撮影現場には、元スリが演技指導としてつくが、荒木氏は手品が趣味であり、のちにマジシャンとしても一流の人物になっただけあり、スリのシーンも鮮やかにこなす。撮影後にはスタッフ一同が集まって、そのシーンを再現してくれと頼みこんだほどだったという。撮影は結局8日間で終わり、「キネマ旬報」72年9月上旬号で、斎藤正治氏から「日活ロマン・ポルノのある転回を提示した秀作である。（略）誤解をおそれずに言えば、これはもはやポルノではなく、香り高い青春映画だ」と激賞される。その年のベスト・テン第10位にランク・イン。伊佐山ひろ子は、8位の神代辰巳監督『一条さゆり・濡れた欲情』（72）と併せて主演女優賞を、神代は脚本賞を共に受賞する。『忍ぶ川』（72）でノミネートされていた栗原小巻を一票差で抑えたために、審査員の中には「ポルノ女優が賞を取るようなベスト・テンには参加したくない」と辞退する評論家まで出てくる騒ぎになった。

因みに、その年の決算号「読者のベスト・テン」欄に投稿して、『白い指の戯れ』をベスト・ワンに推した〈18歳・高校生〉は、不肖・野村正昭であり、これが「キネマ旬報」初登場となる。

THE SCENERY OF DEBUT WORK

45

1974年

Ikuo Sekimoto 関本郁夫

女番長・タイマン勝負

credit **女番長・タイマン勝負** 東映京都作品

企画／杉本直幸　脚本／鴨井達比古、志村正浩　撮影／古谷伸　出演／池玲子、衣麻遼子、藤山律子、須藤リカ、渡瀬恒彦　公開／74年1月15日（86分）　併映作／『仁義なき戦い　頂上作戦』（監督／深作欣二）

［関本郁夫／せきもと・いくお］ 1942年、京都生まれ。61年に東映京都撮影所製作部美術課に就職し、その後助監督に転属。鈴木則文、加藤泰、中島貞夫監督らに就いた後、73年に監督昇進。デビュー作に続き『女番長・玉突き遊び』（74）『トルコ渡り鳥』（75）『天使の欲望』（79）ほかを発表。83年よりフリーとなり『クレージーボーイズ』（88）『のぞみ♡ウィッチィズ』（90）『東雲楼・女の乱』（94）『極道の妻たち・赫い絆』（95）と多彩なジャンルで活躍。

99年、東映系で『残侠』『極道の妻《おんな》たち・赤い殺意』を連打する関本郁夫監督と筆者が初めてお会いしたのは、78年頃だったか。関本監督の2本の傑作『女番長《スケバン》・玉突き遊び』『女番長《スケバン》・タイマン勝負』(74)について、当時誰も何もふれないのが腹立たしく、ならば自分がと勢い込んで、75年夏に発行された「ムービーマガジン創刊号」に書かせてもらったのだ。この文章を関本監督は読んでくれていて、偶然の巡り合わせもあり、尾形敏朗、袴塚紀子両氏の慫慂《しょうよう》で、新宿駅ビルの喫茶店で、お会いしたことを覚えている。ところが何しろこちらは生まれて初めて映画監督と差し向かいで話すこともあり、ガチガチにあがって、何を話したのかは記憶にない。後にふれるが、心情的には2本のデビュー作を持つ関本監督に「デビュー作の風景」について伺うことができ、初対面時同様に緊張してしまったが、監督は『極道の妻たち・赤い殺意』の撮休日に気さくにお話を聞かせて下さった。

関本監督には「映画人列伝《カツドウヤ》」(80／青心社刊)という自らの映画人生を率直に記した快著があり、この書からも援用させていただくことをお断りしつつ、まずは映画界入りの経緯から。

「小さい頃から映画は大好きでしたが、自分が映画監督になれるとは思いもよらなかったですね。実家は大工で、長男でしたから、現在ラグビーが非常に強い京都伏見高校(現・伏見工業高校)の建築科に入れられて、3年間建築の勉強をしましたが、どうも自分には才能がないなあ、大工だけは自分の天職じゃないなあ、どこかに逃げられんかなあと。その頃、うまい具合に学校で東映京都撮影所の美術部の募集をやって、そこを受けたら、たまたま受かったんです」。

美術部には3～4ヵ月在籍したが、「当時は沢山本数を撮っていたから、割合人材不足で製作部に配属されたんです。助監督は今でいう花形職業で、大卒でもなかなかなれないので、高卒の私が、いきなり助監督にというわけにはいかなかった。3年間、製作事務をやっていたら、NET（現・テレビ朝日）が開局して、それに東映が資本参加していたので、東映の助監督や現場経験者が大量に移っていったんです。そうなると助監督が不足するので、私が補充で入っていった」。高校時代、文芸部に所属し同人誌に長篇小説を書いていたこともあり、撮影所内でも脚本を書いては、岡田茂撮影所長に持ち込み、「それもプラスに働いたのかもしれませんよね」。

助監督として最初に就いたのは、加藤泰監督『車夫遊俠伝・喧嘩辰』（64）で、チーフは鈴木則文、セカンドは篠塚正秀、関本さんはフォースだった。「加藤さんは本当に憎たらしい人でしたねえ（笑）。何しろチーフの言う事は割合に信用するんですが、サードやフォースの言う事は、なかなか信用してくれない。一番嫌いな監督でしたよ。それが『緋牡丹博徒・花札勝負』（69）の時に、嫌いなだけに余計に目から鱗が落ちたんです。加藤さんで僕が一番勉強したのは、映画監督は人間がいいとか悪いとかではなくて、出来上がった作品が勝負だと。人を疑ってかかろうが、何をしようが、面白い映画を作ればいい。助監督に好かれようなんて、映画監督は思わなくていいんだと思いましたね。『花札勝負』は、『緋牡丹博徒』シリーズの最高傑作だと今でも僕は思っていますよ」。中島貞夫、山下耕作、小沢茂弘監督作品などにも就き、鈴木則文監督『温泉スッポン芸者』（72）、石井輝男監督『やさぐれ姐御伝・総括リンチ』（73）などの脚本を執筆するうち、「これだけ脚本を書いているんだから、そろそろ一本撮らせようかと、それも一つの要因になったのかもしれません」。

70年代初頭、東映では任俠映画の添え物としてB級映画が量産され、中でも池玲子や杉本美樹主演『女番長《スケバン》』シリーズはヒット作だった。すでに鈴木則文監督が4本、中島貞夫監督が1本撮り、関本監督は73年夏、『女番長《スケバン》・玉突き遊び』で監督昇進が決まる。「〝鈴木・中島両先輩に絶対撮れぬ、関本だけの〝女番長《スケバン》〟を撮らずにおくものか！〟。腹の底から噴出してくるエネルギーを僕は禁じ得なかった」（「ポスターでつづる東映映画史」（80／青心社刊））。ところが全体の3分の2を撮りあげた9月11日、主演女優の叶優子が立ち廻り中、右大腿部を複雑骨折してしまう。

「ガキーッ!! 鈍い音がした途端、セット内は一瞬、水を打ったような静寂となる。誰もの目が、全く反対方向に向いた優子の右足首に注がれていた。〝足が折れてる！〟と誰かが叫んだ。〝救急車だ！ 救急車を呼べ！〟。セット中は蜂の巣を突いたように騒然たる修羅場と化した。それから以後、救急車が来るまでの数分、僕はとても優子を正視できずセットの隅の方で修羅場に背を向け、ポツンと座っていた。救急車にタンカで運ばれる時優子は僕にいった。〝監督、すみません〟。そういった優子に僕は何か答えたという記憶はあるが、何をいったのかどうしても思い出せない」（「映画人列伝《カツドウヤ》」）。全治は1年。「そこで普通だったら、監督人生終りだよね。正直言うと腐ってましたよ、私は。ところが、たまたま岡田茂社長が〝3分の2撮ってる？　じゃあ見せてみィ〟と、未編集のラッシュを見てくれた。〝これは非常に面白いやないか〟と、その一言で正月の池玲子主演『女番長《スケバン》・タイマン勝負』の監督に決まったんです。もし、それがなかったら……そういう運の強いところがあったんです。人生というのは運命だと思いますよ」。

『女番長《スケバン》・玉突き遊び』で組んだ鈴木重平キャメラマンに会社に無理を言い、次も依頼するが、本読みの朝、鈴木さんは脳血栓で倒れ、古谷伸氏がピンチヒッターとなる。この間の経緯は「映画人列伝」にも詳しい。ともあれ『女番長《スケバン》・タイマン勝負』は先に完成し、『仁義なき戦い・頂上作戦』と共に74年正月に公開され大ヒットした。叶優子の回復を待って、『女番長《スケバン》・玉突き遊び』も残りの部分を撮影し、同年秋に公開された。

「女優さんたちには全セリフ、僕が口《くち》立て、殆ど素人ですから。私は脚本を書く時、セリフを喋りながら書いているから、セリフは上手くないけど、気持ちは上手い。こういう風に喋れと全部テープに吹き込んで渡してたんです。素人ですけど彼女たちも一所懸命だし、それ以降も素人を使うことが多かったから、役者というのは下手なものだというのが、頭にあるからね。あの頃は30歳ですから恐いものなしですよ。よくやったと思いますね。滅茶苦茶やってるんでしょうね。僕は滅茶苦茶やるのが映画だっていう気が、すごくありましたからね。ただ、ああいう事故は二度とイヤ。あの気持ちだけは、二度と味わいたくない」。「『玉突き遊び』のヒロインの口グセは、〝スケバンには昨日もあらへん、明日もあらへん、あるのは今日だけや〟」なるセリフだが、一歩転ぶと、ハナ持ちならないキザったらしさになるところが、文字どおり、身体を張って、その日その日を風のように生き急ぐ彼女の在り方に、ぴったり合って申し分なかった」「(『タイマン勝負』の)関本郁夫の真骨頂は、いつ、いかなる時でも、陰惨さに足を掬われない底抜けの楽天性」「ワンショット、ワンショットを息もつかせぬ呼吸で押しまくる」——とは約20年前の「ムービーマガジン」誌での拙稿からの抜粋だが、関本監督のこの2作には当時身も心も励まされたものだ。逆境をはね返す気骨に充ちた真の傑作だった。

THE SCENERY OF DEBUT WORK

46

1975年

Kazuyuki Idzutsu **井筒和幸**

行く行くマイトガイ・性春の悶々

credit **行く行くマイトガイ・性春の悶々**　新映倶楽部

製作／三浦洋　原案／上田賢一郎　脚本／井筒和幸、松岡一利　撮影／沢田昌憲　音楽／大塚まさじ　美術・助監督／松井一裕　照明／松本洋一　助監督／藤井寺和雄　出演／三上寛、絵沢萠子、茜ゆう子、橘ルミ子、末永博嗣、高橋秀夫、工藤朗子、中原マリ　公開／1975年11月14日（65分）

［井筒和幸／いづつ・かずゆき］　1952年12月13日奈良県生まれ。高校在学中に初の8ミリ作品『俺たちに明日はない』を製作。デビュー後は、ピンク映画製作、助監督等を経て81年に『ガキ帝国』を監督し、同作は日本映画監督協会新人奨励賞に輝いた。以降『ガキ帝国・悪たれ戦争』（81）『みゆき』（83）『晴れ、ときどき殺人』（84）『二代目はクリスチャン』（85）『犬死にせしもの』（86）『宇宙の法則』（90）『突然炎のごとく』（94／WOWOW）『岸和田少年愚連隊』（96）『パッチギ』（07）など作品多数。

世間的に言えば、井筒和幸監督のデビュー作は『ガキ帝国』（81）になるだろう。俠気《おとこ》があって、やんちゃで純情で、それでいて相当に現実的でシニカルでもある『ガキ帝国』を見て血が騒がないような映画ファンではありたくないと思ったし、今でもそう思う。しかし、一本の映画の印象があまりにも強烈すぎると、作家はあとがつらい。どんな映画を作ろうと、〝あの『ガキ帝国』の井筒和幸〟と冠がついてしまうのは、本人にしても複雑な気持ちだったろうが、『岸和田少年愚連隊』（96）は、いわば同じ牌《パイ》をふりこんだと見せて面目躍如であると同時に〈少年たちの目を通して見た壮大な年代記《クロニクル》〉という形式をさらに深化させた二重の意味での傑作たりえていた。

ところが井筒和幸監督の35ミリ長編劇映画デビュー作は『ガキ帝国』ではなく、『行く行くマイトガイ・性春の悶々』（75）なのである。井筒監督の著書『あの娘《コ》をペットにしたくって』（86／双葉社刊）によれば、「田舎のええ格好しいの、18歳の少年三人組が満たされぬ性の欲望のはけぐちを毎日のように探し、東京の銀幕スター、小林旭や宍戸錠や赤木圭一郎などのマネをして遊びながら、町のはずれの紡績工場の女工員三人組をひっかけ、それぞれ仲よくなって、やがてバーのマダムの勇気づけも手伝って三人のうちの一人（ケンジ）が、鉛筆のキャップロケットの打ちあげのようにはじけて、アテもないのに、ほんとうに、東京に憧れて出てゆく、という昭和35年を時代背景にした青春ポルノだった」（傍点、原著）とある。この作品を、筆者は見ていない。見たくてたまらないのだが、公式的には現在まで、劇場では上映されていないのではないか。どうしたら見ることができるか、それに当時の成立事情を伺いたくもあり、久しぶりに井筒監督にお会いした。

学生時代に8ミリや16ミリ映画を監督したり製作したことはあったが、「ピンク映画を作れば、手っとりばやく劇場《コヤ》で上映されやすいのではないか。からみが適当に入って辻褄が合っていれば、そこらのピンク映画より、よっぽど上等のものができる」と考えて、仲間に声をかけた。「製作費は150万円。バイトで貯めた自己資金が20万、親から60万借りて、あとの金は仲間たちから集めた」。

現FMよしもとの部長である上田賢一郎氏がスクリプトを書き、撮影は同志社大を卒業予定だった沢田昌憲氏、助監督と美術を同じ大学の美学専攻だった松井一裕氏が担当した。機材は三和映材からアリフレックス35のカメラを借り、「使い方、分かってるのか」と聞かれ、手探りの状態だったが「分かってます」と答えた。勿論そう言わなければ貸してもらえなかったからだが、これがあとで問題になる。

主演はフォークシンガーの、三上寛さんで、大阪の北浜劇場に公演に来たところを訪ねて出演交渉した。日活常連の絵沢萠子さんも出演してくれることになったが、撮影20時間前になってもヒロインが決まらない。ついに天王寺の喫茶店に行き、「前から目をつけていた18〜19歳のウェイトレスの女の子」を「映画に出てくれ」と口説いた。彼女は、秋田から名古屋経由で大阪に流れてきた演劇志望の女の子で、結局出演してくれることになった。「まだ世間も女の子も純粋な時代だった」と井筒監督は述懐する。

最初に撮ったのは、からみのシーンだったが、「〝8ミリとちがうぞ、16ミリとちがうぞ〟と興奮しながら無我夢中で撮った」。7日間殆ど不眠不休で雑魚寝をしながら撮って撮って撮りまくった。3分の1を撮り終えてラッシュフィルムを見た時だった。「何かヘンだぞ」と現像所の人に言われて見たら、登場人物の顔や風景が全部オレンジ色に染まっていた。「これはフィルムの感光乳剤を塗った面とベース面を裏表を誤って裏掛けでキャメラを廻した結果で、フィルムの裏ベースのオレンジ色がそのままフィルター効果よろしく、まっさきに光が当たらなければならない感光面にやっと裏から像が到達したということだ」(『あの娘をペットにしたくって』)。

ショックだった。50〜60万円パアになった。もう1回全部撮り直したが、あれは〝偉大なるリハーサル〟だったと語る。ようやく完成して、三上寛の口ききで日活本社に持ちこみ、試写の間、下の喫茶店で息を殺して待つ。電話が入るが、「上に観せたけど、商売にはちょっと……」と、言われた。

重いフィルムの缶を五つ抱えて帰るのは辛かった――と、今でもその時の重さが忘れられないような監督の表情だった。家に帰っても、3ヵ月間近くフィルムの缶は、ほったらかしにしておいた。〝フィルムと睨めっこ〟の状態だった。

教育委員会から委嘱された古墳発掘のバイトのために遺跡の発掘現場に通ったりしているうちに、一本の電話が掛かる。情報誌「ぴあ」の上映会で『～性春の悶々』を上映しませんか、という誘いだった。上京してプレミア上映の宣伝のために、テレビの『3時にあいましょう』に出演したりした。元NHKアナウンサー野村泰治氏が司会だった。その時の上映会にピンク映画の常設館・銀座地球座（後に銀座シネパトスとなり、2013年3月に閉館）の映写技師さんや、やはりピンク映画界のベテラン・木俣堯喬監督（和泉聖治監督の父にあたる）が来て、「面白かった」と言ってくれて配給会社を紹介してくれた。「その興行部の部長が10万円のリベート――キックバックとも言うが――を取り、120万円の小切手をくれた」。それが縁で76年の暮れに井筒は木俣監督の主宰する〝プロダクション鷹〟に食客として入り、和泉監督の作品など何本かのピンク映画に助監督として就く。

さて、今『行く行くマイトガイ・性春の悶々』を見ることはできるのだろうか。「寛ちゃんのところにあるはずだよ」と監督は言う。関西の読売テレビ制作『11PM』で、当時の日本映画の若手監督特集を組んだ時、『～性春の悶々』や、大森一樹監督『暗くなるまで待てない！』（74）など何本かの作品を抜粋して放映したのだが、その際、読売テレビが16ミリのプリントを焼いてくれて、放映後にそのプリントを貰ったのだ。何回か上映した後、偶然三上寛さんに会った時、「そのプリント、くれよ」と言われて進呈したという。例えば、井筒和幸監督初期作品特集として、『～性春の悶々』や『肉色の海』（87）『暴行魔・真珠責め』（79）『女教師・覗かれた暴行現場』（80）『色情女《スケ》狩り』（81）『赤い復讐・暴姦』（82）、それに『足の裏から冥王まで』（79）や『僕と隠岐島号』（79）などのドキュメンタリーを、ビデオ上映も可能なポレポレ東中野あたりで上映してくれないだろうか。

「あの頃は何のつまみもなしに、酒やビールを飲んでも、最高においしかったなあ……」と井筒監督が眩いた時に、僕は〝井筒和幸映画風雲録〟の序章とも言うべき『行く行くマイトガイ・性春の悶々』の一部を確かに見たような気がした。

THE SCENERY OF DEBUT WORK

47

1976年

Kazuhiko Hasegawa 長谷川和彦

青春の殺人者

credit **青春の殺人者**　今村プロダクション＝綜映社 =ATG 作品

企画／多賀祥介　製作／今村昌平、大塚和　原作／中上健次　脚本／田村孟　撮影／鈴木達夫　美術／木村威夫　出演／水谷豊、原田美枝子、市原悦子、内田良平、桃井かおり、白川和子　公開／ 1976 年 10 月 23 日（132 分）

［長谷川和彦／はせがわ・かずひこ］ 1946 年、胎内被爆児として広島県に生まれながらも、頑強な少年・青年時代を送る。68 年、今村プロのスタッフ公募で映画界入りし、71 年からは日活で小沢啓一、神代辰巳監督らの下、名助監督としてその名を轟かせ、『青春の蹉跌』（74）などの脚本も執筆。その後デビュー作でキネマ旬報ベスト・ワン、主演男優／女優賞ほかを総なめにし、続く『太陽を盗んだ男』（79）も読者投票第 1 位に輝いた。82 年にディレクターズ・カンパニーを旗揚げするが、以降は自作の企画が実現に至らず、現在に至る。

「親殺しの映画なんだ！」と友人は興奮しながら話してくれた。何かに憑かれたように映画ばかり見て、その代償として体を壊し、長い入院生活を強いられていた頃、見舞いに来てくれた友人たちは、退院したら何をさておいても、『青春の殺人者』（76）と『タクシー・ドライバー』（76）だけは見るべきだと熱心に薦めてくれた。『濡れた荒野を走れ』（73）や『青春の蹉跌』（74）の脚本家として、長谷川和彦という新人監督の名前は知っていた。軟禁状態の病院の一室で、天井を見ながら「『青春の殺人者』かあ」と、眩いていた。体調は回復しつつあったが、半年以上映画を見ていなかったので、別の禁断状態を起こしかけていた。村上龍の小説の題名を借りれば「海の向うで戦争が始まる」という気分だった。退院後、名画座の番組表を調べ、『青春の殺人者』を見た。ガツーンときた。当時から映画評論家志望だったが。立場こそ異なれ、これは、うかうかしてはいられないと思った。いま見直して、どう思うかは分からないが、あれほど切迫した気持ちにさせられた映画は、滅多にない。殺し場の凄惨さというより、シーツに広がる血のしみが、見る者を足許から揺るがせ、不安定な気持ちにさせるのだった。やや時間差をおいて見たことで『青春の殺人者』は僕にとって世間以上に特別な映画になったのかもしれないが、それから20年以上の歳月を経て、ようやく長谷川和彦監督に「デビュー作の風景」について伺うことができた。

広島大学付属高校時代は、胎内被爆児であることを意識し、「とても30歳までは生きないだろう。

それなら好きなことを」と、ミュージシャン志望だったという。「テナーサックスを吹いてたんだが、俺より100倍上手でクラリネットを吹いていた榎並君という友人がいて、一緒にジャズバンドを組んだりしてた。彼は俺も何年か頑張れば追いつけるかなあというくらいの天才で、高3の夏休みが始まる頃、おずおずと〝お前なんか芸大に行ってプロになるんだよな〟と聞くと、〝何を言ってるんだ、長谷川。ワシらのレベルでプロになれるわけなかろうが〟って笑うんだよ。あれは人生最大のショックだった。それほど彼は上手かったからね。そうか、俺たちのレベルはそんなものかと思うと、音楽って自信のものなんだな。翌日から今まで吹けたものが吹けなくなった（笑）」。

たまたま新見君という同級生の家に遊びに行くと、東映の助監督をしていた彼の兄上が帰省中で、スクラップ・ブックを見せてくれた。その中に、傍にいるお兄さんと、高倉健さんが並んで握り飯を食べている写真があった。これが決め手になった。「そうか、映画って作る人がいるのかと、まさに青天の霹靂だった。子供の頃から映画を見るのは好きだったけど、作る人間がいるなんて考えた事もなかったからね。家に帰って、これはもう映画をやるしかないと確信犯になって、その晩は興奮して眠れなかったよ。それでそのお兄さんに、貴方のようになりたいがどうしたらいいかと手紙を出したら、丁寧な返事を貰った。この人は今、東映のエライさんになってるが、映画をやりたいなら大学に行きなさいとあった」。

〝健さんと握り飯〟をキーワードに、周囲からは到底無理だろうと思われていたが、集中的に勉強して、東大へ入学。フットボールと麻雀にあけくれた大学3年生の頃、映画会社の助監督採用がなくなり、シナリオ研究所の浦山桐郎監督のゼミに通う。これが長谷川監督と映画界の接点のはじまりになる。大学5年目の春、徹マン明けの朝10時、白山下のアパートにいたら、大家さんから呼び出し電話を取り次いでもらう。浦山監督からだった。「君は助監督をやりたいと言ってたな。今日午後1時から、今村プロの助監督の試験があるから行きなさい」、「いや、僕はまだ大学を卒業してないし、まあ卒業はどうでもいいんですが、今年はフットボール部のキャプテンで大変なんです」。「君、そういうことは受かってから考えたらどうかね」という会話が交される。納得した彼は70～80人の応募者の中から選ばれて、今村監督の『神々の深き欲望』（68）の撮影現場に向かう。

「これはすごく面白かった。あれがスタートだから（映画を）やめないというのがあるんじゃないかな。今平さんと俺は、ある部分似てると思った。まず、しつこい。根が優柔不断な人間が映画をやれば、しつこくても、それが美徳になるということを、彼ほどやった人はいないし、ずっとやってるんだろうからね。俺は助監督試験を受けて入ったのに、助監督でも製作部でもなく総務と呼ばれてた。貧乏独立プロでは〝総務は総てを務めるんだ〟と教えられて、新人の俺は弁当運びから雑用総て、土方から役者までやらされた。今村プロは同時に『東シナ海』（68／磯見忠彦監督）をインしてたから、金策のために現場プロデューサーは撮影現場にいないし、いわゆる製作担当者は最初からいない。1ヵ月ほどして気がついたが、ということは全製作費をあずかってる俺が、製作ではトップなんだ。22歳で初めて映画をやって、現場製作のトップをやらされたのは日本映画史上、他にいないと思うよ。しかもスタッフ、キャスト合わせて70~80人いる現場だからな。1年間沖縄の現場にいて、映画10本分位勉強になったよ」。

だが『にっぽん戦後史・マダムおんぼろの生活』(70)を経て、今村プロは開店休業状態に突入、彼は日活の契約助監督になる。ダイニチ映配末期、そしてロマンポルノの助監督に就く。

「態度はでかかったが、年に3本脚本を書いて助監督8本やってたから、仕事もしっかりやってたんだよ(笑)」。

紆余曲折を経て、千葉県市原市で実際に起きた青年による両親殺害事件に想を得た、中上健次の小説「蛇淫」を原作に、デビュー作『青春の殺人者』を撮る。脚本・田村孟、撮影・鈴木達夫、美術・木村威夫と、ベテランの参加が注目されたが、今からふりかえれば、助監督に石山昭信、相米慎二、矢野広成。製作担当に浅尾政行、製作進行に榎戸耕史、平山秀幸と、ここを出発点にして、のちに日本映画の牽引車たる人材が集まっていた事実に驚かされる。栗田豊通や伊藤昭裕も撮影助手だった。田村脚本の前半・母親殺しのくだりは「一字一句このまま撮ろうと思った。孟さんが自信を持って百枚だけ先に見せてくれたところで凄い力があった。ただ、俺は後半・親殺しの意味についてのディスカッションドラマが嫌でね。創造社じゃないんだからと（笑）。いや俺は『少年』（69／大島渚監督）の大ファンだったけどね。インの直前に大喧嘩して、結果撮影後半に届いた決定稿（「キネマ旬報」77年2月下旬号掲載）も、俺には観念的過ぎた。ともかく孟さんは観念の人だから、観念で貫徹しなきゃ脚本にも映画にも意味はないと思ってる人だからね。でも俺はやっぱり観念より感情を大事にしたいほうの人間らしいんだ」。

後半は、この脚本では撮らないと田村氏に断った上で撮影は続行された。前半と後半部分が分裂した印象を与えるのは、そのためである。

製作日数も予算もオーバーしたが、キネマ旬報ベスト・ワン／監督賞／主演男優賞（水谷豊）／主演女優賞（原田美枝子）を受賞する。デビュー作でベスト・ワンは、小栗康平監督『泥の河』（81）、伊丹十三監督『お葬式』（84）があるが、その先駆けでもあった。「あの映画の喜びは、みんなが同じ地べたに立ってたということなんだ。指揮者とプレイヤーと弁当運びが同じボルテージで突っ走ってた。それは、俺にとっても一生に1回、最初で最後のスリルだった。どんな撮影現場でも主役は役者でも監督でもない。完成される映画そのものが主役で、そいつのために皆が頑張れたら幸せに違いないんだ。なかなか難しい事だけどね」。

THE SCENERY OF DEBUT WORK

48

1978年

Kazuki Omori

大森一樹

オレンジロード急行《エクスプレス》

credit **オレンジロード急行《エクスプレス》** 松竹＝おおもりプロ提携作品

製作／大谷信義　企画・脚本／大森一樹　撮影／阪本善尚　照明／田村晃雄　出演／嵐寛寿郎、岡田嘉子、森本レオ、中島ゆたか、小倉一郎　公開／1978年4月29日（86分）　併映作／『ダブル・クラッチ』（監督／山根成之）

[大森一樹／おおもり・かずき]　1952年、大阪府生まれ。高校の文化祭で初の8ミリ映画『革命狂時代』（69）を撮り、京都府立医大進学後の『明日に向かって走れない！』（72）、『暗くなるまで待てない！』（74／16ミリ）他で注目を浴びる。78年に城戸賞入選の自作脚本で監督デビューし、以降『ヒポクラテスたち』（80）他を発表。83年に医師国家試験に合格する一方、『すかんぴんウォーク』(84)『恋する女たち』（86）などで流行監督と目され、95年からは監督も担当した『ゴジラVSビオランテ』以降のゴジラ・シリーズの脚本を手掛けた。『大失恋』（95）『わが心の銀河鉄道・宮沢賢治物語』（96）『ジューン・ブライド／6月19日の花嫁』（98）ほか作品多数。

「キネマ旬報」73年3月下旬号の「読者の映画評」に藤田敏八監督『赤い鳥逃げた？』評が掲載されている。筆者は兵庫県芦屋市在住の大森一樹（学生・20歳）。同じ頁に村川透監督『哀愁のサーキット』評も掲載されていて、こちらの書き手は野村正昭（学生・18歳）で、大森さんの文章はともかく、僕の方は恥ずかしくて読めたもんじゃない。ともあれ「読者の映画評」は現在の「キネマ旬報」常連執筆者のみならず、大森一樹や原田眞人、金子修介監督らを世に送り出した。「あの頃のキネ旬は僕らの映画の学校だったなあ」と、四半世紀後、大森監督は下北沢の事務所で話し始めてくれた。

ところで、大森監督にとっての「デビュー作の風景」とは何だろう？　高校2年の時に製作した文化祭記録映画のはずが、結局、文化祭粉砕劇になった8ミリ『革命狂時代』（69）か、8ミリの長編第1作『明日に向かって走れない！』（72）――「MAKING・OF・オレンジロード急行」（78／ぴあ刊）の中で大森監督は「この映画が大森映画の原点」と書いている――か、それとも初の16ミリ『暗くなるまで待てない！』（75）か。「やっぱり今思えば『オレンジロード急行』（78）だろうなあ」と、監督は語る。

映画作りの上で最も触発され影響を受けたのは、69年に原将人（当時は正孝）監督『おかしさに彩られた悲しみのバラード』（66）を見て「これで（自分の）映画ができるなあと思った」、72年から73年にかけては年間500本近くの映画を見る。74年に日活がキャンパス・ポルノの脚本を募集していると聞き、「大学映研の連中が街で見つけた女の子を使ってポルノ映画を撮ろうとする話」で、『濡れた天使が沈黙する』を応募。この脚本は採用されなかったが「助監督に就かないか」と誘われて『キャンパス・ポルノ／ピエロの乳房』（74）の現場に行く。「日活の下請けで代々木忠監督が率いるプリマ企画が製作したんだけど、撮影中、僕はずっとプリマ企画の事務所に泊っていた。当時、その事務所に出入りしてたのが、デビューしたばかりの中村幻児監督で、朝起きると、彼がいたりしたなあ。あの映画で、映画ってこうやって撮るのかというのが分かった」。

神戸へ戻り『濡れた天使が沈黙する』のポルノ的部分を外した脚本で、16ミリ『暗くなるまで待てない！』を撮る。

「これがあんなに評判になるとは思わなかった」。16ミリ作品としては異例ながら、小野耕世、河原畑寧、高田純、南博の各氏が票を投じて75年度キネマ旬報ベスト・テン第21位にランクされ、藤沢勇夫監督『バイバイラブ』（74）や、橋浦方人監督「青春散歌・置けない日々」（75）と2本立てで各地で自主上映会が行われる。「上映後に話したりすると、必ず観客から次は何を？ と聞かれる。医学の専門過程に入っていたから、そんな事は出来んと思っていたけど、いろいろ言われるから材料でも用意しておこうかと書き始めたのが『オレンジロード急行』なんですよ」。

16ミリだが「警官やパトカーは出てくるし、カーアクションはあるしで、どう見積っても、1千万円はかかる。あっちこっちに話を持ちかけても、なかなかうまくいかず、荒戸（源次郎）さんに会った。彼はドームを作って、配給できるシステムも作るから、そこでやろうと言ってくれたんですが、当時はそんな事ができるのかなあと思ってた（笑）。後年、荒戸さんは『ツィゴイネルワイゼン』（80）でキチンとそれをやりましたからね。あの時に、ああ、こういう事だったのかというのが分かった」。

八方ふさがりの最中、たまたま応募していた城戸賞に入選。中岡京平『夏の栄光』（後に『帰らざる日々』（78）として映画化）と共に受賞する。当初松竹は大森脚本で斎藤耕一か山根成之監督で映画化をと考えたらしいが、キティ・フィルムや東宝から話があったこともあり「とにかく（松竹で）撮ってほしいと言われて、それが一番実現性は高いし、（その話に）乗ったんですよ」。

こうしてスピルバーグ監督『シュガーランド・エクスプレス』（73／日本公開名は『続・激突！カージャック』）に触発され、和歌山を舞台に、トレーラーから海賊放送を発信する若者たちと、自動車泥棒を続ける老人カップルの青春ロードムービーが動きだした。「老人の鈴木鈴之介役は脚本段階では（鈴木）清順さんをモデルにして書いた」（『虹を渡れない少年たちよ』81／PHP研究所刊）そうだが「松竹は森繁（久彌）さんで考えたのかな。僕は益田喜頓さんでいいんじゃないかと思っていたら、何かの拍子に嵐寛（嵐寛寿郎）さんのところに脚本が行って、この役は私しかできない、ぜひやらせて下さいませとなったんですよ」。

相手役の田中もと役は岡田嘉子「これだけ（ふたりと）年を離れていると嵐さんも岡田さんも、こっちが言う通り何でもしてくれるんです。原田（芳雄）さんとは、いろいろやりとりしていく中で、こうやった方が面白いぜって言われたりして、そうか、映画ってこうやって面白くなっていくのかと教えられましたね」。

天候には恵まれず、最初の4日間は雨だった。

「ベテランの監督でも、この状態では撮れないのに、僕たちが撮れないというのが、意味合いがちがって、全然ダメだという風に世間に伝わって、惨憺たるものでしたよ」。阪本善尚キャメラマンは『HOUSE・ハウス』『瞳の中の訪問者』（72）に続いて、これが3本目の映画。「お前がスピルバーグなら、俺は（ヴィルモス・）ジグモントだって、キチンとセットアップするまで全然（キャメラを）回さなくて、あの頃はどうしていいか、よく分からなかった。1日4カット位しか撮れなくて悩んでねえ。阪本さんも『バウンス koGALS』（97）では、フットワーク良くガンガン回してて、大森チャン、『オレンジロード急行』の時は悪かったね。また一緒にやろうねって（笑）。まあ、みんな若かったんだと思いますよ、気負ってたしね」。

画面サイズも「ワイドなんですよね。ビスタに変わる前だったし、シネスコの映画を撮ったのは僕の世代では他にいないんじゃないかな。ラッシュもカラーだと高いので白黒でやっていて、0号試写の時にカラーになったのを初めて見て、ウワーッと思った（笑）。そういう感激もありましたね」。

今では稀覯《こう》本である「MAKING・OF・オレンジロード急行」の帯には、大森一樹（25歳）と大きく文字が躍っている。25歳でメジャー映画に進出すること自体が大事件であり、映画界を震憾させた。原将人、後藤和夫、飯島洋一ら自主映画の作家たちが出演しているのも、時代の息吹を感じさせる。「何しろ、あの時はスタッフの年齢も僕が下から数えて3番目位で、今はヘタすると最年長なんだよ（笑）。映画の世界がいいなと思ったのは、どんなに若くても監督だったら、周りのスタッフが一所懸命に立ててくれた。これが医者の世界だと全く正反対のことが多いからね。だから映画の方が好きになったのかもしれない」。

映画監督としてやっていけると監督自身が自覚できるようになったのは『すかんぴんウォーク』（84）からだと言うが、願わくば『恋する女たち』（86）や『シュート！』（94）などのような秀作を連打してほしい。日本映画の最前線を疾走中の大森映画に、野村正昭（映画評論家・当時44歳）は、そう期待をかけている。

THE SCENERY OF DEBUT WORK

49

1978年

Kichitaro Negishi 根岸吉太郎

「オリオンの殺意」より　情事の方程式

credit　**「オリオンの殺意」より　情事の方程式**　にっかつ作品

製作／岡田裕　企画／成田尚哉　脚本／いどあきお　撮影／森勝　照明／田島武志
美術／菊川芳江　音楽／浅岡典史　出演／山口美也子、加納省吾、戸浦六宏、亜湖
公開／ 1978 年 6 月 3 日（73 分）　併映作／『若妻が濡れるとき』（監督／藤井克彦）

[根岸吉太郎／ねぎし・きちたろう]　1950 年、東京都生まれ、74 年の大学卒業と同時に日活に入社。助監督として藤田敏八、曽根中生監督らにつき、78 年に 27 歳の若さで監督に抜擢される。以降『暴行儀式』（80）『狂った果実』（81）などを経て、81 年『遠雷』で一般映画に進出。82 年、ディレクターズ・カンパニーの設立に参加。以降『俺っちのウェディング』（83）『探偵物語』（83）『ウホッホ探検隊』（86）『永遠の 1/2』（87）『絆』（98）『透光の樹』（04）『雪に願うこと』（05）などを着実に発表する。

根岸吉太郎監督が映画界に入ることになったのは、74年2月、早稲田大学就職課の女性の聞き間違えがきっかけだった。中学生時代からアメリカン・ニューシネマや『冒険著たち』（67）などを見て、漠然と「映画監督になりたい」と思い、大学時代はフィルムセンターに通い、小津安二郎や五所平之助作品を見て「映像関係の仕事に身を寄せたい」と思っていた根岸監督に、「デビュー作の風景」について、お話しを伺う。

早稲田大学文学部に入り演劇科を卒業したが「もう1年大学に残りたいって思っていた。それには単位を残そうと計画したんだけど、コスタ・ガブラス監督『戒厳令』（73）を見ている時、自宅に用事があって電話をしたら、教授から今すぐ来いって電話があったから行きなさいって言われて」。

すぐ教授の部屋に行くと、先客があり、中で怒鳴られているのが廊下からも聞こえ、イヤだなあと思った。以下、入室してからの会話。――教授「君が根岸君ですか。僕を脅迫するんですか」。根岸「滅相もありません。自分が勉強せずに悪かったんですから、来年は必ず（卒業します）」。教授「僕がこれで赤点をつけると、君はもう1年残らなきゃいけない。もう就職も決まっているだろうに、君の一生を左右するのは気分が悪い」。根岸「……」。教授「お前みたいなのが毎年ひとりくらいは、いるんだ。来年はお前の顔を見たくないから出ていけ」。

「それで強制的に合格になっちゃったわけ。大学に残留するという希望が、その瞬間に打ち砕かれ、就職も決まっていないのに、2月の寒空の下に放り出されてさ、どうしようもないわけよ」。

仕方なく根岸さんは就職課に行く。当然ながら2月だから募集の紙は剥がされており、一括して綴じてあるのを見せて下さい」と係の人に言うと「日活は、あそこに入ってますよ」と言ってくれた。「あの就職課のお姐さんが、映画監督としての僕の恩人ですよ」。

試験は4日後だった。旧日活多摩川撮影所の根岸寛一プロデューサーをはじめ、日活には親戚が数多く関わっていたので「試験だけは受けさせて下さい」と頼み、「受けるのはいいけどコネはきかないよ」と言われるが合格。池田（敏春）さんと共に74年5月1日に、日活に入社した。なぜ5月1日だったのか。「4月28日に会社と組合側が残業料をカットするとか、いろんなことを決めて、半端な時期に入ると新しい給与システムになじまないというのが大きな理由だったんじゃないの。でも最初から給料は遅配だしさ」。

池田さんと一緒に最初に見習いで就いたのは、小原宏裕監督『男女性事学・個人授業』（74）。「池田はエキスパートで石原プロに出入りしてたから現場も分かっていたし、なおかつロマンポルノをいっぱい見ていた。中川梨絵が主演だったんだけど、あいつは（彼女の）大ファンでさ、俺と目の輝き方が全然ちがうんだよ（笑）。俺は、ああ、こういうもんかなって。だからスタート地点でのスピード感からしてちがうし、俺は全然役に立たないんだよ（笑）」。

『横須賀男狩り・少女悦楽』（77）から『もっとしなやかに、もっとしたたかに』（79）まで、主に藤田敏八監督作品に就く。「現場的なノウハウは、パキさんから（教えられた）かもしれない。（わりと自由に）やっとけみたいな人だったからね。それに主役もそうだけど、俳優さんもロマンポルノの場合はそんなに大スターじゃないから、僕らが口出しをしても、向うもわりと一所懸命聞いてくれるという。そういう意味では、助監督のやれる範囲が広いんだよね」。

藤田監督の『危険な関係』（78）で初めてチーフを務め、ロケーションから戻って大体のめどがついた頃、所長室に呼び出される。叱られるかと思って行くと、「君を監督にと考えているが、どうだ、やるか」と言われる。27歳の異例のデビューであり、大森一樹監督が『オレンジロード急行』（78）で商業映画にデビューした年で、各社とも新人監督を送り出そうという気運が高まっていた。

「とまどったよね、結果としては、やったけど、こんなに早く監督になるのは人生の予定になかったからさ（笑）。チーフになったばかりで、これから自分がやることを念頭に置いた上で、ものを考えるという順番があるじゃない。そういうの、なしだからさ。1週間考えさせて下さいって言ったよ。やるかやらないか分からないなら、人に言うなって言われたけどさ、人には相談できないし、どうしようかなって思ったけれど、そうそうあるチャンスじゃないから」。

岡田裕プロデューサーと相談し、結局、勝目梓原作『「オリオンの殺意」より・情事の方程式』(78)に決めた。脚本は「いど・あきおシナリオ選集」(84／同編集委員会刊)に収録されている。少年(加納省吾)の日常性の中のとりとめない殺意が、若く美しい義母(山口美也子)をめぐって、父親(戸浦六宏)へ焦点が絞られていく。親殺しを示唆する場面もあり、長谷川和彦監督『青春の殺人者』(76)を否応なく連想させられたりもする。「それは意識した。それがイヤだと思ってる部分、あんまりハッキリしない映画になっちゃったんだろうね」。

撮影初日は、渋谷の道頓堀劇場で少年がストリップを見ている場面だったが、「その初日に俺は遅刻していったんだよ。パキも大体遅刻が多くて、その時は俺が(現場を)やってたからさ。ついつい監督になったら遅刻しなきゃいけないかと(笑)。現場に行ったらセッティングしてあって、思ってるのとちがう方向にキャメラが向いてて、イヤな感じだったね。踊り子さんをキャメラが舐めて彼がいるというのがコンテ上の最初のカットで、そこから撮りたいなあと思っていたのが、キャメラは客席で舞台に向けて置いてあった。それは反対だって言って撮ったね。

撮影日数は約15日間。「撮影所は、どこでもそうだけど、自分のところから新人が出てくると、すごく大事にするよね。そういう人たちが次の撮影所のリーダー的存在になって仕事をしていくということが分かっているから、どこかで育てようという気分があるんだろうけど、そういう意味では、皆非常に協力的だった」。

少年のデスクの引き出しの底と内側との間にセロテープが貼られ、それが剥がれていると義母が引き出しを開けたのかどうかが分かる仕掛けになっていて、テープが剥がれるカットなどが、ベッドシーンよりも、丁寧に撮られていたのが印象的だった。全体的に随分落ち着きはらった映画だなあと公開時に筆者は見て思ったものだが、「ロマンポルノに対して僕らが今まで感じてきた違和感というか、作り方を少しずつ変えたかった。単純に言うと、1時間ちょっとの上映時間内にセックスが介在することで女性の人格が変わってゆくことがロマンポルノのメインテーマなんですよ。例えば貞淑な人妻が犯されることで自我にめざめるみたいにさ。そうじゃなくて、最初から人間としての面白さをキチンと見ることが、もう少しできないかと基本的に思っていた。そういうことに束縛されない映画を作りたいなと、一番思っていたなあ」。

デビュー作は、寺脇研氏が1票（第10位）を投じて、キネマ旬報78年度ベスト・テンでは第66位にランクされた。そして「遠雷」（81）「ウホッホ探検隊」（86）「永遠の1／2」（87）などの秀作を経て、『ヴィヨンの妻～桜桃とタンポポ』（09）まで、人間観察の確かさと丁寧なディティールに支えられた根岸映画は、ますます健在かつ好調である。10年に及ぶ沈黙が気になるが、その新作を今でも僕は待っています。

THE SCENERY OF DEBUT WORK

50

1979年

Masato Harada

原田眞人

さらば映画の友よ　インディアンサマー

credit

さらば映画の友よ　インディアンサマー
キティ・フィルムコーポレーション作品

製作／磯田秀人　脚本／原田眞人　撮影／長谷川元吉　音楽／宇崎竜童　美術／丸山裕司　録音／紅谷愃一　照明／小能良洋　助監督／崔洋一　出演／川谷拓三、重田尚彦、浅野温子、鈴木ヒロミツ、トビー門口、室田日出男、原田芳雄　公開／1979年5月26日（111分）

［原田眞人／はらだ・まさと］　1949年、静岡県生まれ。73年より渡米し、「キネマ旬報」や「ホパイ」などで映画レポーターを務める。79年の監督デビュー後に再び渡米し、現地の監督補などを経て、84年に日本・旧西独合作の『ウィンディー』を監督。以降ＴＶ映画『盗写１／250』（85）や『さらば愛しき人よ』（87）、ＯＶシリーズ『タフ』（90～92）『KAMIKAZE TAX1』（95）『バウンス koGALS』（97）『検察側の罪人』（18）などを発表、多数の著書かあり、脚本家としても活躍する。

77年12月26日、『赤い河』（48）や『リオ・ブラボー』（59）で知られるハワード・ホークス監督が亡くなった。原田眞人監督の著書『ハリウッド・インタヴュー』（78／ヘラルド出版刊）のクロージング・ショットで、ホークス監督に私淑していた彼は、こう記す。

「ホークスの死で、変わったのは、自分が演出者としてデビューできるホークシアン映画を作ろう、ということだった。77年12月27日から『さらば映画の友よ』という脚本を書き始めた。舞台は日本。全篇の五分の一が東京、後は静岡県沼津市。わが19歳の、童貞映画少年時代の追憶プラス『港々に女あり』ふう男と男のラヴ・ストーリーである。男と男のラヴ・ストーリー。ホークスの口から出れば、それはまぎれもなく友情をさしていた。68年に『さらば友よ』が日本で封切られるころまでは――。『さらば映画の友よ』は、68年に生きた愚かな映画ファンの闘争史でもある」。

73年からL.A.に在住する原田監督は雑誌「ポパイ」や「キネマ旬報」誌で活躍する気鋭の映画評論家であり、78年2月、書きあげた脚本を手に帰国し、取材のアレンジで知りあっていた報知新聞の映画担当・坂口氏に映画化を具体的に相談する。その翌日、坂口氏のセッティングで京王プラザホテルで川谷拓三氏に会う。

「当時はワープロもないし、手書きの脚本を彼に渡して。あの人は初対面の年下の人間にも〝ハッ、よろしくお願いします！〟みたいな感じて緊張するんですよね」。その足でパーティに行き、キティ・レコードの磯田秀人氏に紹介される。映画の企画を探していた磯田氏は、その夜のうちに原田氏に電話をかけ「ぜひ、やろう」と言い、多賀英典社長を口説き実現に向けて動き出す。翌日には川谷氏からも「ぜひ、やりたい」と連絡が入る。準備段階では磯田プロデューサーと、ヘラルド映画宣伝部に在籍する青木眞弥氏の叔父上にあたる青木誠氏が宣伝プロデューサー（「というより、もっと主体的に作品に関わり、脚本にも意見を言ってくれた」原田監督談）、それに原田監督の3人が主に動く。

製作費は6千万円で、ヘラルドから2千万円、キティから2千万円、地方の広告会社から2千万円という内訳だったが、「すごい低予算で苦しんだ覚えがあるから、本当に6千万だったのか、記憶に自信がないんだけどね」。「実際に蔭でいろいろやってくれたのは、当時キティに所属していた伊地智啓さんで、キャスティングから何から関わってくれて、素人の僕が監督するなら助監督はベテランがいいということで、その第一候補が崔（洋一）さんでした。伊地智さんは絶対に準備段階で押しつけたりせず『若松プロ出身で、人柄もいいし、一寸会ってみないか』って。会うと、同じ年齢で誕生日も数日違いだし、体型も似てるし（笑）。そこから彼が助監督として入ってくれて、御存知のように、日本映画の場合、チーフ助監督がラインプロデューサーみたいなものだから、彼と製作主任の山本勉が本当によく動いてくれましたね」。

『エロス+虐殺』(70)などで知られる長谷川元吉キャメラマンにも随分助けられた。「長谷川さんとは渋谷の宮益坂にある〝エルカフェ〟という喫茶店で初めて会って、長身で飄飄としていて、何かケンタッキーの田舎から出てきた農家の人という感じでね(笑)。アメ車のクラシック・カーに乗っていて〝日本で、こんなの運転してもガスの無駄でしょう〟と、言うと〝自分の体型に合ってるし〟なんて言って、そういう部分もすごく好きだった。ようやくクランク・インするも4日目に最初のラッシュを見て「こんなはずじゃなかった」と猛烈に落ちこむ。自分の演出もひどかったが、拓ボン(川谷拓三)のオーバーアクトもひどかったので、翌日に率直に「こんな芝居じゃ撮れない」と言う。「今だったら、とても言えないけど、当時は必死だったから。彼は全然怒らず〝ハイ、ハイ〟と真剣に聞いてくれて、それ以後は芝居を抑えてくれた。ダッシュの芝居は、やっている方も気持ちがいいし、撮る方も歯止めがきかなくなるんですよ。当時の日本映画には『KAMIKAZE TAXI』(95)や『バウンス koGALS』のような自然体の芝居は殆どなかったし、ダイアローグを切り詰めて簡略化したところで、ボソッと自然に喋るというのはあるけれども、簡略化しているプロセスが見えるわけだし、ジョン・カサヴェテスやロバート・アルトマンやケン・ローチがやっている方向は皆無ですから、むしろ、ここで自分が頑張らなかったら、やる奴はいないって一生懸命(自分を)激励して、翌日現場に行くようにしたんです。ただ、あの当時の拓ボンの意識の強さ、あのエネルギーがあったから、あの映画は出来たんだと思う」。

落ちこむ原田監督に多賀社長は「思ったよりいいよ」と、言ってくれたし、伊地智さんも慰めてくれた。それに長谷川氏が「すごく信じてくれたのは大きかった。彼は新人監督の立場を尊重して、批判するのでなく、自分で考えて次のステップへ行けるよう導いてくれるというか、〝あんまり気にしないことですよ、じゃあ、次はどうやりますか〟と茫洋とした魅力で言ってくれたのが良かった」という。こうして「前から5列目の通路よりに座り」、ホークス『港々に女あり』（28）のロバート・アームストロング扮する関節が外れる男のキャラクターを、そのままコピーしたという映画狂ダンサンと、彼とは名コンビとなる主人公シューマ（重田尚彦）、そして17歳の少女ミナミ（浅野温子、若い！）の物語が描かれるわけだが、最終段階近くに伊地智氏が「普通こんなことをプロデューサーが、言っちゃいけないんだけど」と前置きして、「撮り直したいシーンがあるとすれば、どこだ?」と言ってくれた。「具体的に幾つか、そういう場面は確かにあったんですよ。でも、その時は突っ張ったわけじゃないけど、自分が撮ったものは潔癖に責任を取るみたいなところがあって〝いい〟と言っちゃった。リテイクは、映画にとって一番必要なことですよね、それが可能な体制ならばそうさせてくれるプロデューサーが存在すること自体、本当に幸運だったのに、あの時、伊地智さんがそう言ってくれて、何で俺は撮り直しをしなかったんだろうって、今だに悔やまれるんです。また後戻りして、もう一回撮り直すのが時間のロスに思えて、早く次の編集のプロセスに進みたかったんですが、これから映画を撮る人に言いたいのは、最初から撮り直しをするバカはいないけど、プロデューサーが客観的な立場から、そう言ってくれた場合には、処女作では絶対に撮り直しをした方がいいということですね。勿体なかったと今は思います」。

海外での反響は良く、手応えもあったが、国内では様々な事情が絡みあい「ネガティブな評価が大半を占めていたけれど」、筆者には不思議に憎めない映画だなあという印象が強かった。原田監督の実力は、傑作『KAMIKAZE TAXI』で全面的に開花するに至ったが、偶然にも『バウンスkoGALS』のヒロイン3人のうち、佐藤仁美と岡元夕紀のふたりは79年、佐藤康恵は78年に生まれている。20年近い歳月は原田監督にも、一観客だった筆者にも感慨深く、大画面で、もう1度このデビュー作を見直したくなった。

第6章 異業種監督たちの参入

80年代

異業種の世界から監督デビューするケースも増え、日本映画界は、ますます混沌としてきた。筆者自身が、東映洋画部からフリーになり、撮影現場に取材で足しげく通うようになったので、もう毎日がお祭りのような有様。

ひたすら走り回っていた。助監督時代から顔見知りだった崔洋一監督のように、晴れてデビューの現場に立ち会うことができたケースまで出てきた。あれから、四半世紀近くなるが、つい昨日のことのような気がする。

THE SCENERY OF DEBUT WORK

51

1980年

Toshiharu Ikeda

池田敏春

スケバンマフィア 肉〈リンチ〉刑

credit **スケバンマフィア 肉〈リンチ〉刑** にっかつ作品

製作／細越省吾　企画／山田耕大　原作／高山銀之助　脚本／熊谷禄朗　撮影／森勝　照明／野口素絆　美術／徳田博　録音／橋本文雄　助監督／川崎善広　出演／倉吉朝子、大崎裕子、渡辺とく子、鹿沼えり、石井雪江　公開／ 1980 年 3 月 1 日（69 分）　併映作／『団鬼六・少女縛り絵図』（監督／小沼勝）

［池田敏春／いけだ・としはる］ 1951 年、山形県生まれ。74 年の早稲田大学卒業とともに日活撮影所に入社。曽根中生、小沼勝、田中登監督らに助監督として就き、80 年に監督デビュー。翌年の『天使のはらわた・赤い淫画』で高い評価を得た。82 年、ディレクターズ・カンパニーの設立に参加。以降『湯殿山麓呪い村』（84）『15 歳の向こう側』（87）『ちぎれた愛の殺人』（93）『鍵 THE KEY』（97）『ハサミ男』（04）等を発表。『秋深き』（08）を遺作に、2010 年、逝去。

この連載をはじめる前の自分だけのメモに「ひとは、どうして映画を撮るのか」と書きつけてあった。「ひとは、どうして映画を好きなのか」とも。成功することもあれば失敗することもあるだろう。いろんなやり方があるし、いろいろあるということを書きたかった。これからも、そう書いていきたい。

『スケバンマフィア・肉刑』（80）でデビューした池田敏春監督が映画界に入るきっかけは、早稲田大学在学中、高田馬場の小さな飲み屋からはじまる。隣の席に妙に映画のことに詳しいオバサンがいた。酔っぱらって、日本映画は何で面白くないのかと絡んだら「現場も知らずに、そんなことを言うな」と言われた。「オバサンといっても、俺と2つ位しかちがわなくて、今村治子さんという有名なスクリプターだったんだけどね」と、池田監督は笑いながら話し始めてくれた。当時、池田監督は池袋文芸坐の日活オールナイトに毎週通いつめていたそうだから、きっと筆者とも、すれちがっていたにちがいない。

酔った勢いで約束して、翌日撮影所に行くと、「あんた、本当に来たの？」と呆れられた。偉い人に紹介されたが、「社員助監督しか採用しないから、大学を出てからおいで」と言われ、食堂でお茶を飲んでいると、隣りのテーブルで「カチンコを打つ奴がいねえんだよ」という声がする。今村さんが「この子、やるって言ってるわよ。映画が好きだから、お金なんかいらないってさ」と言ってくれ、「金がいらない!? そりゃ最高だな」と答えたのが石原プロのチーフ助監督で、小谷承靖監督、渡哲也主演『ザ・ゴキブリ』（73）の撮影準備中だった。あれよ、あれよと言う間にスタッフルームに連れていかれ、小林（正彦）専務を紹介される。翌日、四日市のロケ現場にいる製作担当者から電話があり「ロケ交渉先で名刺が無くなったから、持ってきてくれ」と言われ、名刺の束を持って、新幹線に乗り、四日市へ。そのまま『ザ・ゴキブリ』の助監督になる。

『ザ・ゴキブリ』を終えて、小林さんに「日活に入れてくれ」と頼むが、「いくら俺でも日活の正社員には入れられんぞ」と言われる。それでも当時の黒澤満撮影所所長に会わせてくれて、入社試験を受けて合格。「俺がトップで、根岸（吉太郎）がビリ。入ったのは二人しかいなかったんだけどさ（笑）」。入社してすぐ、小原宏裕監督『男女性事学・個人授業』（74）の見習いにつき、それ以後は主に小沼勝、曽根中生作品に交互につく。「二人とも助監督に役者の芝居をつけさせる。それを監督が後ろで見ていて、一通りの動きを作らせてから、ハイ、今のは全部なしねって言う（笑）。なぜかというと、役者が素人同然だから基本的な動きを助監督に作らせて、それから今度は自分流の芝居をつけていく。これは随分勉強になったね」。小沼勝監督『夢野久作の少女地獄』（77）のラスト、湖の水面から白い風船が浮かび、空に上がる場面では「水中に潜って、風船を押さえ、上からのサインを見て、風船を上げたりもした。もう必死だったよね。あの映画では他にもいろいろ苦労して、胃潰瘍で2カ月間入院もした」。曽根作品は学生時代からファンだった。一緒に酒を飲んで、曽根さんの家に泊ると、夜中に曽根さんが起きて翌日の撮影分のコンテを作ってる。まず最初に誰でも撮るようなコンテを描いて、それをやらないようにするには、どうしたらいいかを考える。ありきたりのことを考えるな。人がやらないようなことをやらなくちゃダメだと教えられた」。曽根監督の『女高生・天使のはらわた』（78）が初めてのチーフ助監督作品で、「それ以前から脚本も書かされていたが」、深水龍作との共同脚本で初めてクレジットされる。「あの映画はキツかった。予算やフィルムの量をオーバーすると、会社はプロデューサーや監督を怒らずに、チーフ助監督を呼んで怒る。ロマンポルノの場合、助監督が事実上プロデューサーみたいなものだった」。

小沼勝監督『団鬼六・少女縛り絵図』（80）に就いた時、主演の星野久美子が病気で倒れて撮影中止になる。彼女を病院に連れて行った翌日、雨の日に所長室に呼ばれる。「原作本（高山銀之助）を渡されて、これを撮りなさい、と。その時、〝根岸と同じような映画を作ったら、君は生きていけませんからね〟と言われた（笑）。要するに若くて感覚が似てるから、同じようなタイプの映画を作るんじゃないかと思ったんだろうね」。

当時は山口百恵の「横須賀ストーリー」がヒットしていて「坂道を上ったら海が見えるというイメージで作りたかったから、横須賀で撮りたかったけど、会社から、もっと近い所で撮れと言われて横浜で撮った。新人だったし、逆らえなかった」。最初に撮ったカットはセットの中だったが、撮影所の人たちは、新人がどうやって「ヨーイ、ハイ」の声をかけるのか、みんな興味津々で見に来たという。「最初は『ヨーイ、ハイ』って言ってたんだけど、昼食後すぐの本番の時に、俺が〝ヨーイ、ハイ〟の声をかけるのを忘れて、シーンとしているんだよ。自分が助監督のつもりでいたから。〝あ、俺かあ〟って言ったのを覚えてる（笑）」。みき（倉吉朝子）とハル子（大崎裕子）の二人組の少女に、ミュージシャンくずれの若者（河西健司）が絡むストレートな青春アクションだった。「倉吉を地面にはりつけにして、その上を、ジャンプ台を使って、実際にオートバイを飛ばしたんだよね。あれは怖い。今はできないよ。オートバイが落ちたら（彼女は）死ぬからね。今はもう一寸ちがうことを考えて、効果的にやる。あの時は、こっちも気合がかかっていたから、倉吉も、やらなきゃ仕方がないと思ったんだろうね」。

このデビュー作と、二作目『性狩人（セックスハンター）』（80）には、これぞ新人の登場という力強い気迫が画面の隅々にまで充ちていた。「今見ると、自分で喜んで撮ってる感じがするよね」。奇しくも同時上映作は完成も公開も遅れていた『団鬼六・少女縛り絵図』で、監督デビュー作と助監督作品とが並ぶという形になった。幸いヒットして、シリーズ化もされたが、「会社は、おだてると、つけあがると思ったのか、まだまだだなって言ってたけど（笑）」。完成した時には、自分でも、どんな出来なのか分からず、「キツくて、もうやめようかとも思った」。ただ、脚本が出来た時に、それを読んだ西村昭五郎監督から「お前、こんなカッコイイだけのものを作って、どうするんだ」と怒られた。アクション映画が好きだったから、神代・西村作品のような四畳半ものへの反発は確かにあったと、池田監督は言う。「ロマンポルノは、それまでの無国籍アクションやニュー・アクションへのアンチ・テーゼというか、あんなカッコイイ世界はないぜ、もっと人間の真実を描こうというところから出てきたわけでしょ。そういうロマンポルノへのアンチ的な映画を作ろうという生意気な意気込みがあった」。ロマンポルノの中にあって、アクションへのぎりぎりのこだわりは、『天使のはらわた・赤い淫画』（81）を生み、やがて『人魚伝説』（84）へと昇華する。「かつて自分が見て興奮したり感動した映画が、自分の映画を作る時の原動力になっている」と池田監督は語っていた。

THE SCENERY OF DEBUT WORK

52

1980年

Itsumichi Isomura **磯村一路**

ワイセツ？ドキュメント・連続変質魔

credit **ワイセツ？ドキュメント・連続変質魔** 若松プロ作品

脚本／磯村一路　撮影／長田勇市　照明／磯貝一　編集／中島照雄　出演／下元史郎、瀬里沢冴子、上野淳、風間舞子　公開／1980年3月（60分）

[磯村一路／いそむら・いつみち]　1950年、岐阜県生まれ。若松プロで若松孝二や高橋伴明監督の助監督、製作を務めた後、79年にオムニバス作品の共同監督を経て、80年に『ワイセツ？ドキュメント・連続変質魔』で本格的デビューを飾る。以降『緊縛・鞭とハイヒール』（85）などを監督し、水谷俊之、周防正行監督らとともに“ユニット5”を結成。『あさってDANCE』（91）『目を閉じて抱いて』（96）などの一般映画を多数発表するほか脚本作も多く、周防監督作『Shall we ダンス？』ではイギリス・ロケのプロデューサーを務めた。以後もボート部に青春を懸ける女子高生を描く『がんばっていきまっしょい』（99）をはじめ、『解夏』（03）『雨鱒の川』（04）『おかあさんの木』（15）などの監督作を発表している。

80年代初め、友人に勧められて場末の劇場で磯村一路監督の傑作『狂った情事・おしゃぶり』（81）を見て、その素晴らしさに圧倒された。続けて名画座で『猟奇変質魔』（81）や『色情魔性拷問』（82）を見て、その題名からの印象とは裏腹の端正な映画作法に魅せられ、にっかつ系で公開された、これもまぎれもなく傑作『愛欲の日々・エクスタシー』（82）で、磯村映画の虜になった。

磯村監督本人に初めてお会いしたのは、80年代半ば、今はもうない月刊情報誌の〈日本映画の新鋭十人〉という企画の取材で、神宮前のユニット5の事務所を訪ねた時だったと思う。この時に磯村さんに紹介されたのが『変態家族・兄貴の嫁さん』（84）を撮ったばかりの周防正行監督だった。

今回、磯村監督に「デビュー作の風景」についてお話を伺う上で困ったのは、オムニバス作品『レイプ・ゾーン／犯しの履歴書』（79）が、福岡芳穂、鈴木敬晴両氏と共同監督なので、これをデビュー作とするか、それとも『ワイセツ?・ドキュメント・連続変質魔』（80）をデビュー作とするかという問題であり、両作とも筆者は未見。後述する理由で、上映プリントは、おそらく現存せず、同作とも現在は見ることができない。「商業映画のデビュー作としては『〜連続変質魔』かなあ」という御本人の弁で、そう書かせてもらうことにしたが、まずは映画体験から伺う。

岐阜の学生時代は「母親の妹が同居していまして、彼女が「岐阜タイムス」という地方の小さな新聞社に勤務していて、映画のスチール写真を貰ってくる訳ですよ。それで私の母親が勤めに出ていて、時々、その叔母が私を預かるんです。叔母は当時20代の娘で姉の息子を預かって、面倒臭いので映画館へ連れていって自分の見たい映画を見る訳です。だから面白いのは、その頃の若い娘が見るような洋画を僕は大体見てるんですよ（笑）。オードリー・ヘップバーン主演の映画は殆ど見てたりする。当時の地方では娯楽というと映画しかなかった。映画との出会いは無自覚でしたね（笑）」。

大学を卒業する頃には当時の仲間5人と共同監督で16ミリの自主映画『僕は腕を折った』（75）を撮る。5人のうち1人は『7月7日、晴れ』（96）の袴一喜カメラマンであり、無名時代の高瀬春奈が女子高校生役で出演していた。卒業後はデザイン事務所に勤めるも、数ヵ月でやめ、バイト暮らし中に、目黒のジャズ喫茶〝ちゃばん〟で「シネマテークと称して、今はビデオとか出ていますが、なかなか見られない映画を上映したりして、その時に講師として、いろんな方に来てもらったんです」。

ゲストのひとりだった若松孝二監督と知りあい、足立正生、大和屋竺、唐十郎の各氏にも声をかけてもらう。若松監督と親しくなり、「お前、麻雀できるか」と言われて、セントラル・アパートの事務所で麻雀をしているうちに、「お前、助監督やってみないか」と誘われる。若松監督のA

ＴＧ作品『聖母観音大菩薩』（77）の撮影を見学に行き「自分たちでも16ミリとかやっていたけど、ちゃんとしたカメラだし、面白いもんだなあと思った。この時に僕より年下でしたが、現場でいろいろと親切に教えてくれたのが、『あぶない刑事フォーエバー』（98）の成田裕介監督」。

若松プロでは半年間ほど電話番をしたり、若松プロ製作の高橋伴明監督作品などにも就く。「作るものは全く違いますが、物を作る上での心構えというか、姿勢という点では、若松さんを一応師匠として尊敬しています。一応って言ったら怒られるか（笑）。彼は、やっぱり監督をする時には、単に商品を作るんじゃなくて、すごく真摯にテーマを持ってやる。結果的には予算がないことを含めて、無駄を徹底的に省く。例えば僕が事務所で電話をしていると〝電話が長い〟って、話の途中でもバシッ！と切られちゃう（笑）。その当時は、「ひどい！」って思ってたけど、今の僕には、その気持ちがすごくよく分かる。それは正しいんですよ。撮影に入ったりしていると、いろんな所から電話が入るから、時候の挨拶とか、下らない話をダラダラされてはたまらない」。

脚本を書くことも、若松監督から教えられた。「若松さんは、ひどいんですよ。最初に事務所に行った時も、脚本家に書かせたホンを〝ここからここまでがつまらないから、明日までに書き換えてこい〟って言われた（笑）。僕は多少自主映画の経験があるし、脚本を読んだこともあるから、知ってましたけど」。さながら映画実践教室のようなもの。「（若松さんは）お金を貰いたいって、言ってました（笑）。そりゃ、そうですよね。こっちが教えてもらってるんだから」。

28歳で初めて助監督に就いて、1年以内でオムニバス作品『レイプ・ゾーン～』の監督としてデビューする。「若松さんは何本か（自分と）組んだら、1本撮らせると公言していましたし、これは1本立ちのテストみたいなもんですよね、ひとりずつでは不安だから、20分ずつ3人で1本撮ってみろ、会社（新東宝）には俺が話をするからと。僕の話は、何もすることがないふたりの青年が、通りすがりの女をゲーム感覚でレイプする。100人レイプしたらやめるという展開で、100人目の女が何人目かにレイプした女で、しっぺ返しをくらうという話でした。3人で作るということもあって、強い決意や思いを持って、撮影に入ったという記憶は全然ありません」。

3～4カ月後に『ワイセツ？　ドキュメント・連続変質魔』の撮影に入る。「これはルポライターの主人公が、青春後期で、突然、変質的なことをする話ですが、僕は当時29歳で、30歳一歩手前で1本撮れて良かったなあと、ちょうど僕も主人公と同じ青春後期でしたし、主演の下元史朗さんは僕より2つか3つ年上でしたが」。撮影日数は、4日半。「わりと順調でしたね。とにかく20代最後とはいえ、体力がありましたから、徹夜しようが何をしようが大丈夫。映画って若い人が作るもんだなあと、時々そういうことを感じます。映画を撮る時に何があっても逃げない気分というか」。

残念ながら音楽の著作権の問題で磯村監督のデビュー作のプリントは現存せず、今では見ることはできない。「映倫試写で見て以来、僕も見ていません。映画館にも行かなかったし、二度と見ることのないデビュー作というのも、いいかなあと。初恋の人に会うようなもので、今見るとガッカリしたりしてね（笑）」。

監督デビュー後も、山下耕作監督『戒厳令の夜』（80）や、神代辰巳監督『赤い帽子の女』（82）崔洋一監督『十階のモスキート』（83）などの助監督や製作進行についたりしたが、「いわゆる本篇、一般映画でいうとカチンコ以下ですよ。製作進行で、弁当配り。片方の現場に行くと、〝監督〟と呼ばれ、それこそ京都へ行くと、〝兄ちゃん、弁当〟って怒鳴られる。もちろんピンク映画の監督なんて、いわゆる監督でも何でもないって、僕らは自覚していました。物を作る上での監督という意味でなく、産業としての監督ではどっかでないなあと」。『がんばっていきまっしょい』（99）の公開を控えて、磯村監督は様々な話を聞かせてくれたが、「苦労したことも多いけれど、こういうことを聞かれて、何となくウキウキしながら話せるというのは楽しかった記憶があるからでしょうね」という言葉に、こちらの心も和んだのだった。

THE SCENERY OF DEBUT WORK

53

1980年

翔んだカップル

Shinji Soumai

相米慎二

credit

翔んだカップル　キティフィルム作品　配給／東宝

製作／多賀英典　プロデューサー／伊地智啓、金田晴夫　脚本／丸山昇一　原作／柳沢きみお　撮影／水野尾信正　照明／野口素豊　録音／酒匂芳郎　音楽／小林泉美　美術／徳田博　助監督／渡辺寿　出演／薬師丸ひろ子、鶴見辰吾、尾美としのり、石原真理子、円広志、真田広之、原田美枝子　公開／1980年7月26日（106分）　併映作／『まことちゃん』（監督／芝山努）

［相米慎二／そうまい・しんじ］　1948年、岩手県盛岡市生まれ。中央大学文学部中退後、72年、日活撮影所で働く縁を得て契約助監督に。曽根中生、神代辰巳作品などに就き、76年フリーとなる。監督デビュー後は、独特の演出、長回し撮影などで知られ、『セーラー服と機関銃』（81）『魚影の群れ』（83）『台風クラブ』（85）『お引越し』（93）『あ、春』（98）などの秀作を発表する。82年に創設されたディレクターズ・カンパニー（92年倒産）に参加。2001年、逝去。

取材ではなく、あくまで偶然に、映画の撮影現場に居合わせるというのは、極めて珍しいケースだと思うのだが、筆者にとっては、それがこの映画だった。竹宮恵子原作『地球《テラ》へ…』（80）という長編アニメーション映画があり、秋吉久美子や井上純一が声優として出演し、その中のひとりとして薬師丸ひろ子も起用され、宣伝に関わっていた筆者は、1日だけ録音スタジオに来てもらうため、ちょうど他の映画に出演している彼女を迎えに、日活撮影所に出かけた。

ステージの中には台所のセットが組まれていて、そこで薬師丸と鶴見辰吾のやりとりが撮影されていた。オーバーオールのデニムを着た髭もじゃの怪人が、うろうろしていたのは何となく記憶しているが、ちゃんと挨拶したわけでもなく、今から思えば、それが相米さんだったのかどうかは分からない。それほど長く待たされたわけではないけれど、新宿の録音スタジオに向かう車中で、薬師丸が「よく分からないけれど、この映画面白いかもしれない」と、少し上気した表情で話していた。こちらは、どんな内容なのかも、よく分からないせいもあって、まあ、普通のアイドル映画になるんだろうなと思っていた。ところが、その映画『翔んだカップル』は、普通のアイドル映画には、ならなかった。

ちょっとした手違いで同居するはめになったクラスメートの勇介（鶴見辰吾）と圭（薬師丸ひろ子）。「週刊少年マガジン」に連載された柳沢きみおの同名漫画を原作にして、映画は、その設定の枠組みだけを借り、独特の濃密な空気を漂わせていた。『野性の証明』(78)で鮮烈なデビューを飾った薬師丸ひろ子は、アイドル女優としてではなく、生身で呼吸する、ひとりの女の子として、まさに画面の中で息づいていた。それが、どれほど感動的だったかというのは、今でも『翔んだカップル』のことを語り継ぐ熱心なファンが多く存在することでも証明されている。筆者もそのひとりであるのは言うまでもない。

日活撮影所の契約監督を経て、フリーになり、キティフィルムの村上龍監督『限りなく透明に近いブルー』(79)の応援や、何より長谷川和彦監督『太陽を盗んだ男』(79)の助監督に就いた縁で、相米さんは、このデビュー作を撮ることになったのだろうが、当時を振り返り、御本人は「『太陽を盗んだ男』が当たってたらこんな企画が出てきたかどうか。ボクも受けていたかどうか。『太陽を盗んだ男』が結果(興行的に)があまり良くなかったのでオリジナルの企画もボチボチむずかしそうになってきて、まあ、しゃあないやということでね。キティでわりとノリがよかったもんでね。マジメじゃない、というかデタラメなもんで、与えられれば何とかなるだろうぐらいの軽い気持ちで引き受けたんです」(「キネマ旬報」80年10月下旬号)と語っている。この取材を行った八森稔氏も既に故人だが、同記事で、相米監督は、こうも発言している。

「ナマ身の人間がやってるんだから、漫画みたいにウソをついたってバレるものはバレるし、自然にシビアなものになってゆくんじゃないでしょうかね。本当は、もっと冗談にしようと思ったんです。マジメな部分ほど、こんな話は冗談でやらなくてはいけないんだが、それがちょっと、そういうふうになりきれなかった部分があって、口で言ってる割には冗談じゃなくなるのかも知れませんね。もっと軽くなったほうが悲しいはずだが、それがちょっとひっぱりきれなかったみたいで」。

ラスト近くのモグラ叩きの場面は、今でも忘れられないが、伊地智プロデューサーは、薬師丸のアップがないので、リテイクを命じたら、全く同じように撮り直してきたという。その経緯は、伊地智啓・著「映画の荒野を走れ」（15／インスクリプト刊）に詳しい。

「ここまで（登場人物たちの）旅立ちの話が押してくれば、ここで一番見たいのは薬師丸の顔だろう。キャメラが自然に寄っていったっておかしくないだろう、と。あのときは風が吹いていたからキャメラが寄れなかったなんて、そんなことはありえない。とにかく寄る必要があるんだ、あれは、と。うんうん、とあいつは聞いて。クランクアップ1週間ぐらい前のスケジュールだったと思うね。文化祭を撮ったのは。で、リテイク用の日数もちゃんと取った。勇んで――というのは私の見方であったけど――たしかに撮りに行きましたよ。だから当然、ちゃんと使えるように撮って来るだろうとこっちは思う。あいつは使えないように撮って来る。リテイクと同じ条件で撮って来る馬鹿はいないですよ（笑）！」

「だから最初のテイクを使わざる得ないように仕掛けるのもヤツの手段というか、知能犯だというのはあるね。ひょっとしたら使えるかもしれないなんて撮り方は絶対しないんだ、きっとね」。確信犯だったのだ。

藤田真男氏は、公開当時、「ある時間を誰かとともにすごす。勇介は圭と、我々は映画と――その一瞬一瞬が、いろんな意味で出会いなのだ」と評したが、熱烈に共感し支持する声もあれば、拒否する声もあり、筆者の周囲では評価は真二つに割れていた。筆者は勿論、前者で、DVDはおろか、まだビデオも普及し始めたばかりで、劇場に何度も通いつめて見た。「ロングショットが少女の身ぶりを解放するための環境にならず、凝視するためのプレパラートになっている」（映画『MOMENT』パンフレット）という宇田川幸洋氏の的確な批判をも認めた上で、今でも、この映画の持つ魅力には逆らえず、まあ、監督自身が「ストーリーを作りたくって映画を撮っているんじゃない」と公言しているのだから、それも仕方のないことだが。

『翔んだカップル』は、第4回日本アカデミー賞で話題賞（作品部門、俳優部門）、第2回ヨコハマ映画祭で新人監督賞、脚本賞、主演女優賞、第6回映画ファンのための映画まつりベストテンで、第3位、新人監督賞、脚本賞、撮影賞、主演女優賞を受賞した。キネマ旬報ベスト・テンでは、読者選出のテンでは第9位にランクされたものの、評論家選出のテンでは、惜しくも11位。筆者が評論家として選考委員に加わったのが翌年からなので、1年間どちらかがずれていればテンに入ることができたのにと、こればかりは言っても詮ないことですね。

相米監督本人と会うことができたのは、東映『太陽のきずあと』(81)の脚本作りの過程で、曽根監督が助っ人として、相米監督と『遠雷』(81)を撮ったばかりの根岸吉太郎監督を、新宿の旅館に呼んだ時だった。それから、相米監督とは度々会うようになり、ヨコハマ映画祭の受賞式の帰りには、丸山昇一さんと三人で中華街に行き、準備中の『セーラー服と機関銃』について話したのを覚えているから、もう顔なじみだったのだろう。

『セーラー服と機関銃』は東映が配給することになったので、宣伝に関わり(因みに「カイカ〜ン!」という宣伝コピーを書いたのは、何を隠そう私です)、フリーになってからも、相米さんは筆者のことを気にかけてくれて、ディレクターズ・カンパニーの公募脚本選考会にも、取材者として、わざわざ指名してくれた。『ションベン・ライダー』(83)から『お引越し』あたりまで、取材でなくても、撮影現場には、ほぼ毎回足を運んでいた。本州最北端の大間や、長野や琵琶湖畔で、相米映画が生まれるのを、目の当たりにした。いずれ、相米監督については1冊の本に纏《まと》めてみたいと思う。「これ、映画になってるかな?」という相米さんの呟きを今でも思い出す。

THE SCENERY OF DEBUT WORK

54

Shinichiro Sawai

澤井信一郎

1981年

野菊の墓

credit **野菊の墓**　東映＝サンミュージック作品

製作／高岩淡、相澤秀禎　原作／伊藤左千夫　撮影／森田富士郎　出演／松田聖子、桑原正、村井国夫、赤座美代子、樹木希林、丹波哲郎　公開／1981年8月8日（91分）　併映作／『吼えろ鉄拳』（監督／鈴木則文）

［澤井信一郎／さわい・しんいちろう］　1938年、静岡県生まれ。東京外語大卒業と同時に東映に入社。東京撮影所でマキノ雅弘、佐藤純彌、降旗康男監督らの下で20年にわたる助監督生活を送り、シナリオ・ライターとしても注目される。81年に監督デビュー以降『Wの悲劇』（84）で毎日映画コンクール大賞ほか、『早春物語』（85）で日本アカデミー賞最優秀監督賞を立て続けに受賞する。その後『めぞん一刻』（86）『わが愛の譜・滝廉太郎物語』（93）『日本一短い「母」への手紙』（95）『時雨の記』（98）『蒼き狼・地果て海尽きるまで』（07）など叙情性豊かな作品を発表している。

伝統的に培われた撮影所の技術は澤井映画にどう継承されているのか興趣は尽きないが、「中学時代から映画はよく見ていたが、本当に好きでよく見るようになったのは高校時代から。浜松には邦洋混成の銀映座という名画座があり、そこで名画と呼ばれる古い映画を沢山見た」ことが映画の原風景だという。

大学入学後も「大映、東映、松竹混成の巣鴨映画という二番館があって三本立てで入場料70円。日活は巣鴨駅前の封切館で、新東宝は7時以降入場料は30円で殆どカバーしていた。全部面白かったね」。最初は新聞記者になりたいという気持ちもあったが「4年の夏休みが終って学校に行くと、そういう願書の受付は全部終わってるんだよ。当時学校（外語大）には東映の就職指定校の枠があって、それで受けたら入ることができたんだ」。

61年同期入社には、岡本明久、深尾道典、脚本家の野波静雄、京撮所長の佐藤雅夫、TV部に行った小沢啓一郎の各氏。「東映の場合は事務職、技術職、芸術職というのがあって、事務職は総務や経理の一般事務職。技術職は撮影や照明、美術などの専門職。芸術職はプロデューサー、脚本家、助監督志望で、それぞれ応募も試験問題も別。僕は芸術職に合格したのだけれど、当時の大川博社長の方針で、4月に本社に全員集められて、営業部と興行部とは何をする部署かと担当重役に映画会社のシステムを教わり、それが終ってから最先端のお客さんがどんな風に映画を見て喜ぶのかと劇場に配偶されて実習するんですよ。僕は京都に行った佐藤さんと浅草東映で2カ月実習してから大泉撮影所に配属されたんです。お蔭で劇場の実際がよく分かったよね」。

最初に就いたのは、小沢茂弘監督『ヒマラヤ無宿・心臓破りの野郎ども』(61)。5人の新人助監督が製作課長の机の前に並び「君はこれ、君はこれ」と無作為に順番に割りふられた。「俺は一番運が悪かったんだ。なぜかというと主演の片岡千恵蔵さんは当時東映の重役俳優で、先輩助監督の中には失礼があって配転させられた人もいるというし、〝御大〟と呼べとか、いろいろ制約があるし、これはエライ所に就いたと(笑)。当時の小沢監督は怒鳴りまくりで、その後つきあうようになったけどね」。この時のチーフは小西通雄、セカンド竹本弘一、サード明比正行の各氏で、澤井さんはフォースだった。

この作品から『動乱』(80)まで、石井輝男、小西通雄、村山新治、佐藤純彌、鷹森立一、降旗康男、深作欣二、鈴木則文監督ら55本の作品に助監督として就くが、「キネマ旬報」82年3月下旬号の〝若手監督アンケート〟で、澤井監督は最も影響を受けた映画人、もしくは小説家にこう答えている。「マキノ雅裕と中野重治の二人です。文体、語り口が作家の思想にまで高められている例は大変稀ですが、この二人は、その稀の中での見事な到達点です」。「未だに俺はそう思っているよ。中野重治の本もよく読むし」。

初チーフ作品は、マキノ監督「日本侠客伝・花と龍」(69)。部分的にマキノ監督に演出を任されるようになった経緯を訊ねると、「例えば『昭和残侠伝』シリーズで(高倉)健さんと池部(良)さんが殴り込みに行く。そうすると殴り込まれる親分の家は広いから、向こうで健さんが立ち回りして、こっちでは池部さんが若い衆と立ち回りをして、二つのセットで同時に撮る。マキノさんが健さんを撮って、池部さんは俺が撮るわけだ。マキノさんが両方撮ってたんじゃ間に合わない。殴り込みは一日で撮り終えることになってたからね。健さんの刺青は描くのに、すごく時間がかかるから二日に亙ると全部刺青を入れ直さなくちゃいけない。朝早くから描いて、昼12時に始められるかどうかだからね。向うが本番の時にはこっちがシーンとなって、こっちが本番の時には向うがシーンとする。こっちがちょっとモタモタすると、マキノさんが〝澤井、早く撮れー!〟って(笑)」。

降旗監督の『捨て身のならず者』(71)で脚本家としてデビュー。同監督の『ごろつき無宿』(72)や、『トラック野郎』シリーズの『御意見無用』『爆走一番星』(75)『望郷一番星』『度胸一番星』(76)の脚本を共同執筆して、この頃、筆者は澤井さんのことを、新進脚本家かと思っていたほどだ。監督昇進のチャンスは何度かあった。「一つは劇映画じゃないんだけど〝エルヴィス・オン・ステージ〟風に〝健さん/オン&オフ・スクリーン〟というか、健さんのメイキングと私生活

――どこでコーヒーを飲み食事をしているか――を一緒にした映画を作ろうかという企画があった。誰かが途中で、やっぱり大スターは私生活を見せちゃいけないって、言い出して流れて、他に具体的な作品もあったけれど、それぞれ気に入らなくて断わったりしたんだよ」。

『野菊の幕』（81）の企画は最初、市川崑監督に持ち込まれていたらしい。松田聖子主演というだけでは当時はまだ成立には覚束かず、市川監督が山口百恵主演『古都』（80）を手掛けた時期でもあり「作品的な安定感とアイドルとの組み合わせの面白さ」をプロデューサーは目論んだが、ギャラの点で市川監督と折り合わず、「それで俺は当時東映の社員で、作品手当てが20万円だったからね（笑）」。

「監督のオファーとしては、これが最後だろう。これで断わったら、もうダメだろうなと思った。それで、『野菊の如き君なりき』は題材として嫌いじゃないから、現代劇を撮るより、こういうちょっと古い話の方が俺には合うかなと思ってね。とにかく一本やってダメならダメでいいや、20年助監督をやったんだから、一遍監督というものになってみようと思ったわけ。

木下惠介監督『野菊の如き君なりき』（55）は何度も見た。「あんな名作をなぞるんじゃ、適いっこないなと思ったけど、まあ、新人らしさが出ればいいやと。新人とはいえ、もう42歳だから、映画作りは下手だけど新人らしいエネルギーがあるって言われたんじゃダメだなと思ってた。エネルギーなんか、もう無くなってる年齢だからね」。

撮影期間は約2ヵ月。松田聖子の出演日数は、そのうち19日間だったが「新人にしては、余裕のあるスケジュールを組んでくれたよね」。前記のアンケートにも澤井監督は「5、6月の撮影時期に、一体、野菊があるのだろうかと、そんな心配をした事だけは、はっきりと憶えています」と書かれているが、野菊に関しては沖縄に栽培を頼み、クローズアップの時には本物を使い、他の時には葉っぱに串を刺した造花を使って撮ったという。一番大変だったのは「演技指導だったね。どうしても学芸会風になるから。うまいとまでは、言わないけれども、学芸会風ではなく、下手ではないように見せるというか、恥ずかしくない段階まで持っていくのか大変だった。まだしも桑原（正）君の方が自然だったからね。これには本当にエネルギーが要ったなあ」。

そうした努力の甲斐もあって、キネマ旬報ベスト・テンでは第15位にランクされ、続く『Wの悲劇』（84）では毎日映画コンクール大賞、「キネマ旬報」脚本賞などを受賞。『早春物語』（85）では日本映画監督協会新人賞を受賞し、その実力の程が認められるに至る。新人に限らず俳優たちから素晴らしい存在感を引き出す澤井監督の演出術は、どの作品を見ても、健在といえる。

THE SCENERY OF DEBUT WORK

55

1981年

滝田洋二郎

Yojiro Takita

痴漢女教師

credit

痴漢女教師　獅子プロ製作

企画・製作／沢本大介　脚本／高木功、滝田洋二郎　撮影／志賀葉一　照明／守田芳彦　編集／酒井正次　効果／秋山実　助監督／西田洋介、渡辺元嗣、池田文彰　音楽／谷山三朗、宮本淳、坂崎孝之介　出演／竹村祐佳、蘭童セル、今泉厚、青野梨魔、竹岡由美、港雄一、楠正通　公開／1981年8月（63分）

［滝田洋二郎／たきた・ようじろう］　1955年、富山県生まれ。20歳で獅子プロに入社し、81年監督デビュー。ヒットシリーズ『痴漢電車』（82～85）や『ザ・緊縛』（84）など多数のコミカル作品から『連続暴姦』（83）『真昼の切り裂き魔』（84）のシリアス路線まで手掛ける。85年、内田裕也主演『コミック雑誌なんかいらない！』で一躍脚光を浴び、以降『木村家の人びと』（88）『僕らはみんな生きている』（93）『眠らない街・新宿鮫』（93）『壬生義士伝』（03）『バッテリー』（07）などを発表。『おくりびと』（08）では、アカデミー賞外国語映画賞を受賞。

黒田探偵（螢雪次朗）と助手の浜子（竹村祐佳）の名コンビが難事件に挑み、電車内を忍者姿で走り回るは、網棚には乗るは、密室殺人やダイイング・メッセージの謎まで解明する、滝田洋二郎監督、高木功脚本の『痴漢電車』シリーズは、80年代前半のピンク映画の中で、ひときわ観客を楽しませてくれた。『痴漢電車・下着検札』（84）では、松本清張ならぬ推理作家・松木清張役で竹中直人も役者として映画デビューしている。これでもかというギャグの波状攻撃は、『シャ乱Qの演歌の花道』（97）でも、例えば尾藤イサオ扮する子持ちの演歌歌手が巡業先で、ことごとく雨に降られる件りなどにも見られて健在だ。

さて筆者が滝田監督のデビュー作『痴漢女教師』（81）を見ることができたのは、悲しいことに、95年11月から12月にかけて中野武蔵野ホールで高木功追悼として20本特集上映された中であったのだが……。「たまたま上映プリントが東映の倉庫に残っていたのが奇跡。新東宝作品のように地方をぐるぐる回って上映されていたら、ボロボロになってジャンク（廃棄）されていたはず」と、滝田監督は話してくれた。

74年に富山から上京してブラブラしている頃――この時期には『青春の蹉跌』（74）や『ノストラダムスの大予言』（74）などの映画にも結構目立つエキストラで出演していたとか――近所に住んでいた知人が国会議員の秘書で「東映か東急不動産に入れてやると言ってくれて、それは勿論東映に入りたかったけれど、当時は殆ど縁故入社なんかないし、いたとしても数少ない。それで東映芸能ビデオ経由で、東映で向井（寛）さんが仕事をしていたんで向井プロに入ったんです。基本的にそこではピンク映画を作っていたけど、他にもPR映画や医学映画、警視庁の防犯映画も作っていましたけどね。僕は最初は助監督ではなく事務所の人間として何でもやっていたんですが、撮影現場に行くようになっていきなり裸が出てくるし、何じゃ!? この世界はって、そっちの方が面白くなった。向井さんに助監督になりたいと言ったら、人手も足りないし、向うとしては、これは良かったってもんじゃないですか」。

向井寛監督をはじめ、梅沢薫、稲尾実、渡辺護、山本晋也作品などに就く。「撮影日数が7日から6日になり、ちょうど4日で定着した頃ですよ。盆暮れの作品には多少の余裕がありましたが」。先輩には、佐野日出夫、中山潔、西田洋介ら。滝田さんの少し後には、片岡修二、渡辺元嗣、山田大樹らが続く。「3年後にチーフになった。この連載の瀬々敬久篇には業界に入って3年で監督と書いてあったけれど（僕らの頃には）、それはない。今は時代がちがうのかもしれないけれどね。僕が5年目で監督になって、それでも早い方だったかな。78年頃に根岸（吉太郎）さんや大森（一樹）さんがデビューして、たまたまピンクも若い人に撮らせてみるかという動きと一緒になったのかもしれない」。

編集や録音の仕上げに、東映大泉撮影所の設備を借りていたので、助監督時代から撮影所にはよく通っていた。『動乱』（80）の高倉健を目の当たりにして感動したり、「所内で『トラック野郎』シリーズや『悪魔が来たりて笛を吹く』の撮影をやっていて、仕事をサボって、よく見学に行った。撮影所っていいなあと、楽しくて仕方がなかった」と話す滝田さんの声は今でも弾んでいて、その喜びが伝わってくる。

「81年頃、向井プロは東映ナウ・ポルノみたいな形で1カ月2本製作していたんですよ。新東宝作品もやっていましたから、事務所的には月に5〜6本の量産体制になって、佐野、中山、西田がデビューして、次は俺だなと思っていた。ところが自分で脚本を書いたけれど、どうしてもうまくできない。稲尾さんや（山本）晋也さんと同じコメディをやってもダメだと自分で思ったし、ベテラン脚本家の作品を撮れとも言われたけれど、それは自分にとって面白くなかったので、〝申し訳ございません。私には撮れません〟と言って、延ばしてくれと、言ったら、とんでもないみたいな話になって。まあ撮ろうと思えば撮れたんでしょうが、自分で自分自身が分かってなかったというのもあるでしょうね」。

当時、雑誌「ズームアップ」の編集者として、渡辺組や稲尾組の撮影現場に顔を出していたのが塩田時敏氏だった。塩田氏曰く「ズームアップ」では「監督を指名して、その監督が撮るための脚本を募集するという企画でね。始めたのが79年ぐらいで、1回目が中村幻児、2回目が稲尾実、3回目が高橋伴明、4回目が山本晋也だったのかな。高木（功）が応募してきたのは、81年の四回目、山本晋也の時かな」（「映画芸術」95年冬号・高木功追悼座談会より）。新しい書き手を探していた滝田さんは「ズームアップ」脚本募集の予選通過作品20本を全部借りて読み、高木功作品に出会う。「これが圧倒的に面白くて、これは逆に言うと入選しなくて良かったなと思ったぐらい。入選すると誰かの作品になっていたから」。大阪在住の高木功をすぐに呼び、「僕の小汚いアパートにこもって、すぐにデビュー作の脚本を作ったんです」。ちなみに、その時の応募作は後に直して、滝川真子主演『桃色身体検査』（85）になる。

「照明だけは、さすがにベテランの人にお願いしたけれど、基本的にスタッフは全部若い人にするつもりでした。キャメラマンの志賀（葉一）さんもキャメラマンになったばかりだったし。手慣れた仕事をされるよりは、どうしても若い人・新しい人でやりたかった」。

撮影日数は4日、製作費は300万円。「一応、監督プロデュース方式を踏んでいるけれど、フィルム代と現像費録音スタッフ費がトップ・オフで、あと幾ら使えると思います？　現場費とキャスト費で60万ぐらいじゃなかったかな。『痴漢女教師』も20～30万足が出て、その後の作品も全部赤字。一番ひどかったのは『痴漢電車・百恵のお尻』（83）で百恵のそっくりさんのギャラが高いんですよ（笑）」。デビュー作を完成させて「すごく嬉しかったですよ。不思議でした。全然疲れないんだ。結局5日間かかって殆ど徹夜だったけど、終わるのが淋しかった」。

すぐに『痴漢電車』シリーズを撮らないかと話があったが「本当は『痴漢電車』はやりたくなかった。その時代、あれは稲尾さんのお家芸だったし、僕は弟子ですから、いいのかなあと。稲尾さんには〝すみません、やることになりました〟と挨拶に行って〝うん〟と言ってくれたけど……。たまたまコメディが続いたけど、自分ではコメディ路線でいこうというわけじゃなくて、とにかく何でもいいから撮りたかった」。『痴漢電車・百恵のお尻』がヒットして、「1本自由に撮ってもいい」と言われて、シリアスな傑作『連続暴姦』（83）を撮り、翌年の『真昼の切り裂き魔』（84）の両作が、ズームアップ映画賞の作品賞・監督賞をそれぞれ受賞。初の一般映画『コミック雑誌なんかいらない！』（86）へとつながる。あの頃は――と滝田監督は言う。「フィルムがなくなって、どこからか掠めてきたり、何でもかんでも現場調達。いい大人が映画を作るために大騒ぎする、それが面白かった。金銭的には貧しかったけれど、なぜか豊かだった」。『おくりびと』（08）では、ついに本場アカデミー賞で外国語映画賞を受賞。その映画作りの精神は生きていると筆者は思う。

THE SCENERY OF DEBUT WORK

56

1981年

Masashi Yamamoto

山本政志

闇のカーニバル

credit **闇のカーニバル**　CBC、斜眼帯作品

製作／伊地知徹生、山本政志　脚本／山本政志　撮影／今泉尚、伊藤寛　演出補／諏訪敦彦　出演／太田久美子、桑原延享、中島稔、前田修、山口千枝、室井滋、内田栄一　公開日／1981年12月4日（16ミリ・108分）

［山本政志／やまもと・まさし］　1956年、大分県生まれ。明治大学中退後、映画制作グループ斜眼帯を結成。『看守殺しの序曲』（79）『聖テロリズム』（80）を経て『闇のカーニバル』（82／16ミリ）でベルリン映画祭ほか各国映画祭に参加。87年には『ロビンソンの庭』（35ミリ）で日本映画監督協会新人賞を受賞する。『てなもんやコネクション』（90）を経て93年から『熊楠／KUMAGUSU』に着手するが、資金困難から撮影が中断。その後『アトランタ・ブギ』（96）『JUNK FOOD／ジャンク・フード』（98）『リムジンドライブ』（06）『水の声を聞く』（14）などを発表している。

98年4月に渋谷ユーロスペースで開催された「山本政志全作品」に通いながら、山本監督のデビュー作は、8ミリ『看守殺しの序曲』（79）なのか、それとも35ミリ『ロビンソンの庭』（87）なのかと漠然と考えていたのだが、迷った時には当の本人に聞くに限る。――というわけで、山本監督に「デビュー作の風景」について伺うと、「16ミリ『闇のカーニバル』（82）が俺の映画作りの原点」とすぱっと答えられてしまい、一瞬、不意を突かれた。『闇のカーニバル』はベルリン映画祭ヤングフォーラムや、カンヌ国際映画祭批評家週間で上映され、「ベルリンでは最高に刺激を受けたし、カンヌではカメラ・ドールを受賞できるかも」と思ったし、NYインディーズの映画人、特にジム・ジャームッシュとのつきあいもここから始まり、忘れられない体験だったのだという。不意を突かれたと思ったのは「全作品」のうち、『闇のカーニバル』だけ時間の都合がつかず、再見できなかったので。

自分の記憶の奥を探れば、80年代初め、仕事場にしていた新宿歌舞伎町のマンションの掲示板に、同じマンションの一室で『闇のカーニバル』が上映されると告知してあり、見に行った覚えがある。実に怪しい上映会で、これが山本作品と筆者の出会いだったが、ガラスを売る少女や、テロを企む老人、カブトムシの幼虫を掘り出して燃やすヒロインのイメージが断片的に浮かび上がる。なぜそんな場所で上映されていたのか。長年の謎だったが、監督に訊ねて解明されたので後述します。

山本監督が映画に興味を持ったのは、物心ついた頃からで、5歳の時に東映の『黄金孔雀城』シリーズ（61）を見て「屋根の上から人間がピュッと消えて地上に現れる。そういうイメージだけを覚えている」。映画館に通いつめて遊び場にしていた。小学生時代は「怪獣映画にハマり、植木等の『そのうちなんとかなるだろう』との出会いで、私の人生が変わってしまった」。マカロニ・ウェスタンや、アメリカン・ニューシネマ『俺たちに明日はない』『真夜中のカーボーイ』『バニシング・ポイント』などからも多大な影響を受ける。

関心はヨーロッパ映画にも広がり、パゾリーニ、フェリーニ、ヴィスコンティ作品を見て「『ベニスに死す』（71）は何回見たか分からないほど」。同じ頃から「不良の血がめざめて、中学生時代にはかなりの有名人になり、中学のベスト3に入るほどだった。高校時代は番長で、その頃から「映画美を求めて」とか映画の難しい本を読むようになり、その影響で見た映画も多かったよ。「キネマ旬報」も欠かさず読んでたしね（笑）」。

大分から上京後は年間500本以上映画を見て、明治大学に入学後、映研に入った。「そこが最悪で、先輩がどうだとか言ってるから、テーブルをひっくり返して、3日目で学校もやめた。それで映画を撮ろうと思って8ミリ製作グループ〈斜眼帯〉を結成した」。のちに『NIGHT HEAD』（94）や『らせん』（98）を撮った飯田譲治監督もメンバーに参加していた。

〈斜眼帯〉の第3弾が『看守殺しの序曲』。「渋谷の天井桟敷館を借りて上映したんだけど、最初の観客は2〜3人。あれはショックだったね」。石井聰互、長崎俊一、飯島洋一、土方鉄人ら自主映画の新人たちとも知り合う。「その頃から俺はもうクレイジーで人間じゃないみたいに噂されてたみたい（笑）」。

『看守殺しの序曲』の観客だった18歳の少年は、山本監督の次作『聖《セント》テロリズム』（80）の撮影を担当するが、「あんまりヘタだから1日目でクビにした。スタッフとしては参加し続けたけどな」。この少年が、のちに『2／デュオ』（97）を撮った諏訪敦彦監督。『聖テロリズム』は、新宿のストリップ劇場モダンアートで、白黒ショー、JAGATARAのライブと、映画上映の3つを一緒にやる予定で「それに間に合わせるために仕上げようとしたんだが、出来上がらずステージの上で謝った（笑）」。しばらくして完成したが、当時はセルフ出版、現・白夜書房の末井昭さんのマンションの一室で上映したりした。「そういう遊びが好きで『闇のカーニバル』も、そのマンションで上映した」。筆者が見たのは、その時だ！

劇作家であり、脚本家の内田栄一氏と知り合ったのもその頃で、モダンアートの踊り子だった太田久美子のイメージで脚本を書き、『闇のカーニバル』を撮り始めた。「80年代前半の東京って、閉塞感が漂って、つまらなかったじゃん。それを破壊したいんだけど、できなさそうな雰囲気を出したかった」。ゲリラ戦の態勢で撮影し、新宿の街頭でパトカーが出動したこともあった。「もう始末書の山で、最悪だよね（笑）」。

『闇のカーニバル』も『聖テロリズム』も『看守殺しの序曲』も、「どれも、あの頃は上映時間の長短に関わらず、ずっと2カ月半位のスタンスだったね。リテークに次ぐリテークだから、どうしてもそれ位の時間がかかるんだよ。『闇のカーニバル』もフィルムだけはガンガン回した。でも同時録音《シンクロ》の機材はないし、ホント悲惨だったよ。調音でどうするかというと、セリフがちゃんと聞こえて意味が通るよりは逆にノイズを足して、臨場感を高めようと。TVで勝プロの『警視K』を見て、その音に感動して、菊地進平さんが担当だったから、彼に仕上げを頼んで面白かったな。壮絶だったよ。全然寝ないで作業したけど、気持ち良かった。仕上げで初めて進平さんというプロのスタッフと組んだんだ」。

『闇のカーニバル』は、佐藤重臣氏が7点（第4位）を投じて、キネマ旬報82年度ベスト・テンでは第42位にランクされた。ちなみに重臣さんが主宰するシネマテークで、『フリークス』（32）や『ピンク・フラミンゴ』（72）の無修正版を見て興奮した記憶があるが、当時の新宿の空気と重臣さんと山本作品とは筆者の中で分かち難くつながっている。

初の35ミリ作品『ロビンソンの庭』は、『ストレンジャー・ザン・パラダイス』（84）のカメラマン、トム・ディチーロを迎え、助監督は、のちに『学校の怪談』（95）や『愛を乞うひと』（98）を撮る平山秀幸。各国の映画祭で上映され、ベルリン映画祭ZITTY賞、ロカルノ映画祭審査員特別賞を受賞後、ついに87年度日本映画監督協会新人賞を受賞するに至る。

宇野千代と中里恒子の「往復書簡」（76／文藝春秋刊）の中で、宇野千代がドストエフスキーの小説「白痴」について「文章と言うものは、悪文こそ小説と言うものの真髄を示すものではないか（略）。こんなことを私が言うのも、たぶん自分が書くものがあんまりだらしがなくて、それで自棄《やけ》くそ半分になっているのかも知れませんけれど、悪文で、なお、あの強烈な世界が現前出来ると言うことの物凄さを、繰り返し読んでいるところなのです」と書いているが、山本作品の魅力は、いわば、この悪文のダイナミズムに溢れているのではあるまいか。資質や方法こそ異なれ、例えば瀬々敬久監督作品も、悪文の魅力に充ちているように思える。『てなもんやコネクション』（90）の一人二役ならぬ二人一役、それもカットが変わるごとに男性と女性が同じ役で入れ替わる出鱈目さには、さすがに呆れ返るが、これを大胆に映画の中にとりこめる度胸に驚かされ、ある意味で観客も試されているのかもしれぬ。ところで、一部は撮影されたと聞いたが、幻の大作『熊楠』はどうなったのだろうか。ついに幻のままで終わってしまうのだろうか。

THE SCENERY OF DEBUT WORK

57

1981年

Takashi Ito **伊藤高志**

SPACY

credit **SPACY**

公開／ 1981 年（10 分）モノクロ & カラー
音響／稲垣貴士

[伊藤高志／いとう・たかし] 1958 年、福岡県生まれ。幼少の頃より漫画を描くのが趣味で、九州芸術工科大学画像設計学科在学中は F.M.F.（フィルム・メーカーズ・フィールド）に参加。多数の 8 ミリ作品を制作する。その後、映像作家・松本俊夫に師事し、81 年に本格的な 16 ミリ作品『SPACY』を発表。エジンバラ国際映画祭、香港国際映画祭ほかで高い評価を受ける。卒業後は映画配給会社シネセゾン宣伝部に所属する傍らで映像制作を続け、石井聰亙監督作『逆噴射家族』（84）、林海象監督作『ジパング／ ZIPANG』（90）『キャッツ・アイ』（97）などの特殊効果を担当。

99年春、BOX東中野で上映された伊藤高志映画作品集『イルミネーション・ゴースト』では『SPACY』（81）や『THUNDER』（82）『WALL』（87）など何度見たか数え切れないほどの傑作に加えて、未見だった『ギ・装置M』や『モノクローム・ヘッド』（97）などを見ることができ、本当に刺激的な映像体験だった。僕は実験映画には全くの門外漢なのだが、伊藤作品は、僕のような、こうしたジャンルを食わず嫌いの読者にも是非にとお薦めしたい作品ばかりで、同時期にイメージフォーラムで初期の8ミリ作品もまとめて見ることができて幸運だった。両会場とも超満員の大盛況だった。

伊藤作品は海外の映画祭で上映され、高く評価されているが、劇映画の中でもその魅力を垣間見ることができる。石井聰亙監督『逆噴射家族』（84）や、池田敏春監督『死霊の罠』（88）、林海象監督「ジパング／ZIPANG」（90）『罠』（95）『キャッツ・アイ』（97）の特殊視覚効果担当として、そのシャープな映像は観客の脳裏に刻みこまれているはずだ。ダゲレオ出版から『イルミネーション・ゴースト』全2巻のビデオが発売されたのを機会に、お話を伺う。

幼少の頃からマンガを描くのが趣味で「石ノ森章太郎の「サイボーグ009」をオリジナルストーリーでノート1冊に描破。また手塚治虫や横山光輝のコピーに没頭」（『イルミネーション・ゴースト』パンフレットより）するほどだったが、「劇映画も大好きで、福岡で封切られる映画は殆ど見ていた」。

九州芸術工科大学に入学後、ＦＭＦ（フィルム・メーカーズ・フィールド）の自主上映会に行き、面白いと思って参加。松本俊夫の実験映画や、相原信洋のアニメーションを集中的に見て影響される。「それまでは映画は好きだったけど、作るのは大変で滅相もないと考えていたんですが、ひとりでカメラ一台あれば面白い映画ができる、その手作業の肌ざわりがスクリーンから伝わってきたし、こんな映画もあるのかと目から鱗が落ちるほど新鮮でしたね。特に松本さんの『アートマン』（75）は滅茶苦茶ショックで、当時8ミリで撮った『能』（77）は、その影響をモロに受けました」。自作を映写して「リュミエール兄弟の映画を初めて見たフランスの観客が、スクリーンの中で列車や人が動くのを見て仰天したような映画の原初の恍惚と同じような体験を自分の映画を見て味わいましたね」。二次元の平面に自分が撮った物が動く、その喜びと刺激は大きかった。

大学4年で卒業するつもりで就職も決まっていたが、翌年から松本俊夫氏が赴任してくることが分かり、悩んだあげく就職を断わり、大学に留まって松本氏に師事する決心をする。学内では大問題になったが、それでも松本氏に就きたかった。「伊藤は、こういう人物だと周りがインプットしていて、最初に僕が会いに行った時も、松本さんはすごく怪訝そうにして、落ちこぼれというか変な奴が来たみたいな顔をしていましたよ（笑）」。それまでの自作を見せ、「ウン、一寸《ちょっと》面白いものがあるね」と言われて、師事を許され、以後3年間、大学に留まる。「松本さんは映画のあり方を全くちがう視点から提示してくれて、それがやっぱり一番大きかったですね」。九州芸術工科大は松本氏が赴任して「自分の日常を追って自分とは何かと問い質《ただ》す内省的な作品などは殆どなくなり、物語よりも視覚の実験性を追及する松本俊夫作品のようなものが多くなりました（笑）」。

そして愈々《いよいよ》、16ミリ第1作『ＳＰＡＣＹ』に取り組む。約７００枚の連続したスチル写真を再撮影し、体育館の中をかけめぐる映像は無限の迷路空間に突入する。「前作の8ミリ『MOVEMENT—3』（80）を作る時に、合わせ鏡の間に立った時の鏡の中の入れ子空間への突入をどう実現できるか、随分試行錯誤したんです。だから卒業制作で16ミリの『ＳＰＡＣＹ』を撮る時、これを発展させて撮ろうと構想して、写真を使うことで実現できるんだとハッと閃いて、もう必死でしたね。基本的に入れ子の中に突入する運動感覚は技術的に完成してたんで、もっとダイナミックに、つまり直線だけでなく曲線に運動することで、見る人の視覚体験を混乱させて不思議な運動感覚を作り出す自信はありました」。

半年間かけて遊園地の設計図のような図面を描く。「要するにジェットコースターのレールをどういう風に作ろうかという設計図。絶対面白いものができるという確信はありました。途中経過を松本さんに報告しに行き、こういう風に考えてこうなりますと説明したら、松本さんが興奮して、これは面白くなるぞ!と言われて、こちらも結構興奮しました(笑)」。

80年秋に写真の撮影を始める。最初は大学の建物に囲まれた中庭で撮り始めるが、天候不順で光がどんどん変わり、つながらなくなる。そして学校の体育館の中で撮影するが、「殆ど全部写真の撮影で、1枚ずつ撮っていくわけだから結構時間がかかるんです。光が一緒になるよう毎日時間を決めて午前11~12時の1時間で撮るという形で何日かに分けて撮りました。それでも突然晴れたり曇ったりして細かく見ると光がいろいろ変化してる」。

約1ヵ月間かけて撮影したが、一番難しかったのは、写真の中に飛び込む瞬間だった。「体育館の中にパネルを立て、私がスチールカメラを構えて1枚ずつ近づいて撮っていくわけです。最初は等間隔で撮っていきますが、写真に近づくにしたがって、その間隔をだんだん短くしていかなくちゃいけない。そうじゃないと写真に勢い良く向かって入った瞬間にスピードがガクッと落ちるんですよ。どういう間隔で撮ったらいいか、これはやってみなければ分からない。だから1回距離を測って、最初は1mずつ近づいて、それが90cmになり80cmになり70cmになりという間隔を作り、それを写真に撮って紙焼きして、日めくりのようにパラパラめくって、パネルの中にフッと入っていくのを確認できるまで、間の写真を抜いたり足したり、ここは足りないと思うところは日を改めて写真を撮って差し込んだり。枚数をいろいろ調整して、パーッとめくった時にスーッと入る瞬間が出てくるんですよ。オーッ、やったアと（笑）。ここがこの作品の命でありポイントだから、それが作れなかったら意味がないと思っていました」。

僅か10分の16ミリ作品は、こうして世界中の映画祭を席巻し、映画ファンを狂喜させた。「『SPACY』はストイックというか、ミニマムで単調な作品ですよね。そういうアートも沢山あって影響を受けていると思うけど、どこかで劇映画の構成が持っている起承転結みたいなことを『SPACY』を作る時に考えていたんですよ。導入から、あるリズムが高まって、それが一気にクライマックスを迎える構成を考えながら編集していた。物語の構成を完全に排除するんじゃなくて、実験映画でも、リズムの起承転結という感覚で、うまく取り込みたいと思って作ったんですよね。『SPACY』も『BOX』（82）も『THUNDER』も、そういうことを考えてやっていましたし、それはずっと踏まえて作っています」。小生のような観客が伊藤作品のファンになったのも、そうした構成の巧みさに魅せられたからかもしれない。話題は劇映画にも広がったが、詳述する余裕がなくなったので、これはまた別の機会に。

THE SCENERY OF DEBUT WORK

58

1982年

Shun Nakahara 中原俊

犯され志願

credit **犯され志願**　にっかつ作品

製作／秋山みよ　企画／成田尚哉　脚本／三井優　撮影／前田米造　音楽／林大輔　美術／後藤修孝　録音／小野寺修　照明／木村誠作　編集／西村豊治　助監督／堀内靖博　出演／有明祥子、夏麗子、風祭ゆき、鬼丸善光、宇南山宏、小池雄介　公開／1982 年 3 月 26 日（68 分）　併映作／『セーラー服鑑別所』（監督／川崎善広）

［中原俊／なかはら・しゅん］　1951 年、鹿児島県生まれ、76 年の大学卒業とともに日活に入社。82 年に監督昇進を果たす。『3 年目の浮気』（83）ほか数本の作品を発表後、NCP に移籍。以降『ボクの女に手を出すな』（86）『シャコタン・ブギ』（87）、TV『桃尻娘』（86）などを製作する。90 年の『櫻の園』はキネマ旬報ベスト・テン第 1 位を始め各賞を獲得。以後は『コキーユ・貝殻』（98）『コンセント』（01）など。

先日、若い映画ファンと話していて、彼は『櫻の園』(90)の中原俊監督のデビュー作がロマンポルノだったと聞いて驚いていた。『櫻の園』と、世間一般で思われているロマンポルノのイメージは、確かにかけ離れたものなのかもしれない。しかし素人ならいざ知らず、『櫻の園』公開時に斯界の権威とされる映画評論家の方が「有望な新人監督の登場」(傍点筆者)と発言していたのには驚いた。ロマンポルノを経て、一般映画『メイク・アップ』(85/公開は87)も『ボクの女に手を出すな』(86)も『シャコタン・ブギ』(87)も公開されていたというのにだ。まあ御老体にロマンポルノの鑑賞を強要するのは酷だろうが、同じ人物が『櫻の園』を「まあまあだな」と放言するに及んでは聞き捨てならぬ。映画への〝愛〟を看板にしながら謙虚さとは無縁の傲岸な姿勢には我慢ならず、以後彼の語りも文章も一切信用できなくなった。

閑話休題《それはさておき》、『シーズン・オフ』(92)以来、5年ぶりの新作『Lie Lie Lie』を東映大泉で撮影中の中原俊監督に「デビュー作の風景」を聞く。76年、助監督として日活に入社し、同期は那須博之、堀内靖博、加藤文彦らであり、最初に就いたのは「林功監督の……中島葵さんが出演していた作品だった」と中原監督は言う。林功監督は76年に5本の作品を発表しているが、時期的に該当するのは「あの感じ」(76年)という作品か。主に林功、武田一成、田中登作品に就き、にっかつが製作協力したホリ・プロ作品で、西河克己、大林宣彦、それに市川崑、鈴木清順監督にも就く。「チーフで最初に就いたのは武田一成監督『おんなの細道・濡れた海峡』(80)で、小沼勝監督『妻たちの性体験・夫の目の前で、今……』(80)のチーフもやったんですよ」。題名こそ物凄いが、この両作は、いずれもロマンポルノの傑作だ。助監督としての最後の作品は、荒木経惟監督『女高生偽日記』(81)か、和泉聖治監督『オン・ザ・ロード』(82)のどちらかだという。

菅野隆監督『生録・盗聴ビデオ』(82)のチーフとして準備に関わり、正月明けに郷里から帰省して、撮影所に顔を出す。食堂で菅野監督に会うなり、いきなり「お前は、もう明日から来なくてもいい」「クビだ」と宣告される。「エッ!」と驚く。「所長が呼んでるから行ってこい」と菅野監督に言われ、「怒られるのか」と恐る恐る所長室に行ってみると、監督デビューの話だった。「勿論、菅野さんは(僕が一本撮ることを)先に知っていたわけで、会社から事情を聞かされていたんでしょうが(笑)」。その段階では『犯され志願』という題名しか決まっておらず、「レイプものをひとつ」と言われたそうだ。「レイプものか、イヤだなあ」と監督が思った理由は後述する。

『犯され志願』は、スクリプターの秋山みよさんの第一回プロデュース作品でもあった。桂千穂氏の聞き書きによる「スクリプター・女たちの映画史」(94/日本テレビ放送網刊)に秋山さんの次のような証言がある。「ねじ曲がってクネクネしたような話でね。三井優さんが書いてたんだけど、なかなかうまくいかなくて、中原さんもホンをいっしょに書くってことになったのよ。そのときに私がヒントを出したんですよね。田辺聖子の『休暇は終った』という本があったんですよ。若い女が中年の男にどう甘えていくかというのが、おもしろかったんです」。中原監督によれば、直接作品に就いていたわけではないが、助監督時代の金子修介氏がノー・クレジットで脚本執筆に協力してくれたそうだ。

関本郁夫監督の佳作『天使の欲望』(79)に主演した有明祥子がヒロインで、彼女が扮するインテリア・デザイナーの日常を丁寧に掬いとった快作に仕上がったが、ヒロインの枕元にある幾つもの時計が、強い印象を残す。

「最初の打ち合わせで、時計をやろうと言った記憶があります。とにかく時計をいろいろ出そうと言って、高島屋の時計売り場に行ったりした(笑)。西村(昭五郎)さんが初号試写を見に来てくれて〝中原、何が時計なんや〟と。〝沢山(時計が)出てたでしょ〟と言うと〝出てるだけや〟って言われました(笑)。まあ、単なる思いつきなんですけどね。でもロマンポルノは何をやらなきゃいけないかというのは、ある程度決まっているわけで、それ以外に何に拠り所を見つけるかということで、ヒロインの年齢を25歳位に設定したこともあって、時計＝時間で、あんまり時間がないなと思っているヒロインを描きたかったのかもしれない。『犯され志願』という題名は決まってたんですけど、自分なりに『女の夜のすごし方』という題名を考えて、そういう映画にしようと思いながら、撮ったんでしょうね」。

撮影期間は約2週間。期間も製作費も通常のロマンポルノの枠内だったそうだが、「プログラム・ピクチュアの場合、はっきりした数字って出てこないんだよね。一応のラインとして、これ位の大きさというのがあるだけで、よく分からない」。金子修介監督に取材した時にも同じようなお話を伺ったが、撮影所内では、セットにしても小道具にしても、他作品のものを流用したりできるので、実際の製作費以上にふくらむケースが多い。それだけ経済的にも時間的にも恵まれているわけで、プログラム・ピクチュアの大きな利点でもある。

当時、にっかつ試写室で『犯され志願』を見て、これは女性が見ても十分納得できるロマンポルノだなあと思ったが、監督自身にそうした意識があったのかどうか。「やっぱり、それまでのロマンポルノやピンク映画を見ていて、どこか男の身勝手さが気になっていて、そういうことがなくても、いけるはずなんだけどなあ、と助監督時代から思っていましたからね。当時は女性が元気が良くなっていた頃で、自分たちと同世代の30歳前後の女性が見て、イヤだなあと思われるものは作りたくなかった。ポルノという男性原理に寄りかかった枠と、どう折り合いをつけていくかみたいな気持ちはあったんでしょうね。それに秋山プロデューサーが女性だったので、そこら辺がいい加減になれないみたいなところもあって、〝中原、あんた、女というものは、そうはならんよ〟って言われてましたからね（笑）」。

会社からの評判は芳しくなく「カツ丼を頼んだのにカレーライスが出てきた」「どこがポルノなんだ」と言われた。結城（良熙）プロデューサーが、会社のそういう気配を察して、次はこういうものをキチッとやっておけと、ＳＭもの（『奴隷契約書・鞭とハイヒール』）を作らせてくれた。

「ＳＭもの自体は嫌いじゃないし、日常性を越えて、あそこまでいくと、普通じゃないから何でも平気で出来る。日常的なドラマの時に一寸抵抗があったんで、ＳＭならいいですよと。それはそれで、やっていて面白かったですけどね」。

キネマ旬報ベスト・テンでは、第32位。寺脇研氏が何と10点！（第1位）、北川れい子さんが4点（第7位）、不肖小生が4点（第7位）という内訳で、ヨコハマ映画祭新人監督賞を受賞。この年、にっかつは創立70周年を迎えた。『櫻の園』が、あらゆる映画賞を独占するのは、それから8年後のことになる。

THE SCENERY OF DEBUT WORK

59

1982年

Hiroyuki Nasu 那須博之

ワイセツ家族・母と娘

credit **ワイセツ家族・母と娘**　にっかつ作品

プロデューサー／佐々木志郎、山田耕大　脚本／那須真知子　撮影／杉本一海　出演／志麻いづみ、森村陽子、汐路章、阿藤海　公開／1982年5月14日　併映作／『黒い下着の女』（監督／斉藤信幸）

［那須博之／なす・ひろゆき］　1952年、東京都生まれ。76年、東京大学卒業と同時に日活に助監督として入社。曽根中生、澤田幸弘、田中登監督らに就いた後、82年に監督デビュー、同年の第2作『セーラー服・百合族』に続いて、フリーとなってからも『ビー・バップ・ハイスクール』シリーズ（85～88）を大ヒットさせ、以降『紳士同盟』（86）『新宿純愛物語』（87）『右曲がりのダンディー』（89）など、新人やアイドルを主演に迎えた快作を発表。『ろくでなしBLUES』『地獄堂霊界通信』やOV『リップスティック』『堕ちていく女』（96）を経て、『デビルマン』（04）を遺作に、2005年、逝去。

98年夏、東映Vシネマ『新・湘南爆走族／荒くれKNIGHT《ナイト》3』（99年1月リリース）『同4』の撮影現場を取材に、茨城県波崎海岸に出かけた時、那須監督に「デビュー作の風景」でお話を聞かせて下さい、と頼むと「俺のはスゴイよ」。以前、金子修介監督にも「那須さんの〝デビュー作〟は面白いよ」と断片的に聞かされてはいたが、実際に伺うと、いやはや聞きしにまさる面白さ。どこまで紙上に再現できるか分からないが、まずは高校時代の話から。

「学生運動とかやってたけど、ゴダールとかよく見たし、原将人が、うちの高校に来たりして、いろいろ映画を見に行くようになったんだ」。20歳の頃「ちょうど高度経済成長期のど真ん中に、大金持ちの家のお嬢さんと駆け落ちした上に結婚しちゃうんだよ」。何しろ彼女の貯金だけでも6千万円！　親元が興信所を総動員して二人の居場所を見つけ、彼女はロンドン郊外の城に幽閉されるが「ポンド紙幣をかき集めて救出に行き連れて逃げたわけ」。とりあえず隠れ家に棲むが、結局発見され、大企業の跡目を継ぐように説得される。「今なら即ＯＫだけど、70年代前後だから、資本家の言いなりになるのはどうかってなもんで」泣く泣く別れる。「その時に、すごい喪失感があって、必然的に本を読んだり映画を見るようになり、特に映画は重要なものだと思いはじめた」。出版社やＴＶ局に就職しようとしたが、「どれも全然ダメでさ、日活の募集が2月頃にあって、ようやく受かったんだ」。同期入社には、中原俊、堀内靖博、加藤文彦監督らがいた。

最初に見習いで就いたのは、曽根中生監督『淫絶未亡人』(76)。『白バックの前で全裸の絡みがあって、照明《ライティング》をピカピカに当てて、それはまだ目に焼き付いてるよ。いきなり山科ゆりに芝居をつけろなんて言われて、1時間30分ぐらい時間をくれたりした。そういう会社だったんだね」。最初から最後まで完璧に就いた初めての作品は、長谷部安春監督『暴行切り裂きジャック』(76)。「セカンドの時は曽根、田中登、澤田幸弘の3人が多かった。曽根さんからは、ごんたくれの精神。田中さんからはカット割り。澤田さんからは、『高校大パニック』(78)などでアクションを教えられた。ただ、その3人は、そうしょっちゅうは撮らないから、ちょうどいい位の感じ。あれだけたくさん本数を撮った西村昭五郎監督には1本しか就いてない」。

初チーフは根岸吉太郎監督『朝はダメよ!』(80)。「あんまりチーフをやっても仕様がないなと思い」、セントラルアーツに出向してTV『探偵物語』のセカンドに就く。その頃、正月にインドに旅行して帰国したら「医者に肝炎と診断されて大騒ぎになり、にっかつが消毒されたりした。3ヵ月位休んで、イメージフォーラム誌に評論を投稿したりしていた(笑)」。虎の門病院を紹介されて行くと「全然大丈夫、酒を飲んでも平気だと、言われてまた現場に復帰すると、3ヵ月の間に会社の俺に対するイメージが変わってきたらしい」。当時、にっかつが生撮りビデオでAVを撮ることになり、監督会と助監督会に声をかけた。監督会で手を上げたのは、小原宏裕監督だけで、小原監督が2本撮り、那須さんが3本。「製作費100万で40分。まあベッドがありゃいいんだから、セットを使って撮影期間は1日、キャメラは2台で撮る。1日で撮らないと予算オーバーするから、朝8時から夜8時までに撮っちゃうんだよ（笑）」。これは結構売れたが、製作担当者がそのノウハウを持って退社したため、生撮り路線は続かず、いよいよ本篇を1本撮ることになる。さすがにチーフをやっておかないと格好がつかないだろうと、白鳥信一監督『女事務員・色情生活』（82）、藤井克彦監督『女新入社員5時から9時まで』（82）に就いた。

『ワイセツ家族・母と娘』（82）は「AVを100万で撮ったんだから、500万もあればいいだろうと言われて、5日で撮った。ロマンポルノの中では安い！　安い！　半日位実景を撮って、2時間ドラマ用の豪邸のセットを使った。企画の山田耕大もブニュエル風にやろうかと言って、すっぽんの首を斬り、その血で乾杯する件《くだ》りがあったし、草原で食事をするラストシーンでは、ローストチキンにハエが集《たか》ってるけど、汚いから集まるんじゃなくて、おいしいから集まってると、そんな感じでいこうぜと撮ったんだよ」。完成した作品を見て上層部は激怒。「30分に切れとか、編集をやり直せとか言われ」、撮影所内では、すっぽんの祟りだと大騒ぎになった。その後、撮影所の事業部で、カラオケビデオを撮ったりしたが、「会社としては給料が勿体ないから、森田芳光監督『㊍噂のストリッパー』（82）のチーフをやれって言うんだよ。にっかつは伝統的に外部の監督に冷たくて、鈴木則文監督が『堕靡泥《ダビデ》の星・美少女狩り』（79）を撮った時にも、演出部は誰も就かなかったんじゃないかな」。千葉の浦安で摘発されて休業中のストリップ劇場にスタッフが泊りこみ「夜の8時からファックシーンを撮ったんだけど、夏だし暑いしさ。森田さんに何カットだって聞いたら、彼はちゃんとカット表を持ってて32カットあるって言うんだよ。32カットなんて大変だし、終わらないじゃない。そうしたらベテランの水野尾（信正）キャメラマンが、俺に任せとけって、レールを敷いて、カットを割らずに効果的に撮れるって。キャメラマンに実際そう言われると、森田さんも、ああ、こういう風にして撮るんですか、いいですねって。これはシメシメと（笑）」。仕上げのダビングの時にチーフ助監督はつきあわなくてもいいという慣例があり「それで俺も行かなかったわけ！（仕上げに）行かずに、鈴鹿の8時間耐久レースに行って、せっかく鈴鹿まで来たんだから、その後そのまま下関に行って、フェリーに乗って韓国に渡ったんだよ」。

韓国には結局2週間滞在。戻ったら金子（修介）とか新津（岳人プロデューサー）が来て、会社で大変なことになっていますよって。渋々、撮影所に行くと、製作部の課長に事実関係の調書をとられて、会議室に重役とか組合の幹部が全員揃って、査問委員会が開かれ、労働協約上9時から5時までいなきゃいけないと。最後に営業本部長が立ち上がって判決文を読むんだよ（笑）。自衛隊なら、これは反逆罪だってね。1週間後に撮影所の所長室に呼び出されると、演出部が全員集められて、今後は9時から5時まで来るように、今までのように遊んではおれないと。会社に対して謝れって言うんだよ。これを機に、そういう体制にすると」。

その頃、渋谷でブラブラしていたら、かつて日活のプロデューサーで、当時キティ・フィルム社長の伊地智啓氏にバッタリ会い、「どうしたらいいですか」と訊ねると「今すぐ、すっぱりやめた方がいい」と言われる。入社時の撮影所長だった黒澤満氏にも、電話で相談すると「やめてもどうしようもない。我慢した方がいいぞ」と言われる。考えたあげく、辞表を郵送するが「そうしたら新津が飛んできて、また会社で大騒ぎになっています。やめられたら困ります」と言われ、なしになったが、二作目の『セーラー服・百合族』（83）がヒットして、シリーズ化され大逆転。85年、にっかつを離れてフリーになってからも『ビー・バップ・ハイスクール』（85）が大ヒットして、これもシリーズ化されたのだから、つくづく強運の人だと思わざるをえない。鈴鹿↓下関↓韓国の話といい、日本列島を縦断し、はみ出すスケールの大きい行動力には圧倒されるばかりだ。

THE SCENERY OF DEBUT WORK

60

1982年

Shunichi Nagasaki 長崎俊一

九月の冗談クラブバンド

credit **九月の冗談クラブバンド** シネマハウト＝プロダクション爆＝ATG作品
製作／佐々木史朗　脚本／江浜寛、長崎俊一　撮影／手塚義治　音楽／宇崎竜童　出演／内藤剛志、伊藤幸子、古尾谷雅人、室田日出男　公開／1982年6月5日（85分）

［長崎俊一／ながさき・しゅんいち］ 1956年、神奈川県生まれ。日大芸術学部在学中に、第1作『25時の舞踏派』（75／8ミリ）を完成。以降『ユキがロックを棄てた夏』（78）ほか多数の自主作品を製作。80年にATG主催の“1000万円映画”で初の35ミリ『九月の冗談クラブバンド』に取り組むが、途中事故により中断。82年に完成し、以降『闇打つ心臓』（82／8ミリ）『ロックよ、静かに流れよ』（88）『ロマンス』（96）ほかを発表する。ことに『柔らかな頬』（00）『少女たちの羅針盤』（10）は、あまり話題にはならなかったが、注目すべき傑作である。

寒い夜だったという記憶がある。78年12月23日夜、池袋文芸地下でオールナイト上映された、ぴあ主催「第2回自主製作映画展1978」で、長崎俊一監督作品を初めて見た。16ミリ『ユキがロックを棄てた夏』(78)で、スタイリッシュな映像は当時一世を風靡した日活ニューアクションを彷彿とさせた。満員の客席で、長崎作品以外にも、石井聰亙監督、『突撃!博多愚連隊』(78)、宇田川幸洋監督『おろち』(78)、森田芳光監督『ライブイン茅ヶ崎』(78)などに、日本映画の新たな胎動を否応なく感じさせられて興奮した。『ドッグス』『死国』(99)の公開を控えた長崎監督に「デビュー作の風景」について伺うことができた。

高校時代、日活ニューアクション『野良猫ロック』シリーズ(70~71)や、『女囚701号・さそり』(72)を見て、映画への興味をかきたてられる。

「たまたま、その頃は8ミリのカメラが普及して、いろんな高校に映研があった時代だったんですよね。原(将人)さんや、大森(一樹)さんも撮っていて、8ミリで映画を撮る人もいるんだという情報もあったと思うんですよ。それで自分でも何か作ってみたいなあと思ったんでしょうね。まあ、オートバイが好きだから暴走族をやりたい、好きな楽器を弾くために集まってバンドをやりたいのと同じで、それが僕の場合は、たまたま8ミリカメラだったと思います。こういう映画をと考えていたわけじゃなくて、素朴に、このカットの次に、こういうカットがくると結構面白いとか、そういう風にやっていましたからね」。

8ミリ処女作『25時の舞踏派』（75）は、「高校生が爆弾を作る話で、のちに芥川賞を受賞した保坂（和志）が主演しているし、今、上映すれば、人も見に来るだろうと思うんですが、フィルムがどこかに行っちゃって、ないんですよ」。日大芸術学部映画学科に入学し、内藤剛志氏らと知り合い、数多くの8ミリや16ミリ映画を製作する。「カメラマンが16ミリの安いカメラを買ったりして、現像やダビングも学校でできるし、他の学校の人たちよりも、やりやすかったんでしょうね」。

こうして『夢子惨死』（77）『クレイジィラブ』（78）『ユキがロックを棄てた夏』『ハッピーストリート裏』（79）などで、長崎映画は世に知られるようになる。「ちょうどPFFが始まった頃で、応募するのが目的というよりも、自分で会場を押さえたら、金も手間もかかって大変だし、誰かに見て貰えそうな機会が欲しかった。それで、ぴあの自主映画公募に応募したんでしょうね」。

大森一樹監督が『オレンジロード急行』（78）を松竹で撮り、石井聰亙監督が『高校大パニック』（78）を日活で撮り、日本映画の流れが変わりはじめた頃、81年、ATGの〝もう一度1000万円映画〟の企画の一作として『九月の冗談クラブバンド』で35ミリ商業映画にデビューを飾ることになった。

「最初は8ミリ時代のものをリメイクしたらどうだと言われたりしましたが、若かったし、リメイクなんてイヤだと言って、僕の友人の暴走族のとんでもない話にしようと思ったんですよ。当時の1千万円といったら、僕らにはとてつもない大金に思えたから、できるんじゃないかと思ったら、さすがに無理だということになって、そこから派生した物語を考えたんです。暴走族がワイワイやる映画が、お金の問題でシンドイのなら、暴走族と言ってるだけで、全然走らない奴を主人公にしようと」。

暴走族の間で伝説的な存在であるリョウ（内藤剛志）が仲間の事故死を契機にバイクを捨て、その一周忌にリョウの伝説が蘇ると信じた人々の物語が始動する。ところが、「撮影を6〜7割終えた頃に」、暴走族の二つのグループがすれ違うシーンをバイクで走りながら撮影中、接触事故を起こす。「スタッフも大怪我をしましたが、幸か不幸か僕が一番重傷で、3ヵ月ほど入院しました」。

約1年後に再開し、残りの部分を撮影する。

「わりと早い段階で、僕がある程度動けるようになった頃にスタッフが頑張ってくれて、再開しようという風にしてくれたんで、そういうことで気を揉まなくてすみましたけどね。そういう点では、佐々木（史朗プロデューサー）さんをはじめスタッフには今でも感謝しています」。

仮定だが、スムーズに完成したかもしれない作品と、事故で中断し撮影再開した作品とでは、かなり異なるのだろうか。

「ちがうと思いますね。山本政志が事故の前に撮った部分と、その後に撮った部分は分かるって言ってましたけどね。何だったんだろうなとか、これからどうするんだろうなと思っていたんでしょうね」。

完成した作品を見て、長崎監督自身はどう思ったのだろう。「特別な感慨というよりも、こうした方が良かった、ああした方が良かったという思いが残りました。混乱していたのかもしれない。できる前に思っていた気持ちは覚えているんだけれども、それとは随分ちがう気分だなあということだったと思うんですよ。例えば、すごく乱暴に言うと、伝説のライダーが帰ってくるという、そのことが以前よりは信じられないというか、以前はそれで突っ走るというか、それに向かって撮るわけだけど、その後、そんなことは信じられないよという気持ちも少しはありました。自分の資質が全部出ているという意味では、正直といえば正直だと思うんですけどね」。

『九月の冗談クラブバンド』（82）は、キネマ旬報ベスト・テンでは第36位。宇田川幸洋氏が3点（8位）、斎藤正治氏が8点（3位）、松田政男氏が2点（9位）、それぞれ票を投じたが、同年には文芸坐製作で、8ミリ『闇打つ心臓』（82）を完成し、ヨコハマ映画祭自主製作映画賞を受賞した。「（『九月の冗談クラブバンド』の）後に撮った8ミリやビデオでは、自分が何を撮りたいかとか、どうやって映画を撮ったらいいのかと、どこか頭の片隅で考えていたような気がしますね。それは『九月の冗談クラブバンド』を撮ったことは何だったのかという答えが欲しかったのかもしれない」。その答えは見つかったのだろうか。「ウーン、どうなんでしょう。要するに自分にとって映画は何だと考えても答えなんかあるわけないんで、そういう袋小路めいた感もなきにしもあらずですよね。自分の気がすむためにやっていただけかもしれないし、勿論それだけじゃないんでしょうが」。

自分たちの子供を殺して、アパートの一室に身を隠す男（内藤剛志）と女（室井滋）の日常を描いた『闇打つ心臓』には鮮烈な印象があるが、「特に『闇打つ心臓』は撮りたくて仕方がなくて撮ったという気持ちがありましたね。あれをやらないとダメになると思っていましたから」。ビデオ作品『ドッグス』も、そうした長崎監督の〝やむにやまれぬ思いが生んだ〟傑作であるという気がする。自分の中に抱え込んだ得体の知れない感情に衝き動かされて、ヒロイン美樹（水島かおり）は日常から逸脱していく。

78年12月24日の夜明け、今は亡き池袋文芸坐のロビィで、長崎監督と石井聰亙監督が、肩をすぼめて話し合っているのを目撃したのが、つい昨日のことのように思い出される。

THE SCENERY OF DEBUT WORK

61

1983年

Yoichi Sai **崔洋一**

十階のモスキート

credit **十階のモスキート** ニュー・センチュリーズ・プロデューサーズ作品
製作／結城良熙 脚本／内田裕也、崔洋一 撮影／森勝 音楽／大野克夫 助監督／磯村一路、平山秀幸 出演／内田裕也、中村れい子、吉行和子、アン・ルイス、小泉今日子、趙方豪 公開／ 1983 年7月2日（108 分）

［崔洋一／さい・よういち］ 1947 年、長野県生まれ。東京総合写真専門学校を経て照明助手として映画界入り。大島渚『愛のコリーダ』（76）や村川透監督作品ほかに就き、文中のテレビ作品で監督デビューを果たす。83 年『十階のモスキート』で初の劇場初長編を監督し、その後『いつか誰かが殺される』（84）『花のあすか組』（88）『A サインデイズ』（89）などを発表。93 年には J・MOVIE・WARS で高い評価を受けた『月はどっちに出ている』の劇篇版でキネマ旬報ベスト・テン第１位ほか各賞を受賞。

崔洋一監督久々の新作『犬、走る／DOGRACE』（98）を見た。悪くないぞ→結構いけるぞ→相当いいぞと、見ているうちに気分がどんどん昂揚してくる快作だ。歌舞伎町を、不眠不休で疾走する中山刑事（岸谷五朗）の呼吸に共感と愛着を覚えつつ、次回作撮入直前の崔監督に「デビュー作の風景」を伺う。

高校時代の先輩の紹介で、今井正監督『婉という女』（71）の撮影現場に照明の見習いとして就いたのが始まり。「映画少年でも映画青年でもなく、自称高等遊民、実はただのプータローとして渡りに船とは思わなかったけれど、まあ、やってみてもいいかなという程度のバイト感覚ですよね」。今井監督は現場では饒舌でなく、役者に芝居の注文を細かく出すタイプでもなかったが「監督の才能と判断が現場を動かしていく、そのシステムに興味が持てた。映画には頂点というものが、どこかにあって、その頂点の表現力が、いろんな物語を形作っていくんだなと感じたわけですよ。それが非常に合理化された民主的なシステムで進むのではなく、全く不合理で人非人《にんぴにん》のような縦割りの徒弟制度の中で進む、その相反し矛盾した有り様が大変面白かった」。

若い助手に今井監督は優しかったが、ギャラは滅法安かった。家賃や食事を含め3万円あれば何とか生きていける時代に、小遣い銭程度と言われ、1万円かと思ったら、何と1カ月のギャラは千円！「照明のようにメカニックな仕事は自分には向いていない」と、TVドラマの小道具製作進行に移る。「この頃、現場で親切にしてくれた男というか中年女が、当時、昼メロの進行兼演技事務をしていた、おすぎだよ（笑）」。

『浮世絵・女ねずみ小僧』『キイハンター』などでTVの助監督になるが「強運続きで、助監督を1年やるかやらないかのうちにチーフになった。驚異的なスピード出世だよ」。なまじの助監督より遥かに仕事ができたからだが、初めて本篇に就いたのは「タイトルも忘れちゃったな。あまり面白くなかった。言いたくない（笑）」。

初のチーフ作品は大島渚『愛のコリーダ』（76）、25歳の時に新宿での知人であり喧嘩系の師匠である若松孝二に大島さんに引き合わされ、準備が26歳、撮影終了して公開時には27才」。若いチーフ助監督だった。「大島さんからは、年齢は関係ない。いわゆる助監督の仕事なんか3カ月もやれば、バカでない限りひと通りできるはずだ。要は才能なんだよと言われた。大島さん自身、そうだったからね。まあ死ぬほど苦労させられましたけどね。それに君たちに教えるべきことは何もない、ただひとつ言えるのは人との接し方、役者やスタッフ、ロケ先の人々といかに接するかを学びましたね。世の中との切り結び方を大島さんから、世の中に攻撃的になる術を若松さんから教わった。彼ら2人から映画的に学んだことは実は何もない。彼ら自身も助手時代にそんなことを学んでいない。目線がどうとか、繋がりがどうとか、段取りが良すぎるのを嫌う人たちだし、自分の仕事がどんどん合理化されていくことに対して苛立つタイプの人たちですから。それは俺もどこかで受け継いでいるのかもしれない。むしろ作ろうとしている物語をどう理解するか。現場で評論家的に動く奴は許されないけれど、ある批評性を持って仕事をしろ、思想のない助監督はダメだと叩きこまれました」。

村川透監督『最も危険な遊戯』(78)、原田眞人監督『さらば映画の友よ・インディアンサマー』(79)、山下耕作監督『戒厳令の夜』(80)などのチーフ助監督に就いた後、「黒澤満さんと、今は日テレを退社した山口剛さんと、当時シナリオ担当の伊地智啓プロデューサーの後押しで」、81年、TV『プロハンター』で監督デビュー。「宍戸錠さんが可愛がってくれてね。TVドラマには定型があるけれど、そんなの構わないから好きなようにやれ。どうせTVなんか週1本の放映だから大丈夫だよと、なかなかいい破壊思想を教えて下さった(笑)。そりゃ、みんな分かってるけど、なかなかできないじゃないですか、共犯者がいないと。その点では藤竜也さんも、草刈正雄さんも、柴田恭兵さんも、みんないい共犯者になってくれた」。それが好評で、最終回の監督も任され、続いて火曜サスペンス劇場『孤独な狩人』(82)を撮る。

そして――「内田裕也さんの深夜の電話が、僕を襲った時から『十階のモスキート』が始まった。「崔さん、俺は新しい人と組みたいんだ。警官が強盗して、最後に金を食っちゃうんですよ」。裕也さんの言葉がダンスをしていた。肉声が受話器からガンガン飛び出してくる」(「月はどっちに出ている・崔洋一の世界」94／日本テレビ刊)。「ただ、これは不思議なもので、俺は大宅文庫へ行って、警官強盗の広田事件の記事を山のようにコピーしてたんだ。この話はやるつもりだったし、偶然というか、これもまた強運だった」。裕也さんからは脚本なしでと提案されたが、「やはり脚本がないと無理だろうということで、最初は内田栄一さんに書いていただいたんだけど、これは互いに求めることがちがうということで、その脚本は一応おいて」、まず、裕也さんがペラで60枚書き、崔さんも加わり、結果としてペラ130枚の脚本ができた。

製作資金の調達や出演者との交渉は「業界のルール違反をいっぱいやった。直談判系ですよ」。小泉今日子、アン・ルイス、ビートたけし、横山やすしらの出演者に加えて、助監督に磯村一路、平山秀幸、福岡芳穂。撮影助手に喜久村徳章(『CURE』)、照明助手に金沢正夫(『犬、走る／DOG RACE』)らの才能も集まった。だが天候には恵まれず、「イメージフォーラム」誌83年1月号に掲載された製作ノートには〝あらかじめ組んだスケジュールは殆ど毎日の様にコロコロと変る。悪天候は、こちらの都合にはおかまいなしである〟とスタッフの嘆きが綴られている。「雨で4、5日予定をオーバーして、おまけに『戦場のメリークリスマス』(83)に裕也さんの出演が決まっていて、彼の頭を刈った上で、2週間近く撮影が中断になった」。

裕也さんは、崔さんが新人である上に年下なんで気を遣ったと当時発言されているが、「それはあるかもしれないけど、そんなに気を遣ってたのかよ、オイ本当かよって感じ（笑）。ただ何でも非常に直截的に表現する人だから、そういう意味では、いろいろ話し合いましたけどね。特に揉めて困るということはなかった。冒頭の秋葉原ロケの時に大暴れがあったけど、落ち着いて下さい、あなたが暴れたんじゃ仕事にならないでしょうと。思いのたけがフラストレーションと共に溜まると、良くも悪くもポーンと弾けちゃうんだよね。裕也さん自身は、もっと抽象的に主人公の警官の観念みたいなことをアーティスティックに表現したかったらしいけど、俺はどちらかというと通りのいい物語よりも、シチュエーションごとにぶった切られていても現実感覚があった方がいいと思っていた」。

『十階のモスキート』はキネマ旬報ベスト・テン第9位、毎日映画コンクール新人賞、ヨコハマ映画祭新人監督賞などを受賞し、輝かしいデビュー作となる。完成直後に見た時は「やっぱり客観視はできなかったな。ああすれば良かった、こうすれば良かったと。我ながら乱暴な映画だなと思ったね。別にそれは反省してるわけじゃないけど（笑）」。その現実感覚は『月はどっちに出ている』（93）や、つづく『豚の報い』にも逞しく通底しているにちがいない。崔監督は、まだまだ走り続けるだろう。もっと、もっと遠くまで。

THE SCENERY OF DEBUT WORK

62

Kiyoshi Kurosawa **黒沢清**

1983年

神田川淫乱戦争

credit **神田川淫乱戦争**　ミリオンフィルム作品

脚本／黒沢清　出演／麻生うさぎ、美野真琴、美野萌圓、沢木ミミ　公開／1983年8月（60分）

［黒沢清／くろさわ・きよし］ 1955年、兵庫県生まれ。高校時代に自主製作を始め、立教大学在学中に『白い肌に狂う牙』などを発表。長谷川和彦監督『太陽を盗んだ男』（79）の製作進行や、相米慎二監督デビュー作『翔んだカップル』（81）の助監督を務めた後、ディレクターズ・カンパニーの設立に参加。83年に商業デビュー。以降『ドレミファ娘の血は騒ぐ』（85）『スウィート・ホーム』（89）『地獄の警備員』（92）『勝手にしやがれ!!』シリーズ全6作（95～96）などを経て、97年にはホラー映画の新境地を拓く『CURE キュア』を発表。以降も『カリスマ』（99）『トウキョウソナタ』（08）『贖罪』（12）『岸辺の旅』（15）『散歩する侵略者』（17）など精力的に監督作を発表している。

「いわゆるハリウッド映画に代表される洋画を中学、高校の頃見ていて、まあ怪奇映画に入り込んだりしてましたけど。よくあるパターンです」（「映像のカリスマ」92／フィルムアート社刊）という黒沢監督に、「デビュー作の風景」について、お話を伺った。

「当時は家に8ミリカメラを持っている人は、そんなに多くなく、ある種の金持ちでしたが、たまたま、そういう友人からカメラを借りて撮りはじめたんです。見る側から撮る側へ何か劇的な変化があったわけではなく、映画が好きで身近にカメラがあれば、それは撮りたくなるよねという感じで、それほど特殊な事とは思わなかった」。

当時一番影響を受けたのは大島渚監督の映画で「『日本の夜と霧』（60）や『日本春歌考』（67）などの旧作を名画座で見て衝撃を受けましたね。今思えば、その辺りがきっかけで自分でも撮りたいと思うようになったのかもしれません。古い言葉で恐縮ですけど、撮るんだったら反体制映画に決まってるみたいな時代的な風潮がありましたし（笑）」。

しかし上京して大学に入学してみると、そうした雰囲気は雲散霧消していた。

「それは一種のカルチャー・ショックでしたね。そういう風潮も終わって、それでも自分の中で8ミリ映画を撮りたいという思いがありましたから、様々なものを撮ってみるというのが続きましたね。そういう僕の根本にある不安定さは、今も続いていると思います。大袈裟な言葉で言えば映画以外の何かに立脚する点が見つからない。そんな単純な事で映画を撮っている人はいないと思いますけど、マルクス主義とかハリウッドのエンターテイメント、あるいは現代美術だとか何でもいいんですが、立脚する何かがあって、それが自分の作品に反映するというのが、結局なかった」。それでもいい、立脚する点は映画でいいのだと確信させてくれたのは、立教大学の映画の授業で出会った蓮實重彥氏だった。「ただ、ものすごい影響を受けながら、単純にこちらの頭の問題でしょうが、蓮實さんのおっしゃる事や書かれる事は、やっぱりよく分からないわけで、自分が実際に8ミリを撮る時には、それこそハリウッド・アクション映画が好きだとか、そういう非常に幼くして組み込まれてしまった、ある種の感覚から逃れられないのですよ」。

『白い肌に狂う牙』(77)などの8ミリ映画を撮るうち、雑誌「GORO」から、『青春の殺人者』(76)の長谷川和彦監督と学生映画の作家たちの座談会に来ないかと呼ばれた。「石井聰亙さんも、そこに呼ばれていて、僕らが、長谷川さんに8ミリ映画を見せて対談したんですが、長谷川さんは、いろいろと人を気遣う性格なんですね」。

『太陽を盗んだ男』(79)を準備中だった長谷川監督は、その撮影現場に彼らを誘ってくれた。社交辞令かと思いきや、約半年後に、シノプシスができたから感想を聞かせてほしいと、長谷川監督から連絡があった。「石井さんは、僕は他人の映画の助手をするつもりはありませんと言ったらしくて、それは立派だったんですが、僕はシノプシスを読んで、ここはつまらないと生意気な事を言った（笑）」。脚本を一緒に書かないかと誘われて、長谷川、相米（慎二、チーフ助監督）、黒沢の3人で執筆。撮影現場にも「一番下っ端の製作進行で」就く。

撮影スケジュールが延びて、ついにB班で相米さんが簡単なシーンを撮り、最終的に黒沢さんはB班のプロデューサーまで務めた。「恐いもの知らずというか、長谷川さんなり相米さんなりに、僕は平気で、こう撮りましょうよと言うと、彼らも、お前何様だと思ってるんだと言わずに、そういうのを許してくれた。業界の序列を無視した形で関わることができて、他にも助監督の方たちが沢山いたのに、ひょいと飛び越えて、のちにディレクターズ・カンパニー（以下ＤＣ）に参加させてもらうことにつながるんです」。

この時のスタッフの多くは相米監督『翔んだカップル』（81）に就き、黒沢さん自身も『セーラー服と機関銃』（81）の助監督に就くが、基本的には長谷川監督『連合赤軍』を手伝う。

「長谷川さんは次に俺が撮る時は、お前頼むと言ってるんですが、自分は撮らない、撮れないので僕に申し訳なく思うんです。こいつをどうしてやればいいんだと思ってくれたんでしょうね。ＤＣには（高橋）伴明さんがいて、彼はピンク映画に非常に強いコネクションがあるから、こいつに1本撮らせてやれよ、殆ど素人みたいな男だけど、1本撮ったら恰好がつくじゃんみたいな話が、たぶんあったんでしょうね。だから極端な言い方をしますと、長谷川さんが（映画を）ガンガン撮っていれば、今日の僕はなかった」。

こうして、神田川を挟んで、女の子たちが母親に監禁されている男の子を救いに行く『神田川淫乱戦争』（83）が始まる。「実は高橋伴明監督の映画（『狼』（82））で、助監督で就いてた時に、神田川の中で撮影があったんですよ。僕も下におりまして、川を縦に逃げて行くというシーンを撮ってたんですけど、アレッ、これ、縦じゃなくて、横にいったら、やたら面白いぞと、その時、それで思いついたんです」（「映像のカリスマ」）。

撮影期間は4日。助監督は水谷俊之、周防正行、塩田明彦と錚々たる面々である。「水谷さんは僕より先輩ですが、高橋プロからの流れで快く助監督をやってくれました。撮影現場は大変でしたけど、彼らは従来の映画業界のヒエラルキーに縛られていないので、僕が勝手な事を言ってるのを、ああ、いいですね、それは面白いですねと、気持ち良く受け入れてやってくれましたね。それは今でも本当に感謝しています」。

DCの事務所が入っている赤坂のマンションでの撮影は夜半まで続き、近所からは苦情も出た。「おかしかったのはDCの宮坂（進）社長が、こりゃまずいというんで、僕を連れて管理人さんの所へ謝りに行ったんです、その時、宮坂さんが何度も、すみません。これは彼のデビュー作なんですよ。許してやって下さい〟と（笑）。そんな事で世間が許してくれるのかと思ったんですが、向うも〝あ、そうですか〟と、言ってくれました」。

このマンションの管理人役で出演したのが、周防正行。あらかじめ撮影前に伴明さんからは「ベッドシーンは大体10分に1回、2人は裸にならなきゃいけないとか、予算や撮影日数を含めての制約を教えてもらって、ここは伴明さんの素晴らしいところですが、そこを守れば、あとはＯＫ、ピンクとは、そういうものなんだと言われて、それは一応守ったつもりなんですよ」。直接には言われなかったが、配給のミリオンフィルムからは二度と結構ですと言われ、「僕としては非常識と言われるかもしれませんが、言われた事は守ったのにとキョトンとするわけです。伴明さんは本心はどう思われたかは別ですが、これでいいんだと言ってくれましたね」。「僕がやはり常に悩むのは、見た人がどう思うかと想定しつつ、自分がやりたい事は曲げたくない。客に受けようとするあまり、自分がつまらないと思う事はやりたくないんです」と語る黒沢監督の特質は、このデビュー作に、まぎれもなく集約されている。

THE SCENERY OF DEBUT WORK

63

1984年

金子修介 Shusuke Kaneko

宇能鴻一郎の濡れて打つ

宇能鴻一郎の濡れて打つ　にっかつ作品

プロデューサー／栗林茂　企画／小松裕司　脚本／木村智美　撮影／杉本一海　美術／斉藤岩男　録音／中山義広　照明／高柳清一　選曲・編集／佐藤富士男　助監督／池田賢一　出演／山本奈津子、林亜里沙、石井里花、高山成夫、原田悟、沢田情児
公開／ 1984 年 2 月 17 日（55 分）　併映作／『縄姉妹・奇妙な果実』（監督／中原俊）、『セクシー・オーラル浮気な唇』（監督／林功）

［金子修介／かねこ・しゅうすけ］　1955 年、東京都生まれ。高校時代より「水色の日射し」を始め多数の 8 ミリ作品を製作し、78 年の大学卒業後に日活へ入社。84 年に監督デビューする。文中の監督作品以外にも『恐怖のヤッちゃん』（87）『山田村ワルツ』（88）『ラスト・キャバレー』（88）『ネクロノミカン』（93）『毎日が夏休み』（94）『ガメラ・大怪獣空中決戦』（95）『Death Note デスノート前・後編』（06）など作品多数。

金子修介監督と初めて会ったのは、森田芳光監督『メイン・テーマ』(84)のクランクイン直後、調布のにっかつ撮影所食堂だったから、84年の春だと思う。金子監督はデビュー作『宇能鴻一郎の濡れて打つ』を撮り公開した後だったが、チーフ助監督として『メイン・テーマ』に就いていた。同作のセカンドが、のちに『ハッピーエンドの物語』(91)を撮る栃原広昭監督であり、サードが、のちに『免許がない!』(94)を撮り、『弾丸ランナー』(96)をプロデュースした明石知幸監督だった。どうしてそんなによく覚えているかといえば、『メイン・テーマ』には雑誌の密着取材で、東京から沖縄まで、約一カ月間同行し、筆者にとっては思い出深い映画だからだ。「『~濡れて打つ』は滅茶苦茶に面白かった」と初対面の時に伝えたら、金子さんはニンマリと笑って喜んでくれた。

80年代半ばのロマンポルノは確実に変化しつつあった。中原俊、那須博之両監督のデビューが82年。意識的に誇張《デフォルメ》された劇画的な画面が筆者を爆笑させた『~濡れて打つ』は、少女マンガ「エースをねらえ!」の堂々たるパロディとして描かれ、ポルノ度こそ他作品と比較して希薄だったが、あえてここまで踏みきった作者の姿勢に興奮させられた。書き割りの星空の前で、明日をめざすヒロイン山本奈津子たちの姿を見た時に、これは明らかに確信犯だなと思った。宇能鴻一郎作品は、当時のにっかつのヒット・シリーズだったが、ヒロインの舌ったらずの独白が、曽根中生監督の佳作『ためいき』（73）などの例外は別にして、作品全体を縛り、作家性が打ち出しにくく、監督名の判別さえ容易につかない有様だった。そうした中で『〜濡れて打つ』は「エースをねらえ！」のエキスを導入することで見事に成功したのだ。

金子監督の学生時代の8ミリ作品（『斜面』（71）『水色の日射し』（73）『プリズムタワー』（76）など）は、かつて文芸坐ル・ピリエで上映されたが筆者は未見。監督曰く「実験性の強い作品」だったとか。78年に日活に助監督として入社し、最初についたのが根岸吉太郎監督のデビュー作『オリオンの殺意より・情事の方程式』（78）で、チーフは上垣保朗、セカンドは那須博之で、金子さんはサードだった。その後、小原宏裕、森田芳光監督作品などに就くが、「森田さんとは今でも撮影所で会っても、ややあという感じだけれど、根岸さんには何となく畏怖の感情がある。僕自身も最初にカチンコでついて、根岸さんも厳しかったからね」と、『学校の怪談3』（97）の撮休日に、金子監督はデビュー前後の話を聞かせてくれた。

83年末、金子さんが脚本を執筆した小沼勝監督『ファイナル・スキャンダル／奥様はお固いのがお好き』（83）のチーフに就いていた時、撮影所の所長室に呼び出された。撮影スケジュールが延びそうだなという時には、チーフ助監督が所長室に呼ばれて注意されるのが慣例だったので、恐る恐る行ってみた。若松常務に「いい話ですよ」と言われていたが、それがデビュー作を撮らないかという話だった。「原作は宇能鴻一郎の『濡れて打つ』で主演は山本奈津子」「これでお願いできますか」と言われて引き受けないわけがない。一も二もなくOKした。当時のにっかつは中堅や若手監督が他人の作品のプロデュースを務めるケースが多く、『〜濡れて打つ』でも上垣保朗監督が担当プロデューサーとして最初の打ち合わせに顔を出してくれたが、上垣さんは悩んだあげく「やっぱり俺は（監督だけに）専念するわ」と言い残し〝去ってしまった〟。脚本を完成するまでは、神代作品で知られる三浦朗プロデューサーが面倒を見てくれることになった。

ところが脚本の木村智美さんと最初の打ち合わせをした段階では、原作小説は日刊紙に連載中で、まだ7回目。ヒロインであるテニス部員の女高生が、エレベーターの中で、ずっと犯されっぱなしのままの膠着状態だった。テニスということで「エースをねらえ！」の青春路線でいこうと決めていたが、木村さんは「エースをねらえ！」の存在自体を知らず、出崎統監督のアニメ映画版（79）を見せた。「これ面白いわねー！」と彼女はノッてくれたそうだ。撮るにあたっては「まだ28歳だし、1本撮って2年位ホサれてもいい、思いきりやろうと思った」「お昼のTVで放映していた、ずうとるびの『哀愁学園』のタッチを意識した」「どんなに不真面目に撮っても真実の香りがする作り方にしようと思った」と金子監督は言う。

撮影は83年12月19日から29日まで。6日間の撮影予定で27日までに撮り終えるはずだったが、年末のどさくさまぎれで、うやむやになった。上映時間は50分と言われたが、結局は55分。それにしても10日間の撮影期間は、きつい。ある程度の期間があれば、女優さんとのコミュニケーションがとれるが、テニスボールがヒロインの股間にとびこみ回転するカットを撮るうち、助監督が「女優さん（山本奈津子）が食堂でお話があるそうです」と呼びにくる。撮影中、主演女優から食堂に呼ばれ、映画をめぐってけんけんごうごうとなるのが当時の常で、「それをいかになだめるかが監督の手腕だった」と金子監督は眩く。「あんなに足のカットばっかり撮ってたら、（観客に）私の存在が分からないじゃないですか！」と不満をぶつけられ、「私、この映画に青春を賭けてるんですよ！」と凄まれてしまい、金子監督も一瞬、間をおいて「僕も、この映画に賭けてるんだよ！」と拳を握って女優の意気に応えたという。美しい話ではないか。そして現場に戻り、ヒロインの先輩、お蝶夫人役の林亜里沙の出演場面で「H度を稼ごう」と撮りまくったそうだ。

完成した作品を見て、当初思い描いていた画面と現実との落差に、監督自身は愕然とする。「6年間の助監督生活は一体何だったんだ!?」と相当落ち込んだが、社内の評判は良かった。「ロマンポルノとしては合格」と会社には褒められたが、①話がよく分かる。②ワンシーン・ワンカットではなく、きちんとカットを割って撮っている。というのが好評の理由だったらしい。

公開当時のキネマ旬報ベスト・テンでは第52位。尾形敏朗氏が1点、不肖小生が3点、それぞれ票を投じている。過小評価と騒がれた『ガメラ2・レギオン襲来』(96)の比ではなく、自画自賛、あるいは身内褒めになるが、尾形氏よ、俺たちには見る目があったなあ。この年、金子監督は続いて『OL百合族16歳』『イヴちゃんの姫』と計3本撮って公開し、ヨコハマ映画祭新人監督賞を受賞する。

角川映画を含めて他社の話題作もにっかつ撮影所で一斉に撮影されていた時期であり、「にっかつが日本映画の中心じゃないかと当時は錯覚していた」と金子監督は言うが、それは錯覚ではなかったと思う。80年代後半から90年代にかけて、日本映画を実質的に支えたのは、にっかつ出身の、あるいは、にっかつを通過した若手監督たちであり、彼らがその後の日本映画界をリードしたのは間違いない。金子監督も『みんなあげちゃう♥』(85)『1999年の夏休み』(88)『就職戦線異状なし』(91)『ガメラ・大怪獣空中決戦』(95)などの快作で、その作家性を花ひらかせていくことになる。

THE SCENERY OF DEBUT WORK

64

1984年

Masayuki Suo 周防正行

変態家族・兄貴の嫁さん

credit **変態家族・兄貴の嫁さん** 国映製作 新東宝作品

企画／朝倉大介 脚本／周防正行 撮影／長田勇市 美術／種田陽平 照明／長田達也 音楽／周防義和 出演／風かおる、大杉漣、下元史朗、山地美貴、首藤敬、麻生うさぎ 公開／1984年6月（62分）

［周防正行／すお・まさゆき］ 1956年、東京都生まれ。立教大学在学中、評論家・蓮實重彦氏の講義に触発され、自主映画を製作。81年に同大字を卒業後、高橋伴明監督を主に、若松孝二、井筒和幸監督の助監督を務める。84年に監督デビューし、以降TBSドラマ『サラリーマンの教室・係長は楽しいな』（86年）や伊丹十三監督『マルサの女』（87）のメイキング『マルサの女をマルサする』の構成・演出を担当。『ファンシイダンス』（89）『シコふんじゃった』（92）『Shall we ダンス？』（96）で人気を確立し、特に後2作は、キネマ旬報ベスト・ワンほか各映画賞を独占した。

97年9月27日、四国松山から東京への飛行機の中で周防監督にお話を伺った。なぜ松山かといえば、周防さんが製作した磯村一路監督の新作『がんばっていきまっしょい』（98）のロケ取材に同行しての帰りだったからだ。助監督時代に周防さんは先輩である「磯村さんからの精神的影響が最も大きかった」と話してくれた。蛇足ながら、『がんばっていきまっしょい』は、正統派青春映画の傑作であり、後半では目頭が熱くなって画面が滲んで見えた。

さて、周防監督に「デビュー作の風景」について聞く。立教大学在学中に池袋の喫茶店でアルバイトをしていた周防さんは、そこに出入りしていた大学OBで、当時、劇団・碧亭に在籍していた人と知り合う。「僕が芝居や映画が好きだという話をしていたら、手伝ってよ」と言われて、裏方の仕事を手伝っていたんです。その中の女優さんが、新宿ゴールデン街のハバナムーンという店でアルバイトをしていて、僕が4年生の就職の時期に、できたら映画の世界に入りたいと相談したら、その店に高橋伴明さんがよく来るし、彼だったら紹介できると言われたんです」。高橋監督の映画はよく見ていて、中でも『少女を襲う！』（79）が大好きだったので、連絡をとってもらい、ハバナムーンに会いに行く。「会いに行った時に隣りに座っていたのが、カメラマンの姫田（真佐久）さんで、ズブロッカを飲みながら、高橋さんを待っている間に話したんですが、〝映画監督は誰でもなれるけれど、カメラマンは誰でもなれない〟と言われて（笑）、すごい思い出ですね」。

そこに高橋監督が来て「何でもやりますから使ってもらえませんか」と頼んだら、あっさり「じゃ、ウチに来て助監督やんなよ」と言われる。周防さんは当時運転免許も持っていなかったそうだが、高橋プロが出来たばかりで、誰も人がいなかったので、誰でも良かったとか。「何でもいいから映画の世界に入りたかったんですよ。もし伴明さんに断られたら、次は山本晋也監督のところへ行く予定だった（笑）。ハバナムーンの人が、晋也さんを知っていたから」。

最初に助監督として就いたのは、高橋監督の『少女情婦』（80）で、一番下のサードだった。「この時、よく覚えているのは〝カット〟の声がかかったら、裸の女優さんにバスタオルをかけることと、全員で後かたづけをするんですか、カメラをさわろうとしたら、長田勇市さんに〝撮影部以外の人間が、さわるんじゃない〟と怒鳴られた」こと。後年、長田さんは周防監督のデビュー作『変態家族・兄貴の嫁さん』（84）や『ファンシイダンス』（90）の撮影を担当することになる。この頃、のちにユニット5を共に結成する磯村一路、水谷俊之、福岡芳穂、米田彰らに出会う。高橋作品には『少女情婦』以降、1本を除き『狼』（82）まで全作品に就いた。「その1本の時は、助監督で運転できる人が誰もいなかったので、運転免許を取りに行ったから外れたんですよ」。

サードは、カチンコを叩いて、記録もしていたが、磯村さんに「レンズのサイズとかを書いておくと勉強になるよ」と言われ、作品が完成すると、全カット、アングル、レンズサイズが全部分かる完成台本を作って、伴明さんにあげるのが楽しみだった。「あれは勉強になった。伴明さんはそういうことに興味のない人だから、結局、後で僕が全部引きとることになるんだけど、あの台本は今でも全部取ってあるんですよ！」。

82年、伴明さんがディレクターズ・カンパニーに参加して、高橋プロは解散。「5人の互助会のような形で」、ユニット5を結成する。磯村さんが後ろ盾になってくれて、監督デビューすることになる。「ピンク映画って、今考えると自由というか、何か企画を出さなくちゃいけないんだけど、何を撮っていいか分からない。〝今、俺は何が好きなのか？〟と考えたら、小津安二郎で、好きで見ていた小津映画を、今度は撮る立場になって研究した。それは僕の映画作りのやり方そのもので、その世界について徹底的に取材して、リサーチして、それを再構成する。その時は『晩春』（49）で、原節子の嫁いだ先が変態一家だった（笑）という設定で、〝最初は、不幸かもしれないけれど辛抱するんだよ〟と言われているから、変態家族の中で辛抱する嫁さんの話。そういう発想だったんです（笑）」。

撮影期間は殆ど徹夜続きで5日半。ただ「あんなに楽しい撮影は、あの時以来ないというくらい楽しかった。監督って、こんなにいいものか、今日も僕のために晴れているって思えた」。上野、不忍池近くにある、よくSM雑誌が使う旅館で撮影したが、「もう凄かった。傾いた廊下にSM撮影の時の蝋が垂れているから、みんなよく滑るのよ（笑）」。

こうして開巻いきなり富士山のマーク、そして東京タワーのショット、結婚式に急ぐ人々のカットが続き、構図から人物の会話に至るまで、全篇小津映画へのオマージュに充ちたデビュー作が誕生する。

「今思うと、あんなこと二度とできないくらい、思いこみだけで撮ってるよね。ピンク映画は何がいいって、撮影期間が短くて、スタッフも役者も少ないから、監督の思いこみだけで突っ走れる。大体、僕の中で、お客さんに見せようという意識はゼロだった。自分のためだけに撮った。要するに、4、5年、助監督で苦労して、安いギャラで、ここまでやってきたんだから、好きなことをやらせてくれよ。だって300万円しか製作費がなくて、30万円赤字を出して、10万円自腹を切った映画ですから」。

大学時代の恩師であり、映画監督という職業を意識させてくれた蓮實重彦氏が試写を見てくれて、「話の特集」に批評を書いてくれた。「これは本当に嬉しかった」。が、新東宝では「こんなもの、上映できない」と、大問題になる。しかし、国映の佐藤さんが「配給業者の判断だけでなく、お客さんにも判断してもらおう」と、新宿名画座だけで上映し、「普段、ウチの映画館に来ない客が来て、盛り上がっている。商売として成立する」という映画館からの声で救われる。だから「ユニット5が、この作品で干されたという当時の記事は全くの誤解」と周防監督は話してくれた。「2本目も（会社に）言えば、やらせてくれたと思う」。しかし、1本やってみて自分が作りたいものを、この製作費の枠組みでやるのは、不可能だと痛感した。そして「監督なら、どんな仕事でもやるけれど、助監督は二度とやらない」と宣言し、一般映画からの助監督の誘いも断わり、カラオケ・ビデオの監督の仕事を選んだりもした。「客観的にふりかえると、僕は自分ではすごく臆病な人間だと思っているのに、ポイントでは、すごく図々しい。ピンクで小津をやるというのも、今はよく、そんな滅茶苦茶なことをやるよなあと思うけど、その時の自分は当り前のように選択している。どこかで蓮實さんにも、言われたけれど、僕の最大の特徴は、図々しくやってしまえること。あっけらかんと、やってしまうから、周りも〝そんなものかもしれない〟と思ってしまう。図々しさが上手くハマってしまうんでしょうね」。

「その世界について徹底的に取材して、リサーチして、それを再構成する」方法で、お坊さん（『ファンシイダンス』）、学生相撲（『シコふんじゃった。』（92））、社交ダンス（『Shall we ダンス？』（96））の世界を映画化し、近作では、あらゆる映画賞を独占する。海外でも大ヒットし、高く評価される周防映画の秘密は、このデビュー作に明快な形で提示されている。

THE SCENERY OF DEBUT WORK
65
1987年

Jun Ichikawa 市川準

BU・SU

credit **BU・SU** 東宝映画／アミューズ・シネマ・シティ

製作／小倉斉　プロデューサー／平林邦介、出口孝臣、中沢敏明　脚本／内館牧子　音楽プロデューサー／山本久、安藤賢次　音楽／板倉文　撮影／小林達比古　出演／富田靖子、大楠道代、伊藤かずえ、高嶋政宏、藤代美奈子、イッセー尾形、白島靖代、室井滋、丘みつ子、すまけい　公開／ 1987 年 10 月 31 日（95 分）

［市川準／いちかわ・じゅん］ 1948 年、東京都生まれ。高校卒業後に画家を目指すが、後に映像の世界に魅かれＣＦ製作会社に入社。82 年の独立後、「NTT カエルコール」「禁煙パイポ」 などすぐれたＣＭを発表するほか、プロモーション・ビデオも手掛ける。監督進出後は CF 製作と並行し、『会社物語』（88）『ノーライフキング』（89）『つぐみ』（90）『ご挨拶（佳世さん）』（91）『病院で死ぬということ』『クレープ』（両 93）『東京兄妹』（95）『トキワ荘の青春』（96）『大阪物語』（99）『あしたの私のつくり方』（07）など精力的な活動を続けるも、2008 年、逝去。

最初に『BU・SU』を見たのは、銀座ヤマハホールの試写会でだった。87年秋のことだ。主演の富田靖子と市川準監督が舞台挨拶をしたが、どんな挨拶の言葉だったかは記憶になく、ふたりが異様に緊張して、祈るような眼差しで客席を見ていたのを思い出す。禁煙パイポやタンスにゴン、カエルコール、タフマンなどのヒットCMで知られていた才人の監督デビュー作とはいえ、正直に言うと、僕は何の期待もしていなかった。題名こそ風変わりだが、一寸お洒落な青春映画ぐらいだろうと高を括っていたのだ。見始めてからも、最初のうちは画面は暗いし、つなぎ方も粗いし、失礼ながら、これで大丈夫なのかと心配させられるほどヘタクソに見えた。しかし、そのリズムに、いつの間にかなじんで、泣いたり笑ったりさせられている自分に気付いた時、『BU・SU』は、かけがえのない映画として、そこに存在していた。地方から上京して芸者見習いをしている18歳の森下麦子こと鈴女《すずめ》という普通の女の子が、自分の殻に閉じこもることをやめて、俯いた顔を上げるようになる過程だけを綴ったこの映画は、まさにその瞬間を見事に掬いあげることで傑作たりえたのだ。

『BU・SU』の重要な舞台のひとつである銀座通りの服部時計店の真向かいにある喫茶店で市川準監督に当時のお話を伺った。「もう10年になりますか」と監督はポツンと呟き、僕は「そうですね」と相槌を打った。『BU・SU』撮影の1年位前から、当時カネボウ化粧品のキャンペーンを一緒に手掛けていたTCJの富沢プロデューサーや、当時セディック、現在タイムズ・インの中沢プロデューサーらと「映画をやりたいねえ」と話したりしているうちに、それが実を結び、「『BU・SU』という題名で、富田靖子主演、東宝配給予定で映画を撮らないか」という電話がかかってきた。「その電話がかかってきた晩のことを今でも思い出す。嬉しくて電話の受話器を落としそうになった」と話す監督の表情は今でも嬉しそうだ。

但し基本的な部分では難航した。製作サイドはバラエティやコメディ色を強調し、BU・SUグッズとして人形やステッカーを作る計画もあり、富田靖子にも特殊メイクを施し、ちょっと出っ歯にしたり、眉をいじろうという案もあった。「ブスを外見の問題ではなく、心のブスとして捉えたい。富田靖子の生地の良さを加工したくない」と監督は主張して、これらの案はボツになった。CMディレクターとして最も多忙な時期とも重なり、準備から仕上げを含め、約3ヵ月半、スケジュールを調整して空けるのも大変だったそうだ。

撮影日数は約50日。鈴女が初めて登校して教室で挨拶する件《くだ》りは、今見直してもスローモーションの多用が目立ち尋常ではない。彼女が東京の街の中をあてどなく歩くカットも、異様に粘って大量に撮り、マネージャーからも「富田の歩きが本当にこんなに必要なんですか」と迫られ「必要なんだ」と説得した。これは二作目の『会社物語』(88)にしても然りで、主演の故・ハナ肇から

「何で俺はこんなに街の中を歩き回らなけりゃいけないんだ」と言われたそうだが、孤独な人間の彷徨は初期の市川作品に不可欠の要素である。

「映画は孤立する側の目から見たもの、孤独な人間の味方でありたい」と監督は言い、神楽坂や銀座の裏通りなど、昔ながらの東京の佇いの中を主人公たちは黙々と歩く。監督自身が神楽坂で育ち、デビュー作をそこで撮ることができたのも映画の思いをより深くした。

『BU・SU』の助監督は、のちに『教祖誕生』で監督デビューする天間敏広と、北野武作品をプロデュースする吉田多喜男であり、市川監督の記憶によれば、チーフというよりも天間氏は監督補であり、吉田氏とふたりで両方チーフと呼ばれていた。天間氏が〝現場の仕切り〟を、吉田氏が〝スケジュール調整〟を担当したが、劇映画の監督は初めての市川監督の指示に「彼らにしてみれば、相当とまどいがあったのではないか」と言う。しかし、この現場での経験が、ふたりにしてみれば「北野組へのウォーミングアップの役割を果たし、やっておいて良かった」と感謝されたというエピソードも面白い。「今から思えば」と市川監督は言う。

「撮影中は富田靖子のことを相当に傷つけてしまったのではないかなあ。随分わけの分からないことも言ったし、どう演技したらいいのか悩んだだろうね。今では、こちらも場数を踏んで、役者さんにどう球を投げたらいいのか大体分かるけれど、当時は手探りの状態だったから」。彼女は後年

『つぐみ』（90）の撮影現場に友人と一緒に遊びに来て、階段状の教室の場面で奥の方に座っていた。ビデオで見ても確認できないほどだが、所属事務所とのかねあいもあり、当然〝ノー・クレジット〟。時効となった秘話だが、「彼女自身、『つぐみ』に興味があったのでは」と市川監督は言う。

完成した『BU・SU』は「かなり異様なフィルムに見えた。自分では、いいのか悪いのかも全然分からなかった」そうだが、その年キネマ旬報ベスト・テンでは第8位にランクされ、読者によるテンでは第2位！「その後、映画を撮っていく上でも読者のテンで2位になったのは、本当に励まされた」という。

以後『ノーライフキング』（89）『つぐみ』（90）『病院で死ぬということ』（93）『東京兄妹』（95）『トキワ荘の青春』（96）『東京夜曲』（97）『大阪物語』（99）『東京マリーゴールド』（01）『あしたの私のつくり方』（07）と、市川監督は映画を撮り続け、いずれも高く評価されている。CM出身の映画作家という括りでは、大林宣彦監督から中島哲也監督まで様々な才能が映画に進出したが、市川監督は「2時間に近い時間を（自分に）与えられること。（対象を）見つめること、それを許されたことの喜びが、より映画的なものに向かわせる」と言う。但し「あらゆるケースに対応できる技を身につけてしまっているから、かえって、それが危ない。総じてテクニックに溺れやすいので、その点に用心している」とも言うが、市川監督の初期の作品――ことに『BU・SU』には、映画へのとまどいや、こだわりが、主人公の心理に、故意か偶然にか緊密に結びつき、ひとりの人間の抱える宇宙を共有させられたような気持ちになったものだ。『病院で死ぬということ』や『東京兄妹』『トキワ荘の青春』などの完成度の高さには敬服するが、荒々しさを厭わず、孤独な人間への眼差しを忘れないでほしい、というのは筆者のそれこそ身勝手な注文である。人物が風景のひとコマになってしまっては困る。『BU・SU』で着物の裾をからげて、人力車の後ろを懸命になって走る鈴女こと富田靖子を捉えたショットの、ヘタクソではあるが、追いつめられた切なさを、僕は息をのんで見つめていたものだ。

公開されてから数年後、今は閉館した高田馬場の小さな名画座で、何度目かの『BU・SU』を見た。満員の観客たちは明らかに同時上映の『私をスキーに連れてって』目当てに来ていた。『BU・SU』の上映が始まっても、ざわざわとしていた観客たちが、やがて画面にぐんぐんと引きつけられ、ラストで原由子の主題歌「あじさいのうた」が流れた頃には、さざ波のように興奮と感動の輪が広がる光景を目撃してから、僕は『BU・SU』がますます好きになった。映画館で映画を見る喜びを、あの時ほど思い知ったことはない。

THE SCENERY OF DEBUT WORK

66

1989年

Toshiki Sato サトウトシキ

獣・けだもの

credit **獣・けだもの**　バーストブレイン・プロダクツ、新東宝ビデオ作品
製作／佐藤靖　脚本／小林宏一　撮影／下元哲　音楽／ISAOYAMADA　出演／中根徹、朝吹麻耶、伊藤清美、清水大敬　公開／1989年3月（60分）

［サトウトシキ／さとう・としき］　本名は佐藤俊喜。1961年、福島県生まれ。主に北見一郎監督の助監督を務め、その後、88年にＡＶ『赤い報告書・鮮血の天使』を監督し、翌年劇場デビューを飾る。90年『ぐしょ濡れ全身愛撫』により第3回ピンク大賞作品賞受賞。その後『アブノーマル・エクスタシー』（91）『ペッティング・レズ／性感帯』（93）ほかを手掛け、佐藤寿保、瀬々敬久、佐野和宏とともに〝ピンク四天王〟と称せられる。96年初の一般映画『LUNATIC』『アタシはジュース』を発表し、翌97年には小林政広の初監督作『CLOSING TIME』を協力プロデュース。

昨今のピンク映画事情に筆者がいかに疎いとはいえ、『特別生企画／ザ・投稿ビデオ』（92）や『痴漢電車人妻篇・奥様は痴女』（94）などを見れば、サトウトシキ監督作品の面白さに無関心でいられるはずもない。

95年10月21日夜、池袋文芸坐オールナイト〝ニューウェーブ・ピンク事情／サトウトシキ監督篇〟で、『Eカップ本番Ⅱ・豊熟』（89）『不倫妻の性・快楽あさり』（92）『ペッティング・レズ／性感帯』（93）『痴漢電車人妻篇・奥様は痴女』『悶絶本番・ぶちこむ!!』（95）を見て、その思いは強まるばかりだった一般映画『LUNATIC』『アタシはジュース』（96）に続く、ピンク映画『不倫日記・濡れたままもう一度』（96）も快作だったし、新作『迷い猫』（98）は、夫殺しの過去を持つヒロイン桂子（長曽我部蓉子）の物語と、記者（平泉成）が彼女に取材していく、その二重構成の巧みさが注目に値する。福間健二編著「ピンク・ヌーヴェルヴァーグ」（96／ワイズ出版刊）を参考にさせてもらいつつ、サトウ監督に「デビュー作の風景」のお話を伺う。

福島県の南、白河の在に生まれ、「人口4千人位の小さな町で、映画は体育館や講堂の映写会に行って、ワクワクしながら見ていた程度」。小学校低学年の頃、近所で米の配給をしていたおばあちゃんが、「これで見て来なさい」と、映画の券をくれて友達と一緒に見に行った。それが矢吹公郎監督の東映アニメ『長靴をはいた猫』（68）で、「すごく面白かった」。そのおばあちゃんは、矢吹監督の母親だった。中学生時代は白河に、三軒ある映画館のうち、ミドリ座に通いつめ、「何となくヤバイ場所に行く面白さを覚えて、休日には朝から晩まで（映画館に）いた」。主に東映作品が上映されていたが、なぜか研ナオコ主演の松竹作品『にっぽん美女物語・女の中の女』（75）を見て、TVタレント主演作らしからぬ過激な展開に驚いたりもした。

高校時代には「だんだん社会の枠組みみたいなものが分かってきて、競争社会があまり好きではなかったんですよ。たまたまTVのドキュメンタリー番組『ザ・青春』で、ピンク映画の撮影現場が放送されていて、それを見て、ああ、こういう世界があるんだ、面白そうだなあと思った」。この頃TVで、洋画『ブラザー・サン、シスター・ムーン』（72）を見て、「それまでは1本の映画を通して見たことはなかったんですが、これは最初から最後まで見た初めての映画で、恐い映画だったなあという記憶がある」と、サトウ監督は語る。

にっかつ芸術学院に入学して、牛原虚彦監督や、久石譲、木村威夫氏らの授業を受けつつ、仲間たちと一緒に8ミリ映画を撮ったりするが未完成。同期には、後にAVやピンク映画を手掛ける勝山茂雄もいた。実習では、ディズニーランドが出来るまでの大型映像の製作部の助手に就く。当時は、神代辰巳や根岸吉太郎、それに若松孝二や高橋伴明、中山潔監督らの映画を意識して見ていて、

「若松プロに入りたくて事務所に電話をしたら、清水（一夫）さんというプロデューサーが出てきて、〝今、ちょうど映画をやっていなくてね〟と言われたりしました（笑）」。

その頃、友人から、大蔵映画で撮っていた北見一郎監督を紹介されて、現場に就くようになるが、というのも「その友人が北見組の現場をやっていて、自分がやめるために僕を紹介したんですよ（笑）」。北見組は月1本のペースで撮っていて、約2、3年間就いていた。「2本位やったら、下の人間が入ってきて、すぐにチーフ（助監督）。最初のうちは1本で3日、後半は2日半の早撮りでバンバン撮って、技術的なことは北見さんから一番教わりましたね」。

大蔵映画の資料は少なく、「日本映画人名事典・監督篇」（97／キネマ旬報社刊）を見ても、北見一郎ではなく、教育映画の小倉泰美名義で項目が立てられているほどだ。その後、北沢幸雄（飯泉大）、渡辺努監督作品などに就くが、カメラマン出身の西川卓監督とは「年齢は離れていますが、友達に近いつきあいをさせてもらい、この人の手伝いを随分していました」。後に西川氏はサトウ監督の『田代水絵／ザ・本番アクメ』（89）や『過激本番ショー・異常者たちの夜』（90）の撮影を担当する。

「23～24歳の頃から映画を撮りたくて、25歳位で一本撮れればと脚本を持ち歩いていい」た。当時のサトウ監督は、後にバーストブレイン・プロダクツを主宰する佐藤靖プロデューサーの事務所、オフィス・サンクに出入りしていて、そこで『名前のない黄色い猿たち』で城戸賞を受賞した小林宏一（政広）氏に出会う。ジョイパック（ミリオン）でピンク映画を一本撮らないかと誘われるが、「助監督で沖縄に行く仕事が入っていて、その後でと言っているうちに」ミリオンがピンク映画から撤退。オフィス・サンクも解体してしまう。

しばらく実家に戻り再び上京した時に、バッタリ佐藤氏と再会、その縁でにっかつビデオフィルム製作のAV『赤い報告書・鮮血の天使』『同・ホテトル嬢殺人事件』（88）を監督することになる。にっかつがロッポニカを始めた頃でもあり、何か面白い企画はないかと言われて、台湾マフィアの話を実録風にやりたいと企画を出す。小林氏と取材してプロットを立て企画が通り契約するが、結局これも流れてしまった。

が、すぐに別の企画を佐藤靖氏が新東宝に持ち込んで「即決で決めてくれた」。それが監督デビュー作『獣・けだもの』（89）になる。新東宝ビデオ製作で、スーパー16ミリ、同時録音。88年秋、4～5日かけて撮ったが、当時のピンク映画ではスタンダードな撮影日数で、助監督には上野俊哉、中野貴雄が就いてくれた。「スコセッシの『タクシードライバー』（76）みたいな映画を撮るんだと意気込みましたね」。中根徹の主人公がヒロイン朝吹麻耶の虜になり、仕事も家庭も捨てて堕ちてゆく姿を捉えた意欲作だったが、「とにかく一所懸命撮った。完成した映画を見て、何となく映画になるもんだなあと思ったのを、よく覚えています」。

朝吹麻耶は、勝山茂雄監督のAVに主演していて、知ってはいたが、「この映画のために最初に会った時には、黒人と一緒に現われたりして（笑）。しかも真っ赤なドレス姿で、強烈なキャラクターでね。彼女の存在で、この映画のカラーがほぼ決まったほど。この映画に出演後、業界をやめたようですが、しばらくたって、TVの街頭インタビューに彼女が答えていて、驚いた（笑）。あの頃に比べれば、普通というかカジュアルなスタイルになっていましたが、今はどうしているのかなあ」。

「奇跡が起きるんじゃないかと思って撮った」デビュー作を見て、小林氏は「俺が想像してしたものとはちがっていた」と感想を述べてくれたが、小林氏とのコンビは、取材当時の新作『迷い猫』まで続く。「一般映画でもピンク映画でも何でも撮ってみたい」と語るサトウ監督の演出力が、日本映画界から切実に必要とされる日は、案外近いと筆者は確信している。

THE SCENERY OF DEBUT WORK

67

1989年

Takahisa Zeze 瀬々敬久

課外授業・暴行

credit **課外授業・暴行**　国映製作　新東宝映画配給

企画／朝倉大介　脚本／佐々木宏、瀬々敬久　撮影／斎藤幸一　照明／加藤博美　編集／酒井正次　助監督／小原忠美　出演／中島小夜子、松永久仁彦、清野歴史、小川真実、佐野和宏、下元史朗、加藤海彦　公開／ 1989 年 6 月（63 分）

［瀬々敬久／ぜぜ・たかひさ］ 1960 年、大分県生まれ。83 年の 16 ミリ『ギャングよ、向こうは晴れているか』が絶賛され、86 年に上京。獅子プロの助監督時代を経て 89 年に監督デビュー。ピンク映画界の〝四天王〟として国内外の注目を浴び、00 年代からは活躍の場を一般作に広げ、『ヘヴンズストーリー』（10）では、ベルリン国際映画祭批評家連盟賞を受賞。『64（ロクヨン）』2 部作では前編で、日本アカデミー賞最優秀監督賞を受賞。以降、近年も『最低。』（17）『8 年越しの花嫁・奇跡の実話』（17）『菊とギロチン』（18）『友罪』（18）『楽園』（19）など力作を発表し続けている。

福間健二編著「ピンク・ヌーヴェルヴァーグ」（96／ワイズ出版刊）によれば、「ピンク映画の『四天王』という呼び名は、まず興行サイドからの『かれらの映画はわからない』『かれらの映画をかけると客が帰ってしまう』という批判のこもった呼び名であった」そうだが、アテネ・フランセ文化センターなどでの特集上映を経て、「映画ジャーナリズムの一部では知られるようになり」「いまではだいたい『ピンク映画界の四人の鬼才』という意味で使われるようになっている」という。

彼らのフィルモグラフィを辿ると、85年に『激愛！ロリータ密猟』でデビューした佐藤寿保監督を除いては、サトウトシキ監督が89年3月に『獣―けだもの―』で、瀬々敬久監督が同年6月に『課外授業・暴行』で、佐野和宏監督が同年11月に『監禁・ワイセツな前戯』でそれぞれデビューし、89年に集中していることが分かる。

「ワンクール終って次の時代になったんじゃないですか、そういう波があるじゃないですか」と瀬々監督は話し始めてくれた。『KOKKURI・こっくりさん』（97）で一般映画進出を果たし、ユーロスペースで自薦作品の集中上映も行なわれた瀬々敬久監督は、学生時代から『ハローグッドバイ』（78）や『ギャングよ、向こうは晴れているか』（85）などの自主映画を8ミリで撮り続けていた。京都で梅津明治郎監督『てんびんの詩』（84）の助監督に就き、その時のチーフ助監督が、のちに『卍舞』（94）や『卍舞2』（95）を手がけた小笠原佳文監督だった。小笠原氏が東京にいた時期があり、「京都にいても時代劇ばかりで仕方がないから、ピンク映画で良ければ、俳優の山本竜二を知っているから紹介するよ」と言われる。京大の映画部で若松孝二作品を自主上映したり、京一会館でバイトをしている時に高橋伴明作品を見たりしていて、ピンク映画は面白いなあと思っていたので、上京し、山本さんに会ったが、彼は当時、大蔵や東活作品中心に出演していた。向井寛率いる獅子プロや、中村幻児率いる雄プロに入りたかったが、山本さんからは「僕はあいにくそっちとは全然仕事をしていないので、知りあいの役者の池島ゆたかを紹介します」と言われた。現在は監督でもある池島さんに電話をすると、「ちょうど明日、滝田組の台本を取りに獅子プロに行くけど、一緒に来る？」と誘われ、獅子プロに行き、滝田組助監督の佐藤寿保氏に面接された。この時、獅子プロで見習いの形で最初に就いたのが滝田洋二郎監督、滝川真子主演『痴漢宅配便』（86）だった。

ピンク映画では「努力しだいだろうけど、大体3年位助監督をすれば、監督になれる」と言われていたし、事実、滝田洋二郎も片岡修二も渡辺元嗣も3年前後で監督になっていた。主に佐藤寿保監督作品に就いたが、獅子プロからの最初の給料は月に7万円。「最初は椎名町にいた友人の佐々木宏――彼はのちに僕の初期の作品の脚本を書いてくれましたが――のところに1カ月近く厄介になって、それから近くの南長崎に6畳で1万8千円のアパートを見つけて、そこに住んだんです。

当時は悲惨な生活で、寿保さんは映画の中にＴＶの画面を出すのが好きじゃないですか。ＴＶを20台集めてこいって言われて、そんなの集まるわけない。それで朝早く起きて、電気屋の前に置いてある、あんまり写らないようなＴＶを黙って持ってきたりしたんです（笑）。その中で写るＴＶが１台あって、家に置いといて、ある日帰ったら、部屋の南京錠が壊れてる。部屋に入ると、そのＴＶがなくなってて、盗まれてた。他に盗む物がなかったんでしょうね（笑）」。

助監督時代から脚本を書いていて、片岡修二監督で映画化されたり（『人妻ワイセツ暴行』（88）、『若妻不法監禁』（89）など）していた。脚本を書いて認められるのが、監督昇進への伝統的な道であり、それに則《のっと》って自作を国映に持ち込んだ。最初に原発ジプシーの話を持っていったが、「内容は面白いけれど政治色が強すぎる」と言われて、次に羽田を舞台にした『課外授業・暴行』の脚本を出し、ＯＫとなる。製作費は３００万円。「ピンク映画は個人営業システムだから、まず監督に製作費がポンと渡されるわけです。まあ、ある程度の雛型はありますが、その監督の仕切りで、スタッフや役者のギャラを決める。フィルム代や現像費や録音代は、あらかじめトップ・オフされて、製作会社から東映化工に直接支払われて、その残りの額が来るんですが、３００万越えたら監督が負担する。『課外授業・暴行』は１００万円くらい赤字になった。３本目位までは、ずっとオーバーして、これではいかんと考え方を変えましたけどね、借金が増えるだけですから。一番お金がかかるのは、出演者の人数で、これが多いと大変」。

『課外授業・暴行』は高校生や日本国籍を持つ韓国人、ジャパゆきさんらが暴走する群像劇で、「日本人は、みんなアメ公のオカマだよ」というセリフが飛び交い、「Good Luck, JAPAN」と言い残して自殺する人物が登場する。全体的に相米慎二監督『ションベン・ライダー』との類似も指摘されたが、瀬々監督は「『ションベン・ライダー』(83)は、はっきり意識してましたよ。パクリと言われても構わないと思っていた(笑)」と言い切る。天候には恵まれなかったが、天気待ちする時間はなく、曇天でも雨でも撮影した。水上での撮影が多く難航したが、最終日、船上でヒロインが犯される場面では狭い場所で人がウロウロしたせいで、船底が壊れてしまう。浸水こそしなかったが、助監督が「船の持ち主に払う借り賃がないんです、もう製作費がありません」と言い出す。「10万円位でしたが、そうしたらカメラマンの斎藤幸一さんが〝仕様がねえなあ〟と言い、自分のキャッシュカードを出して、〝これで(金を)おろしてこいよ〟と言ってくれました」。

ここ数年、次々と新作を発表しているが、瀬々作品はどれも丹念にロケハンされた風景の魅力に感心させられる。『すけべてんこもり』(95)の三宅島は言うまでもなく、何気ないアパートの佇まいひとつとってみても、観客を作品内に誘導する、これ以上はないほどの場所が的確に選ばれている。

『課外授業・暴行』の「デビュー作の風景」は瀬々監督自身の手によって映像化されている。96年3月28日にMXテレビのドキュメンタリー劇場で放映され、今年5月にユーロスペースでも上映された『水の記憶・羽田私見』が、それである。かつて羽田空港の敷地内には街があった。戦後GHQにより48時間の期限付きで住民たちは強制退去させられたのだが、消えた街の記憶を求めて、監督自身がレポーターになり、街に住んでいた老人たちに会いに行く。83歳の元漁師の老人による羽田節の歌声が胸に迫り、退去直前に植えた苗木が50年後、大きな木に育っている風景には圧倒させられる。

「『課外授業・暴行』のような元気のいい映画をもう1度撮ってみたいなあ」と瀬々監督は最後に語ってくれたが、あの映画に充満していた破天荒なエネルギーは、きっと別の形で今後の瀬々映画に継承され、結実するにちがいない。あの時に船出した海賊たちは、今頃どのあたりを航海しているのだろうか。

THE SCENERY OF DEBUT WORK

68

1989年

Shinya Tsukamoto

塚本晋也

鉄男／TETSUO

credit **鉄男／ TETSUO**　海獣シアター作品

脚本・撮影・出演／塚本晋也　助監督・出演／藤原京　音楽／石川忠　出演／田口トモロヲ、叶岡伸、石橋蓮司　公開／ 1989 年 7 月 1 日（67 分）

［塚本晋也／つかもと・しんや］　1960 年、東京都生まれ。高校在学中から８ミリ映画の制作を始め、大学卒業後はＣＭ制作プロダクションに勤務。85 年、劇団〝海獣シアター〟を立ち上げ、演劇活動の他『普通サイズの怪人』（86 ／８ミリ）を制作する。翌 87 年『電柱小僧の冒険』でぴあフィルムフェスティバルグランプリを受賞。続く 16 ミリ『鉄男／ TETSUO』（89）でローマ国際ファンタスティック映画祭グランプリを獲得。国内外で高い評価を集める中、『鉄男Ⅱ／ BODY HAMMER』（92）『TOKYO FIST ／東京フィスト』（95）ほかを発表。近年も『野火』（15）『斬、』（18）など旺盛に監督作を発表する一方、俳優としても『シン・ゴジラ』（16）『沈黙・サイレンス』（17）などに出演し活躍している。

塚本晋也監督『鉄男／TETSUO』(89)を最初に見た時の衝撃は忘れられない。人間の肉体が鉄に侵食されていくモチーフを圧倒的なパワーで見せつけ、正直言って筆者はとまどい、これは一過性の打ち上げ花火かと警戒さえした。人見知りの性格ゆえ、今でも僕は基本的に新人監督の作品を敬遠し、好意的にはなれないが、塚本監督の場合は完全にこちらの目違いであり、不明を恥じるしかない。この人は、本物の才能を持っていた。

98年末から翌年春にかけて公開される『あ、春』(98)、『ドッグス』(98)、『完全なる飼育』(99)には場面は短いながら俳優としても出演し、役者さんのインタビュー連載、〝ニッポン個性派時代〟に登場しないのが、不思議なほどだし、99年公開の斎藤久志監督『サンディ・ドライブ』では主演をも果たす。今までTVの座談会で御一緒したことはあるが、この「デビュー作の風景」で初めてじっくりとお話を伺うことができた。

中学2年の時に「父親がキャノンのスーパー8のカメラを買ってきたのが始まりで、怪獣と学校演劇が好きだったので、怪獣の出る劇映画を作ろうと。それで池袋文芸坐に行って、『ゴジラ』シリーズを見直したりして、勉強したんですが、脚本の書き力を知らなくて240ページ位の分厚い物を書いたんです(笑)」。

「8ミリの初心者でも夢と希望が持てるような円谷一《はじめ》さんの「特撮のタネ本」というバイブルのよ

うな本を読み、怪獣の造形を考えたんですが、それはゴムのラヴァーを使うちゃんとした作り方で、そのお金がないので、母親から父親のいらない寝巻を貰い、それに発泡スチロールをつけて膨らませれば怪獣になるかなあと、一所懸命考えたんです。でも、もともと細い寝巻に発泡スチロールをつけると、中に入れなくなる（笑）」。

短くてもいいから完成することが大事と現実的に考え直して、水木しげるの漫画「原始さん」をベースに「雑布みたいなものを纏《まと》った人間がミニチュアのビルを壊す」8ミリ『原始さん』（74）を完成。図書室を利用する人が少ないので、図書委員の役職を利用し、〝図書300人〟というイベントを計画実行して、そこで『原始さん』を上映し、大成功する。「僕の映画興行の原型のようなもので当時からプロデューサー感覚があった（笑）」。

当時ショーケンのファンになり、神代辰巳監督『青春の蹉跌』（71）の影響で、8ミリ『翼』（75）を作り、「日本を記録する映像フェスティバル」に応募して入選、映画にのめりこむ。高校時代には芝居にもめざめ、芝居と8ミリ映画製作がシンクロする。戦中戦後に夭逝した画家のイメージを集約させた大作『地獄町小便下宿にて飛んだよ』（77）を文化祭で上映して評判にもなった。

大学に入ってからは、「上映のためにパッと作ってパッと壊せるテントの移動映画館を作って、神社や公園で上映したんです。上映当日まで（映画を）作っている状態で、お客さんが来てからテントを作り始め、怒って帰ったお客さんもいた。雨が降るとシートが傾いて、お客である友人が、ずーっと無表情で支えたり（笑）。そんな映画作りはイヤだ、これからは映画の内容で勝負しようと19歳の頃に思ったんですが、そこから映画作りを辞めてしまうんです」。

「大学を卒業する頃まで、すごい焦りがあって、ちょうど僕が大学に入ってる頃、先輩に石井聰亙さんとか長崎俊一さんがいて、滅茶苦茶に活躍していたんです。石井さんは『狂い咲きサンダーロード』（80）を撮っていて、スターのような存在で、映画学科に石井さんがいるというんで、2、3人で覗きに行って、ロビィに石井さんがいたから、顔を見て逃げて帰ってきたりして（笑）。羨ましいなあ、何で、そんなに光が当たるのか、僕が8ミリを撮っても、入選はしても、入賞しなかったりとか、上映会でも最後の上映で、みんなが飽きて帰った頃、僕の映画が上映されて、見る人が誰もいないとか、何かいつも目分に陽が当たっていないというか、嫉妬に目が眩む思いでしたね」。名画座が出資して、映画を製作するケースが相次いでいたので、2、3の名画座に企画を持ち込むが、うまくいかず、「それで挫折したんですね」。

映画会社には暗いイメージを持っていたので入る気にならず、CF製作会社・井出プロダクションに就職し、一所懸命仕事に励み、入社後、1年半でディレクターになる。会社に勤めながら、コマ撮りの実験を兼ねて、8ミリで18分の習作『普通サイズの怪人』（86年）を撮る。これが『鉄男

／ＴＥＴＳＵＯ』の原型となる。芝居も続けていて、入社して3本目の芝居「電柱小僧の冒険」の時の美術や小道具を生かし、「お客さんがジェットコースターに乗って、同時体験できる」ような映画を作ろうと、8ミリ版『電柱小僧の冒険』（87）を撮る。ぴあに応募した時、選評で「女をつんざくドリルに血がついてなかったねと言われて、ディテールに凝りたい僕としては、ものすごく不本意で頭に来ましてね。16ミリで30分位の映画を、ディテールを膨らませて作り直そうとしたんです。最初は1ヵ月位の撮影期間の予定でしたか、やたらとディテールを足していったら、結局1年半かかって、大体僕の映画はいつもそうなんですが、しつこいから最後にはスタッフが誰もいなくなるんですよ（笑）」。

その映画『鉄男／ＴＥＴＳＵＯ』はＣＦのバイトで30万円のギャラを稼ぎ、スクーピック（国産の16ミリカメラ）の中古を20万円で買い、あとの10万円でフィルムを10本とアイランプ3個を買い、スタートする。「その頃は会社を辞めたのも親にばれて、家を出て、トイレのうんこの匂いのするアパートの部屋に住み、でも角部屋で陽当たりのいい明るい地獄の中で神経質になりながら撮ってましたね」。

芝居のスタッフが、そのまま映画に移行するが「たじろがずに、〝あ、今度は映画？〟という感じで（笑）」。特撮も「人形アニメの細密なコマ撮りとちがって、殆ど餅つきみたいに誰かが針金を一寸いじって、ひとコマ撮るという感じで、丁寧にやったら、あんまり面白くない。雑な方が自分に合ってる（笑）」。

「『電柱小僧の冒険』の頃から田口トモロヲさんにはお世話になって、四畳半みたいな場所をスタジオにしていましたが、そこに泊まりこんでもらって、特撮の釣り糸を持ってもらったり、撮影を終えて焼酎飲んで、そこで眠ったりして。「キネマ旬報」の男優賞狙いましょうよって始めた記憶があるんですが、田口さんはギャアとかワァとかいう芝居しかないんで、これでキネマ旬報かよという雰囲気になって（笑）。途中から田口さんの叫びは、A：激しく、B：普通、C：大人《おとな》しめ、のパターンしか要求しなくなって。おかしかったのは、僕も田口さんも疲れて眠くなった時に、僕が全然演技指導もせずに、ヨーイって言っちゃって、田口さんも、ただウワーッと叫んで、一寸待って下さい、何も言ってませんでしたって言ったら、さすがに二人で笑っちゃいましたけどね。そういう情無い撮影だった（笑）」。

『鉄男／TETSUO』の大まかな撮影が終了した頃、『電柱小僧の冒険』がPFFアワード88'グランプリを受賞。『鉄男／TETSUO』は中野武蔵野ホールでレイトショー公開されて大ヒット、ローマ国際ファンタスティック映画祭でグランプリを受賞する。以後の活躍は、改めてここで言うまでもないだろう。

THE SCENERY OF DEBUT WORK

69

1989年

Junji Sakamoto

阪本順治

どついたるねん

credit **どついたるねん** 荒戸源次郎事務所

製作／荒戸源次郎　企画／孫家邦　撮影／笠松則通　照明／渡辺孝一　録音／横溝正俊　美術／丸尾知行　編集／高島健一　衣裳／小川久美子　音楽／原一博　助監督／山仲浩充　出演／赤井英和、原田芳雄、相楽晴子、麿赤児、大和武士、笑福亭松之助、芦屋小雁、輪島功一、結城哲也、大和田正春　公開／1989年11月11日（110分）

［阪本順治／さかもと・じゅんじ］ 1958年、大阪府生まれ。横浜国立大学在学中より石井聰亙監督『爆裂都市』（82）の現場に参加、その後、泉谷しげる監督や川島透監督、また井筒和幸監督などの助監督として就く一方、自作フィルムを製作する。89年のデビュー作は芸術選奨文部大臣新人賞をはじめ各賞を総なめにした。以降『鉄拳』（90）『王手』（91）『トカレフ』（94）『BOXERJOE』（95）『ビリケン』（96）『愚か者・傷だらけの天使』（98）『顔』（99）『ぼくんち』（02）『大鹿村騒動記』（11）『団地』（16）『半世界』（19）など意欲作を発表し続けている。

「芸術はポイント制ではなく、ノックダウンだ」とは平岡正明氏の至言で、まあこれは映画にではなく、中森明菜の歌に向けられたもの（「中森明菜・歌謡曲の終幕」）だが、89年に突然現われた阪本順治監督のデビュー作『どついたるねん』に、これほどしっくりとくる言葉はないだろう。『どついたるねん』は日本映画界を完全にノックダウンした。とにかく先に試写を見てきた友人たちの誰もが、何かのウィルスに感染したかのように「面白い、面白い」と興奮するのを見て唖然とさせられた。こんなに見た人全員が面白いという映画が面白いはずがないという何の根拠もない確信に捉われ、公開直前になぜか文化庁主催の優秀映画選定試写会にまぎれこみ、虎の門ホールという、およそ非映画的な、だだっ広い空間で対面した。眉に唾つけて見たにもかかわらず、しかしこれが世評通りの、まさに中途半端ではない面白さだった。そうなると、なおさらくやしい。でも、こういう映画を見ることができて嬉しい。くやしさと嬉しさに引き裂かれつつ、新人・赤井英和の不敵な表情に、通天閣界隈の街の喧騒に、そして文字通り画面を引き裂く雷鳴に興奮した。

89年には、いわゆる異業種監督を含めて新人監督が33人デビューしたという（「戦後キネマ旬報ベスト・テン全史」）。成人映画や記録映画を入れれば、その数は、さらに膨れ上がるだろうが、この年以降、新人監督のデビューはうなぎ登りに増えていく。撮影所のシステムが決定的に崩壊する中で、山根貞男氏が喝破したように「真に新しい映画の作り手は、何人いたろうか。わたしなりに自信を持ってノミネートできるのは、阪本順治と北野武のみ」（『王手』プレスシート）とは、まぎれもない事実であり、阪本監督は一本の映画で世間を震憾させたのだ。今までは挨拶する程度だったが、初めて阪本監督に取材する機会を得て『どついたるねん』を中心にお話を伺った。

『爆裂都市バースト・シティ』（82）の美術助手を経て、『竜二』（83）や『TANTANたぬき』（85）『二代目はクリスチャン』（85）『野蛮人のように』（86）などの助監督に就く。石井聰亙監督から「エネルギッシュな暴走、爆発力」、川島透監督から「劇場のお客さんに対する向きあい方」、井筒和幸監督から「スタッフや役者に対する演出の言葉、『ヨーイ、ハイ』のかけひき」を学んだ。石井監督は「父」、川島監督は「先輩」、井筒監督は「兄貴分」だという。結果的には大森一樹監督が映画化した『満月』（91）を川島監督が手がけようとして頓挫した87年頃、監督になるつもりで助監督を辞め、貯金した100万円をかじりながら脚本を練った。最初に撮るつもりだったのは『怪物ワッショイ』というホラー・コメディで台本も40冊印刷したが、これは製作費が集まらず断念。もしもこの映画でデビューできたとすれば、阪本監督の以後のフィルモグラフィは一体どうなっていたのだろうかと勝手に空想する愉しみ……!?

80年にプロ・デビューし、12連続KO勝ちの記録を踏み台にして、83年、ジュニア・ウェルター級世界タイトルに挑戦するが敗北、85年に大和田正春との一戦で重体に陥り、リングを降りた〝浪速のロッキー〟こと赤井英和が書いた原作本「どついたるねん」を読み、阪本監督は即座に出版社に電話して、著者に会わせてほしいと言うが、けんもほろろに応対される。結局、人を介して「どついたるねん」出版記念パーティで、やっと赤井に対面するが、瞬間に「先生」と呼ばれる。誰にでも先生って言ってるんじゃないのと言うと、「先生こそ先生の中の先生です」と胸を張って言われてしまった。映画化の話は、まだ絶対に内緒だと念を押したが、その足で3軒目の飲み屋に行くと店中の人間に知れ渡っていて、大変な騒ぎだった。赤井本人やジムにも取材して、88年春に脚本の初稿が完成。久々に映画製作を再開した荒戸源次郎氏のGOサインを貰い、8~9千万円の製作費で見切り発車する。クランクインは89年2月5日で撮影期間は33日。2月5日は赤井が、対大和田戦で敗北した日で、彼の復活への祈りを込めていた。最初は「どこをどう撮っていいか分からず、閑散とした通天閣を下を向いて歩いているような気分だった」。20kg減量して主演してくれた赤井につきあって監督自身も11kg減量した。毎日カロリーメイトの1箱を半分。最後には1日の食事はビタミン剤だけになった。ある日の撮影で、ジムの大きな姿見の鏡の中で、回りの人間がセッティングのために慌ただしく動き、自分だけが動かずにいる姿を見て「ああ、監督になったんだなあ」と自覚したのを記憶している。撮影の基本は長回し。なぜならカットを割ると赤井の芝居がつながらなくなるからだ。セリフは原則として全部言えたら「OK」。とにかく赤井の存在が立たないと失敗だと思った。幸い赤井は「（自分が）目立つことに貪欲」で、すぐ間近にカメラがあっても平然としているので「緊張してないね」と言うと、「カメラは殴ってきませんから」と言われた。コーチ役の原田芳雄は赤井のNGに合わせて、45回もサンドバッグを叩いた。その時は「さすがにプロだなあ」と感心したが、撮影終了後ホテルに戻ってから原田さんは荒れたという。「打ち上げでは首を絞められました（笑）」と監督は言う。ただ原田さんは「新人監督のデビュー作には一切口を出さない」ことを原則としていた。公開当時、筆者は原田さんに取材したが、そうしたことをおくびにも出さず、彼は阪本監督の才能を絶賛した。その俠気に感動する。

撮影中にラッシュ（部分試写）を見て、自分のイメージとの隔たりに愕然とする。実は阪本監督は完成した『どついたるねん』を見ていないと言う。「滅茶苦茶に恥ずかしくて初号試写の時も、ずっと目を瞑《つぶ》っていた」そうだ。「ちゃんと恥をかいたかなあ」と思ったという。ところが『どついたるねん』は芸術選奨文部大臣新人賞、ブルーリボン最優秀作品賞、日本映画監督協会新人賞など、その年の映画賞を総なめにした。キネマ旬報ベスト・テンでも第2位、新人男優賞（赤井英和）、助演女優賞（相楽晴子）、助演男優賞（原田芳雄）を受賞し、本作で映画デビューした大和武士をも含めて、関わった人々の運命を大きく変えた。あまりにも短期間にもてはやされたので「一時は天狗になってしまった。今は反省しています」と監督は笑いながら話してくれた。今見直しても『どついたるねん』の『王手』(91)や『ビリケン』(96)にも連なる通天閣や新世界の魅力は、いきいきと伝わってくる。ただの人情ドラマでも、単純なスポ根ドラマでもなく、そこには何が何でも這い上がらずにはおかないぞという作者たちの凶暴で飢えた視線があり、それが熱い血となって、異様なボルテージの高さにつながったのだと思う。どのカットも、必死で、率直で、力が漲っている。『どついたるねん』は、デビュー作にふさわしい不敵な面構えを持った傑作だった。「監督の仕事とは、人間関係を作っていくこと」という阪本監督は現在に至るまで、快調なペースで新作を発表し続けている。

第7章

過渡期を越えて、映画はつづく

90年代

雑誌連載が終了してしまい、本当はこの辺りから、もう1冊ぐらい分量が必要になってくるのだろうが、撮影現場に通う機会も、めっきり減ってしまい、あくまで筆者と個人的な関わりのある、あるいは興味のある監督たちだけになってしまった。日本映画史の流れの中で、当然書かれて然るべき監督たちは、ゼロ年代を含めて、ここでは、すっぽりと抜けている。あくまでプライベートなメモランダムとして書かせてもらい、ゼロ年代に続く。

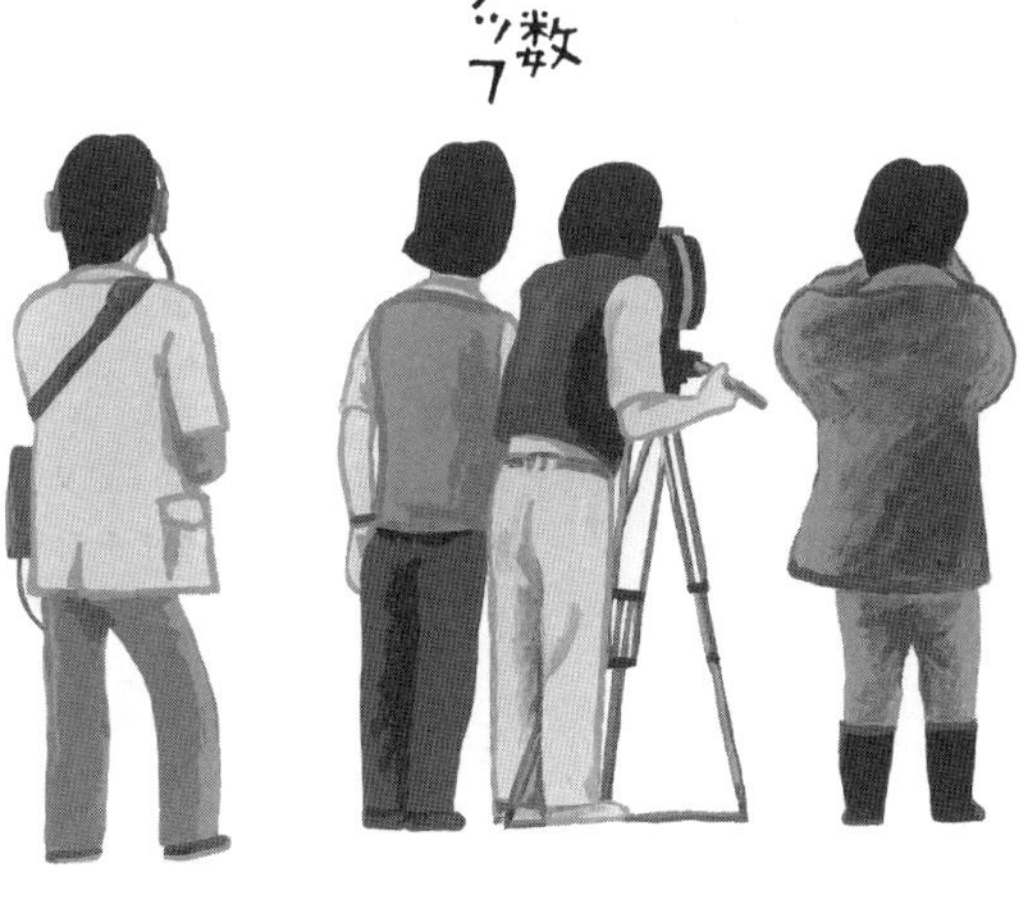

THE SCENERY OF DEBUT WORK

70

1990年

Hideyuki Hirayama

平山秀幸

マリアの胃袋

credit **マリアの胃袋**　ディレクターズ・カンパニー＝サントリー作品

企画／渡辺敦　製作／宮坂進　脚本／西岡琢也　撮影／長沼六男　出演／相楽晴子、柄本明、范文雀、大竹まこと、余貴美子　公開／1990年7月21日（104分）

[平山秀幸／ひらやま・ひでゆき]　1950年、福岡県生まれ。日大美術学部を卒業後、76年に長谷川和彦監督『青春の殺人者』に参加。以降、井筒和幸、寺山修司、藤田敏八、山本政志、伊丹十三等、幅広い監督に就き、90年に監督デビューを果たす。92年『ザ・中学教師』で監督協会新人賞を受賞。『人間交差点・雨』（93）やJ.MOVIE・WARS Ⅱ『よい子と遊ぼう』（94）ほかを経て、95年に『学校の怪談』が大ヒット。『学校の怪談4』までシリーズ化される。98年『愛を乞うひと』によりキネマ旬報ベスト・テン日本映画監督賞、日本アカデミー賞最優秀監督賞ほか各賞を総なめにした。以後も『OUT』（02）『しゃべれども、しゃべれども』（07）『必死剣鳥刺し』（10）『エヴェレスト・神々の山嶺』（16）などを発表。最新作『閉鎖病棟』も19年に公開予定。

「お前、（運転）免許証、持ってるか」と長谷川和彦監督に言われたのが平山さんの映画界との第一種接近遭遇《ファーストコンタクト》だった。「はい」、「じゃ明日から来い」と。『青春の殺人者』（76）の「製作進行の見習い（笑）でした」。

「とにかく映画が好きで好きで、学生時代は池袋文芸坐と雀荘に入り浸り。撮影現場が面白そうだなと思って、東映でも松竹でも入れるんだったら、助監督でなくても録音でも小道具でも良かった」が、当時は映画会社の人員募集がなく「たまたま知り合いの伝《つて》から、ゴジさんが映画を撮ると聞いて、何でもいいから映画を体験したくて行ったんです。映画の難しい知識は何の役にも立たず（笑）、とにかく体を動かせと」。長谷川和彦監督の章でも記したが『青春の殺人者』は伝説的な撮影現場だった。「みんな貧乏自慢したがると思うけど、オフィシャルに『青春の殺人者』は、この30年間で一番激しい現場だったと思います。最初の現場がそうだったので、後が楽というか（笑）、映画って、こういうものだと思ってました」。最初から金はないと言われ、同じ製作進行の榎戸（耕史）さんも、平山さんも「ノーギャラでした。2ヵ月間の食い扶持《ぶち》は、クランクインするまでに他のアルバイトで稼いでこいと言われました」。この時の主演女優、原田美枝子と平山監督は22年後に『愛を乞うひと』（98）で再び出会い、それぞれ「キネマ旬報」主演女優賞、同監督賞を受賞するが、ここでは「デビュー作の風景」の話を伺う。

橋浦方人監督『星空のマリオネット』(78)の製作進行を経て、橋浦監督『海潮音』(80)で初めてカチンコを打ち助監督に。加藤泰、井筒和幸、寺山修司、藤田敏八、大森一樹、高橋伴明、山本政志、崔洋一、根岸吉太郎監督らの作品に就く。「年に2本やれば多かった方かな。年収20万円の年が2年位あった(笑)」。井筒監督『ガキ帝国・悪たれ戦争』(81)の時にチーフに近い経験をしたが、世間的に初めてのチーフ作品は、伊丹十三監督『お葬式』(81)。筆者が初めて平山さんに会ったのは、この『お葬式』の湯河原での撮影現場だった。助監督時代、印象に残っているのは、寺山監督『さらば箱舟』(84)と藤田監督『波光きらめく果て』(86)で、「寺山さんは現場でAさんとBさんが喋っているのを撮って、それが絵になると、現場とは全然ちがう感じになっているのにビックリしましたし、パキさんは自分では何もしないのに、スタッフを動かして一番おいしいところだけ持っていく(笑)」。平山監督自身、パキさんの進め方に近いかもしれないとか。最後の助監督作品は、和田誠監督『快盗ルビィ』(88)で、この時の縁で和田さんにはデビュー作のポスターの絵を描いてもらった。

そのデビュー作『マリアの胃袋』(90)は、ディレクターズ・カンパニーで、もともと池田敏春監督『死霊の罠』(88)の続篇として企画が立てられた。「『死霊の罠』はJHV《ジャパン・ホーム・ビデオ》が製作費を出し、そのパート2をやらないかと言われて、西岡(琢也)とホンを作ったら、『死霊の罠』とは全然ちがう話になって（笑）、ＪＨＶがオリたんですね。ディレカンとしては進めるしかないところに、アルゴ・プロジェクトができたんで、これにのっけてしまえと成立したんですよ」。

「『死霊の罠』は自衛隊の朝霞駐屯地跡で、朝から夜中まで粘って、えんえんと撮ったんで、ディレカンも同じような話を、ああいう感じでやられたらかなわんみたいな気分があったのか、そこだけで撮りきるんだったら外国で（撮って）もいいよと言われたんです。それで西岡が島を舞台にすれば逃げ場がないんじゃないかと言い出して、サイパンにはＪＨＶ関係で泊まる所もロケ場所もコーディネートする人がいて、金銭的にも安くあがるということで、２度ほどロケハンにも行ったんです。ところがＪＨＶが手を引いたので屋根の上に昇ったのはいいけど、梯子が外された状態になり（笑）、その中でもう一遍できることを考えようかということになったんです」。

こうして南の島に旅行中の彰子（相楽晴子）をはじめＯＬ４人組が、怪物と化したマリア（范文雀）に次々と襲われる異色のホラーコメディが生まれた。「１本目を撮る時の昂揚感みたいなものは全然なかったんです。４番打者ではなくピンチヒッターで送りバントができればいいみたいな感じだった」。

まず東映大泉撮影所で屋内の場面を１週間撮り、サイパンで３週間撮った。マリアと共に交通事故で死に、幽霊になって島中を彷徨う東洋男（柄本明）のとぼけたキャラクターが、実におかしいのだが「当時、（高橋）伴明さんと親しかった柄本さんと会い、まだホンもできていないけれど、とりあえずお願いしますということで、最初に柄本さんが決まったんです。僕は初期の頃から東京乾電池の追っかけをやってましたし。柄本さんは、カチッとした映画じゃなく、のらりくらりとした映画が好きなんですよ。自分が出た映画の中でも、これが一番好きだと言ってくれて、嬉しいんですけど、やっぱり凄く変わった人だなと思う（笑）」

実はマリア役の女優さんは撮影初日に揉めて、役をオリてしまい「被《かぶ》りものも特殊メイクも、その人に合わせて作ったんで大変だったんですが、范さんが〝面白そうね〟と引き受けてくれて助かったんです。それと特殊メイクが大きな要素になる映画の場合、必ず撮影部と造型グループが喧嘩になるんですよ。造型グループは、なるべく見せないように撮ってくれと言い、撮影部はちゃんと写せるものを作れと言う。妙な言い方ですが、作り物は所詮作り物なので、カーテンで隠したり、スモークを焚いたりして、どちらかといえば僕は撮影部に近い意識だったのかな」。

撮影中は「個性的な俳優さんばかりだったので、カメラの脇で俳優さんが丁々発止と演技するのを見ているのが面白いんですよ。後でフィルムをつないで見ると、自分で結構面白がっていたものが、自分にも伝わらなかったりして……考えましたね。やってる時は何だか面白いなあと思うばかりで（笑）。よく分かりませんが、芝居が面白いのと、それが映画になった時に面白いということは、やっぱり一寸ちがうのかなという気が最近します。舞台劇と映画の面白さって、ちがうじゃないですか。そういうことは今でもよくあります」。

完成した時には「自分では、よく分からなかった。面白いとか、つまらないというよりも、ああ、こういうことが撮りたかったのか。これが俺の1本目かと妙な感じがしました」。

今、見直すと「追っかけられた余貴美子さんの部屋の中に野球のボールが飛んできたり、焼肉を食べる場面とか、話の本筋とは関係がなく、切ってもいい部分が面白かった（笑）」。

キネマ旬報ベスト・テンでは、双葉十三郎氏が5点（第6位）を投じ、第46位。某映画賞の選考では田中小実昌氏が推されたと聞いたが「田中さんの小説も、クライマックスに向けて走ったりする小説ではないから、そういう点で支持して下さったのかもしれませんね」。『ザ・中学教師』（92）では日本映画監督協会新人賞を受賞。『学校の怪談』（95）『学校の怪談2』（96）『学校の怪談4』（99）も大ヒットさせる。「撮影中、どんなトラブルがあっても常にポジティブに対処する」と言う平山監督の題材へのいい意味での距離のとり方は、このデビュー作にも顕著であると思う。

Shinobu Yaguchi 矢口史靖

裸足のピクニック

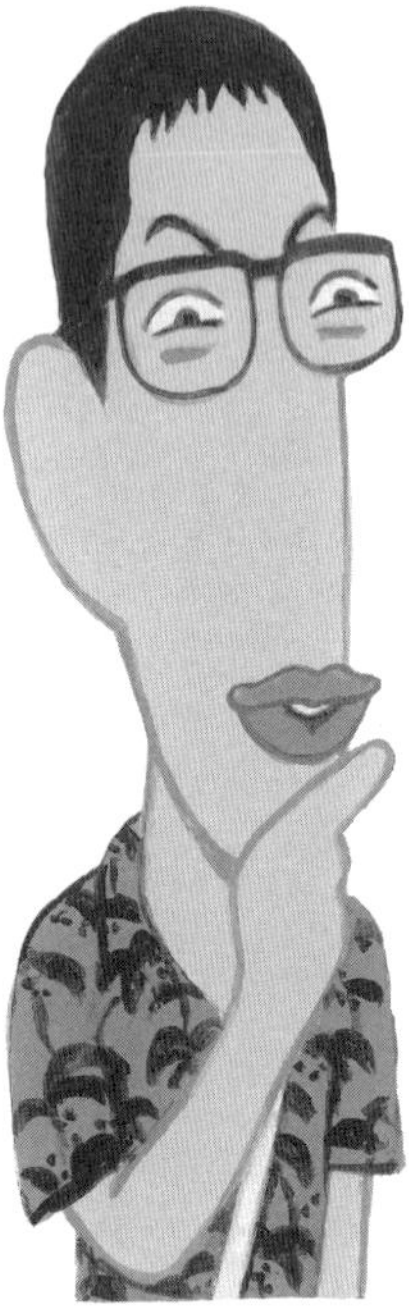

credit **裸足のピクニック**　ぴあ＝ポニーキャニオン作品

製作総指揮／矢内廣　製作／林和男、丸山寿敏　脚本／矢口史靖、中川泰伸　脚本・監督補／鈴木卓爾　製作・撮影／古澤敏文　撮影／鈴木一博　美術／稲村彰彦　録音／木浪洋一　音楽／うの花　出演／芹川砂織、浅野あかね、Mr. オクレ、梶三和子、泉谷しげる　公開／1993年10月30日（92分）

［矢口史靖／やぐち・しのぶ］　1967年、神奈川県生まれ。東京造形大学入学後、8ミリ映画を撮るようになり、初の長篇作品『雨女』（90）がPFF（ぴあフィルムフェスティバル）アワード90でグランプリ受賞。スカラシップを獲得し、93年監督デビュー。以後、TV、ビデオ、CFなど多方面で活躍する一方、鈴木卓爾と共に短篇連作集『ワンピース』を発表。『ウォーターボーイズ』（01）『スウィングガールズ』（04）『ハッピーフライト』（08）『WOOD JOB! ～神去なあなあ日常～』(14) など快調に映画を撮り続けている。

4半世紀も前になるが、今は亡き中野武蔵野ホールに『裸足のピクニック』を見に行くと、上映前か後かは忘れてしまったけれど、舞台挨拶に出くわした。その頃の舞台挨拶といえば、監督と主演級の俳優が数人というのが常だったが、その日はスタッフ・キャストが十数人ずらりと並んで壮観だった。さあ、これから世界に向かって打って出るぞという気迫に圧倒され、映画の印象が、さらに鮮烈になったのは言うまでもない。矢口史靖監督のその映画は、ごく普通の女子高生・鈴木純子が徹底的に不幸な出来事に遭遇するものの、見事なエンタテイメントとして成立していたのだ。

若手映画作家の登竜門として開催されていたPFF（ぴあフィルムフェスティバル）のスカラシップ作品として製作されたのだが、その経緯から矢口監督に伺ってみよう。

「90年に『雨女』でPFFのグランプリを受賞して、受賞者は3千万円の製作費で、そのままスカラシップ作品も撮れますよということでしたが、いくら企画を出しても通らず、1年半位経っちゃったんですよ。これは一寸、約束違反じゃないですかと僕がゴネまして、その前年に『夕辺の秘密』（89）でグランプリを受賞した橋口亮輔監督も、まだ撮っていなかったので、結局、橋口組と矢口組、2本で3千万円、つまり1本1500万円という形になって、橋口監督の『二十才の微熱』（93）と、ほぼ同時にクランクインすることになったんです。そのタイミングで出していた企画が『にっぽんさいだいのまれにみるふこうなおんな』で、これが『裸足のピクニック』になっていくわけです」。

ぴあの中に、製作現場の経験者がいなかったので、外部から呼ばれたのが、当時の自主映画界を牽引していた伝説のプロデューサー古澤敏文氏。この人、製作から撮影は勿論（何しろクレーンの運転まで名人！）、あらゆるパートをこなすことで有名な人だった。

「古澤さんには、一から叩き直されました。脚本には柱というものがあって、場所が分かるように書け。スケジュールを切らなきゃいけないから、ちゃんと台本がないとダメ。お前の頭の中にだけあってもダメなんだ、コピーしてみんなで共有できるものを作れ、と」。

――ということは、それまでの矢口作品に脚本は存在しなかったのか！「はい。『雨女』は絵コンテだけで、あとは口伝え。それでいいと思ったんですけど、そんなわけないだろう。バカじゃないかと言われて（笑）」。

脚本を書くと同時に、役者さん募集、ついでにスタッフも募集というチラシを作って、劇場に配ったそうだが、それはまたなぜ？

「予算が予算なんで、どうやったら削れるかというのを古澤さんが考えてくれて、現場のムービーの撮影、それから照明、制作部もやりつつ、スチールも俺がやると。足りないところは全部俺がやるからと、古澤さんがやることになって、スタッフは、ほぼボランティアに近い素人さんを、オーディションで選んだから安く使えるだろうと。プロのスタッフは4～5人で、あとは全部素人。まあ、僕も素人でしたが。ただ初日でパンクして、こんなんじゃ絶対できるわけないだろうって、古澤さん、自分で言ったくせに（笑）。本格的な撮影まで1週間位、間が空いて、その間に鈴木一博さんを撮影に捕まえてきてくれたんです」。

当時のメイキングをＤＶＤで見ると、主演女優が、なかなか決まらず、古澤さんが候補のふたりのプロフィール写真を出して、どちらかに決めろと迫ったそうだが。「その場にいると決められちゃいそうで、どちらもイヤだったんです。逃げるようにして、半蔵門のぴあ本社の隣りにあるドトールに行ったら、いい子がいたんです。今一寸、人を探しているんで、バイト明けに隣りのビルに来てくれない？って言ったら、いいですよということで、それが主演の芹川砂織さん。芹川さんにしてみれば騙されたというか、一応御両親からの了解も得て、意外と古澤さんはそれを面白がってくれて、矢口もやればできるじゃんと（笑）。僕は美術学校出身で、口下手だったし、あまり人とのコミュニケーションもとれずにモゴモゴしてたんで、どうするんだよ！と言われていたのは、もしかしたら試されていたのかもしれません。ドトールの子を連れてきたんで、古澤さんにしてみれば、よっしゃ！　という感じだったかもしれませんね」。

ヒロインに、こういう人をというイメージは、あったのだろうか？「特になかったです。役者っぽい芝居は苦手で、自然に振舞ってほしかった。慣れで済ませる芝居ではなくて、本気でやってるのか、芝居でやってるのか、曖昧にしたかった。まあ、彼女は僕の期待以上に、ふてぶてしく演じてくれて、結果として、はっきりしたコメディになりました。脚本だけ読むと、悲惨な物語ですし、コメディじゃないんですよ」。

当時の資料によれば、プロの俳優とも互角に渡り合った彼女の神経は太く、現場のお弁当を確実に平らげて、日に日に太ってしまったとか。それでこそ、この映画のヒロインにぴったりのキャラクターだったのだ。

学生時代からの盟友、鈴木卓爾氏が脚本のみならず、監督補として参加しているが――「監督補というか、チーフ助監督でしたが、その仕事って実際はすごく複雑で経験値が沢山ないと、できないんですよ。何しろ予算がないので、古澤さんが、卓爾、お前やれと。もう死ぬ思いで、毎日、古澤さんが鬼に見えました。現場がやっと終わって、家に帰ると、古澤さんからすぐに電話がかかってきて、僕と卓ちゃんの家と、順番は逆のこともありましたが、毎晩1時間位、小言を言われる。お前、なんであんなことをしたんだ、あの場合、ああじゃないだろ、この先どうするんだよって。現場馴れしていないから、仕方ないんですけど、卓ちゃんも音をあげて、これ以上できないから、監督補、降ろしてくれませんか。腑甲斐なくてすみませんと言ったら、古澤さんに余計に怒られて、辞めさせるわけないだろ！って責められて、辛い思いをしました。その頃は脚本は書いたけど、朝、現場用に絵コンテを描いておけばトラブルもなく順調に進むことも知らなくて、ノートに走り書きしかなくて、困ることがすごく多かった。卓ちゃんと、どうしよう、また怒られるよと、毎日ビクビクしていました。でも本当に荒療治といいますか、古澤さんがいなかったら、辛い目に遭わなかったかもしれないけど、短期間で、あれだけの分量は撮りきれなかったと思います」。

撮影期間は24日間。矢口監督は、祥子（娘太郎《こたろう》）が車にはねられる場面では女装して、彼女の吹き替えスタントまでしている。「どうするんだよ、こんなアクションできないぞって古澤さんに言われて、じゃ僕がやりますと言って、やれやれと。これ普通のプロデューサーだったら、監督が怪我したら、撮影はそこでストップするから、お前やれって、絶対言わないんですけど、古澤さんは全然構わないんですよ（笑）」。

『裸足のピクニック』の現場は、かくのごとく大変だったらしいが、そうした創意工夫に充ちた試みが評価されて、キネマ旬報ベスト・テンでは、メジャーの映画とも互角に渡り合って堂々第24位。佐藤忠男氏からは「『裸足のピクニック』は賛否が大きく分かれるかもしれないが、私は溢れるような才気を大きく買う」と絶賛された。「溢れるような才気」は、最新作『ダンスウィズミー』（19）まで衰えることなく持続している。

Yuzo Asahara 朝原雄三

時の輝き

credit **時の輝き**　松竹作品

製作／櫻井洋三　脚本／山田洋次・朝原雄三　原作／折原みと　撮影／長沼六男　照明／中村裕樹　美術／横山豊　録音／岸田和美　音楽／西村由紀江　編集／石島一秀　出演／高橋由美子、山本耕史、夏木マリ、別所哲也、橋爪功、風吹ジュン、角替和枝、樹木希林　公開／1995年3月18日（99分）

[朝原雄三／あさはら・ゆうぞう]　1964年、香川県生まれ。京都大学卒業後、87年松竹入社。『男はつらいよ・知床慕情』（87）などの助監督を経て、監督デビュー後は、『サラリーマン専科』（95～97）、『釣りバカ日誌』（03～10）シリーズ、『武士の献立』（13）、『愛を積むひと』（15）、『いきなり先生になったボクが彼女に恋をした』（16）などの映画やTV作品を多数撮る。『釣りバカ日誌15・ハマちゃんに明日はない!?』（04）では、文部科学大臣新人賞を受賞。

殆ど予備知識もなく、ということは折原みとの同名小説が、女子中・高校生たちに圧倒的に支持されて、93年の売上ナンバーワンを記録したとは知る由もなく、その映画化を見る前に何も期待していなかったのが幸いしたのだろう。ジャンルで括るとすれば、青春映画であり、難病ものであり、今ならさしずめキラキラ系に分類されて消費されるのかもしれないが、『時の輝き』の瑞々しさは、僕の中では埋もれることなく、今でも青春映画の金字塔のひとつとして燦然と輝いている。

ビデオでは発売されたものの、DVD化はされず、何度も見て擦り切れそうなビデオで改めて確認すると、些も色褪せることなく、むしろ映画の初心を想起させてくれる新鮮なデビュー作だ。ヒロイン神崎由花（高橋由美子）は看護実習中の病院で、3年ぶりに初恋の相手、峻一《シュンチ》（山本耕史）に出会う。由花は彼に告白できずに終わっていた。実習がキツイ彼女と、入院生活が退屈で仕方のないシュンチは、中学時代の友人として、すぐに仲良くなる。実習の最終日に由花は思いを告白しようとするが、同じ思いを抱いていたシュンチに先を越されてしまう。夢が叶って恋人同士になったふたりは、楽しい夏休みを過ごすが、そんなある日、シュンチは電話で、クラブの陸上競技に専念したいと一方的に別れ話を切り出す。

2学期が始まり、由花は久しぶりに病院を訪れ、顔見知りの看護婦からシュンチの再入院を知らされる。彼の骨肉腫は他の部位に転移して助かる見込みはない。シュンチを見舞った由花は、卑屈になった彼から二度と来ないでくれと言われ、落ちこむが、親友の恭子は、そんな彼女を励ます。その日から由花は両親に内緒で、シュンチの看病を決意し、昼は学校、その後は病院というハードスケジュールをこなす。冬のある日、ふたりで散歩に出て、シュンチは陸上部の練習を見ているうちに、最後のハイジャンに挑戦する。3学期が始まってすぐに、シュンチの訃報が由花に届く。安らかに眠るシュンチに、由花は最後のくちづけをして、悲しみを乗り越え、看護婦をめざして元の生活に戻る――という物語は、こう書いていても気恥ずかしくなるほどの純愛譚だが、朝原監督は正攻法で衒うことなく、ふたりの運命を描き、これぞデビュー作という初々しい作品に仕上げていた。

この「デビュー作の風景」を刊行するにあたり、どうしても新しい原稿のひとつとして、『時の輝き』を収録したく、朝原監督に何度も連絡をしてみたが、なぜかつながらず、いろいろ迷ったのだが、故人を含めて、あえて取材せずに書いた回もあり、書かせてもらうことにした。幸い『釣りバカ日誌16・浜崎は今日もダメだった♪』(05)公開時に、「キネマ旬報」05年9月上旬号で「朝原雄三監督・全自作を語る」というインタビューを筆者が行っていたこともあり、そこから『時の輝き』についてのお話を抜粋するが、その前にデビュー作以前の話から――。

「学生時代から映画好きではあったものの、フェリーニやヌーヴェル・ヴァーグの作品を見て(略)、京都大学には有名な映研があったんですが、そこではなくて（笑）、大学時代は大森（一樹）さんや根岸（吉太郎）さんが、僕らにとってはスター監督」だったという。特に監督になろうとは思わなかったが、「大船撮影所50周年記念映画で、『キネマの天地』（86）が公開された時に、中井貴一さんが主人公で助監督の役だったんです。その関連企画として、16年ぶりに助監督採用試験を行なおうと、どうも労働組合の方から出てきた話らしいんですが、僕は物は試しで受けてみたら、受かっちゃったんで、その気になってしまったというのが実際の話なんです。同期では本木（克英）がそうですし、一緒にやっている佐々江（智明）、それに今は（注・当時）フィルメックスをやっている市山（尚三）もそうですね」。

最初に助監督として現場に就いたのは、三船敏郎や淡路恵子がゲスト出演した『男はつらいよ・知床慕情』（87）。「見習いの見習いで、カチンコも打たずに、ただボーッと見学していただけ。（略）今思っても一番楽しかった」そうだが、その後、松山を舞台にした『ダウンタウン・ヒーローズ』（88）に方言指導で参加した縁で、山田組に就くようになる。

そして、いよいよ95年、監督デビューになるが、「それは恥ずかしい話なんですが、助監督を採用したからには、会社も一本ぐらい映画を撮らせなくちゃいけないだろうと思ったんでしょうね。たぶん、山田さんが仕組んで下さったんでしょうが、僕はある日、当時の製作部長に呼ばれて、突然原作の文庫本を渡されて、これを撮らなかったら、しばらくは監督になれないけど、どうするって言われて、やってみようかと」。

「最初は、いま山田組に就いている平松（恵美子）さん──（注・現在は『あの日のオルガン』（19）などで監督も）と、何かいいものを作ろうと、二人で一カ月位かけて脚本を書いて、山田さんに見せたら、チラチラッと見て、ダメだねって言われて（笑）。結局、山田さんに書き直していただいた脚本で撮ったんですが、最初のは、それはそれで、ものすごく意欲的な脚本だったんですけどね」。

どのポイントが、ちがっていたのだろうか。

「もちろん商業映画という大前提がありましたから、ヒロインを大切にしなきゃと思っていたんですが、やっぱり普通に描くと、どうしても死ぬ男の子の方にテーマが寄ってしまう。男の子が死ぬ時に、あんなに往生際がいいはずはないだろうということで、男の子の話になっていったんだと思うんですね。原作でも、そこを回避して、女の子の話にしたというのが、いいところなんですが、僕らもマジメだったから、そこを避けては通れなかった。それを山田さんが、そうじゃないんだ、これは恋愛ものなんだという視点に立って作り直して下さったんですね」。

この年のキネマ旬報ベスト・テンでは第48位。押川義行氏が10位（1点）、私が1位（10点）の計11点。御本人は「まあ、最低及第点というか（笑）」と謙遜するが、社内では、「この野村という人は、お前の親戚か、と言われた」と監督から聞いた覚えがある。残念ながら、親戚ではありません。

それから、朝原監督は『男はつらいよ・寅次郎の花』（95）の併映作として、正月映画『サラリーマン専科』（95）を撮り、続けて『サラリーマン専科・単身赴任』（96）『新・サラリーマン専科』（97）を手がける。次の作品まで6年間のブランクがあるが、大船撮影所の存続を巡って揉めていた時期でもあり、労働組合の書記をやっていて、半分以上組合専従だったことも影響したそうだ。

その間、山田作品『学校Ⅲ』（98）『十五歳・学校Ⅳ』（00）『たそがれ清兵衛』（02）の助監督に戻り、栗山富夫、本木克英監督らが撮っていた『釣りバカ日誌』シリーズ『お遍路大パニック！』（03）で監督に復帰。『ファイナル』（10）まで7作連続して監督するが、中でも『釣りバカ日誌15・ハマちゃんに明日はない⁉』（04）は高く評価され、文部科学大臣賞を受賞。朝原監督については、生前の三國連太郎さんの「僕は、お世辞を使うことは一切ありませんが、ああいう作家が沢山出てくれれば、日本の映画界もずいぶん違ってくると思います。次への展開という意味では、朝原さんは貴重な存在だし、期待の持てる監督さんだと思います」という言葉に深く共感する。

THE SCENERY OF DEBUT WORK

73

1997年

Haruhiko Arai 荒井晴彦

身も心も

credit **身も心も** 東映ビデオ／東方新社作品

企画／黒澤満、植村徹　プロデューサー／田辺隆史、代情明彦、椎井友紀子、榎本憲男　原作／鈴木貞美　撮影／川上皓市　照明／磯崎英範　録音／林鑛一　編集／阿部嘉之　助監督／渡辺容大　出演／奥田瑛二、かたせ梨乃、柄本明、永島瑛子、津川雅彦、加藤治子　公開／1997年10月18日（2時間6分）

[荒井晴彦／あらい・はるひこ] 1947年、東京都生まれ。早稲田大学抹籍後、若松プロへ。ピンク映画の助監督・脚本家を経て、田中陽造氏の清書係となる。77年、『新宿乱れ街・いくまで待って』で、シナリオライターデビュー。主なシナリオに『赫い髪の女』(79)『遠雷』(81)『ダブルベッド』(83)『Wの悲劇』(84)『リボルバー』(88)『ヴァイヴレータ』(03)『大鹿村騒動記』(11)『共喰い』(13)『幼な子われらに生まれ』(17)など。監督作として他に『この国の空』(15)『火口のふたり』(19)がある。

『遠雷』(81)や『Wの悲劇』(83)などで知られる脚本家・荒井晴彦氏の監督デビュー作『身も心も』は、劇中では特に触れられてはいないが、主に湯布院温泉郷で撮影されている。湯布院は映画ファンにとっては映画祭で知られた場所であり、僕も98年の第23回から現在まで毎年参加し、荒井さんは、もっと古く81年の第6回から映画祭には、なくてはならぬ存在になっていることもあり、ほぼ全篇、湯布院での撮影になったのだろう。この辺りの事情は後述する。実は、この「デビュー作の風景」では「キネマ旬報」での連載終了後、単行本化するにあたって、99年、御本人に追加取材したのだが、諸事情で、当時の談話は使えず、その後、またしても様々な事情が絡んで、荒井さんの逆鱗に触れてしまい(事情だらけで、お恥ずかしい)、再取材を申し込むのは不可能かなと諦めかけたが、勇を鼓して、お願いすると意外にも快諾していただいた。荒井さんには深く感謝します。但し、前年に亡くなられた名プロデューサー黒澤満氏の追悼特集上映が、池袋新文芸坐であり、そこで『身も心も』が上映され、荒井さんがゲストとして登壇するので、その聞き手として壇上で取材することになった。というわけで、劇場での公開取材という異例の形になり、嬉しいというか有難いことです。以下の文中での荒井監督のコメントは、19年2月28日のイベントでの発言です。

さて、物語は、サバティカルでアメリカの大学へ行く友人夫婦の留守番を頼まれたシナリオライターの関谷(柄本明)と、麗子(永島瑛子)、その友人夫婦の岡本(奥田瑛二)と綾(かたせ梨乃)、

4人の全共闘世代の中年男女が愛憎込めて描かれていますが、公開当時、阪本順治監督が「キネマ旬報」の撮影現場訪問で『身も心も』を書かれていて（97年9月下旬号）、その一節が、とても納得できたので、紹介がてら引用させてもらいます。「この『身も心も』のシナリオは私にしてみれば、メロドラマに観念が絡み、おおよそ人であって人でなし、好かれたいのか嫌われたいのかポーズとも思える団塊世代の言葉の交尾だ。このおとぎ話は、他のだれにも書けないものだろうし、だれも進んで手を伸ばさなかった類いの話だ」。

ここから御本人の談話に入る。最初は自分が監督をする気はなかったそうだが、「神代辰巳監督が亡くなった時に、林淳一郎というカメラマンがお通夜で、神代さんのために金を集めかけていた、と。その頃、テアトル新宿の支配人をやっていた榎本憲男――最近『カメラを止めるな！』(18)の脚本協力をやった人が、撮りませんか？と。まあ、そういう状況もあって、それに僕のシナリオをよく撮ってくれた根岸（吉太郎）にしても、澤井（信一郎）さんにしても、撮れなくなりつつあったということもあって、それからなんだ、題材を探したのは」。

原作があって、その映画化を神代さんや根岸さんに打診して断られたから、自分で撮ったと思い込んでいたのだが、それは誤りでした。どうして湯布院で撮ることになったのか。

「湯布院ロケとは全然考えていなかったけど、東京の設定だなと思ってたから。ただ素人監督が都内でうろちょろして、移動の時間を食うよりは、どこか田舎でも一カ所にいて、合宿した方が効率がいいんじゃないかという判断で、椎井（由紀子）プロデューサーが、湯布院に行けば全面協力してくれるんじゃないかということで」。製作費は5千万円だったが、現場予算は4500万円、撮影日数は2週間。湯布院を代表する名旅館、亀の井別荘がメインセットとして使用された。

「亀の井別荘の中に東京から移築した雪安居《せつあんご》という建物があって、そこは雪の結晶で知られる中谷宇吉郎さんの庵なんだけど、そこでベッドシーンを撮ったり（笑）。それから津川（雅彦）さんが出ている場面は、亀の井別荘の中谷健太郎さんの住居のリビングルームなんだよ」。

「阪本（順治）なんかは、現場に来て、立ってる位置とか、ちゃんと分かってるんだねって言われて、うるせェみたいな。澤井さんには湯布院に入る前日に、一寸つきあって下さいって、コンテをやった。そして、ロケハンの時は助監督を立たせて動かしてみろ、風景を見てるんじゃなくて、動かせと。あと、撮ってもここは捨てるなっていうんだったら、最初から撮らない方がいい、限られた予算と日数をムダなことに使わない方がいいよって、いろいろアドバイスしてもらった」。

改めて映画を見ると、助監督に大森立嗣、深作健太の名前がある。「大森は今やガンガン撮ってるし、健太は何本か撮ったあと、舞台の方へ行っちゃったみたいだけど、奥田瑛二も津川さんまで撮ったからね。そういう意味では、みんな俺を見て、誰でも（監督）できるって思ったんじゃないかな」。撮影現場では、両助監督はどうだったのだろうか。「いや、ふたりとも殆ど現場経験がない頃だったから、大変だったと思うよ。ベッドシーンをシンクロで撮ってるのに、健太のレシーバーが鳴っちゃって、柄本明、激怒みたいな（笑）。そこのベランダに、磨赤児と深作欣二を呼んできて、踊らせるぞみたいな訳の分かんない切れ方をしてましたよ。面白いのは、だれも健太を深作って呼べないんだよ。みんな、健太って下の名前で呼んでて、深作って呼び捨てにできない」。

重箱の隅をつつくようで恐縮だが、スタッフの中には、佐藤真織の名前も。知る人ぞ知るだが、『20世紀ノスタルジア』（97）を撮り、本書にも収録されている原将人監督の現・夫人であり、映画祭のスタッフだったことから『身も心も』にも炊事班として参加している。「彼女は普通の女の子なわけで、やっぱり、監督が一番カッコイイと思うわけだよ。真織が荒井さん、カッコイイって言ってるよって聞いたんで、映画祭に原が来てたんで、真織に原の方がいいよ、独身だしって言ったんだ」。

映画の中には、ゴダールの『男性・女性』（66）や『ワン・プラス・ワン』（69）のパネルが、さりげなく飾ってあり、これも当時の世相を反映している。「あのパネルはね、俺、新宿文化の劇場の外にあるやつを盗んだんだよ。昔は盗めたんんだ」。はぁ？　まるでトリュフォーみたいだけど、もう時効なのか。それはそれとして、白鳥あかねさんも書いていたけど、映画としては『ダブルベッド』（83）の延長線上にあるような気がして、その辺りは意識していたんだろうか。「意識というより自伝的というか、私小説的なシリーズがあるわけで、『新宿乱れ街・いくまで待って』（77）とか『ダブルベッド』（83）とか『ベッド・イン』（86）とか、そっちの系列だよね」。

まさか15年後に、柄本明、奥田瑛二のふたりの子供が結婚して、その上、22年後にキネマ旬報と毎日映画コンクールの主演男女優賞を受賞するとは誰も予想しなかっただろう。「あのふたりは、自分たちで『身も心も』の子供って言ってるよ。あの時は、柄本から奥田瑛二の携帯電話の番号を教えてくれる？　ちょっと子供のことでって、まあ、いろいろある（笑）」。

キネマ旬報ベスト・テンでは、その年の第7位にランクされ、高く評価されたが、監督第2作目の『この国の空』（15）までは間が空いた。「『実録・一条さゆり』みたいなものを撮らないかという話も来たんだよ。でも、俺、神代さんじゃないしなあと、のれなかった。それに脚本家が映画を撮ったんで、俺は監督じゃないと思ってたから。でも、間が空き過ぎた。もっと早く2本目を撮ればよかったと、いま思ってる。」。

うーん、でも何だかんだ言っても、僕は荒井さんの脚本も監督作もすごく気になるので、夏公開の監督第3作目『火口のふたり』も楽しみにしています。どんどん書いて、どんどん撮って下さいね。

第8章
21世紀の映画の未来は、どっちだ
ゼロ年代

今回の単行本化に向けて、行定勲、深作健太両監督に取材することができた。おふたりとも、それだけで楽に単行本1冊になるほどの面白さと分量で、かなり圧縮したものであることをお断りしておきたい。上田監督には、あえて取材せず、資料のみで書かせてもらったが、それというのも、実は地元の映画祭のコンペティションに短編を応募してもらったことがあり、審査員として相当生意気なことを言った事情もあり、取材は御遠慮しました。

ひまわり

Isao Yukisada 行定勲

credit **ひまわり**　ケイエスエス作品

製作／原田総一郎　企画・プロデュース／佐谷秀美、石田幸一　脚本／佐藤信介、行定勲　撮影／福本淳　照明／中須岳士　美術／須坂文昭　録音／滝澤修　助監督／大日方教史　音楽／朝本浩文　出演／袴田吉彦、麻生久美子、マギー、粟田麗、光石研、北村一輝　公開／2000年7月29日（121分）

［行定勲／ゆきさだ・いさお］　1968年、熊本市生まれ。映像系の専門学校在学中から製作会社へ入社。テレビ番組の助監督としてキャリアをスタートし、岩井俊二、林海象監督作品などで助監督として経験を積む。00年の監督デビュー後、『GO』（01）で日本アカデミー賞、キネマ旬報ベストワンなど、映画賞を独占。『世界の中心で、愛をさけぶ』（04）では、興行収入85億円を叩き出し、この年の実写邦画ナンバーワンとなる。以後、『春の雪』（05年）『今度は愛妻家』（09）『リバーズ・エッジ』（18）など精力的に作品を発表し、『窮鼠はチーズの夢を見る』が20年公開予定。

97年に製作された『OPEN HOUSE』が公開されたのは、03年。そして次の『ひまわり』は、2000年に、それより先に公開されているので、行定勲監督にとって、デビュー作は、どちらになるんだろうと迷い、それなら御本人に聞いてみるのが一番早いと訊ねたら、『ひまわり』ということだった。まずは、その経緯から伺うことにしよう。

「『OPEN HOUSE』は若い監督たちに目を向けて映画を作ろうという松竹のシネマ・ジャパネスクというシリーズの企画の1本として、辻仁成の原作を基に撮ったんですが、松竹のお家騒動というか、製作の奥山父子の解任劇があって、何本か公開された映画はあったんですけど、この作品は停止になったんですね。ただ、当時僕が所属していたスープレックスという制作会社から、お金を持ち出しているし、何とかしたいということで、スープレックスが、多少お金を負担する形で、仕上げは進めて完成したんですよ」。

「それで映画祭に出そうという動きがあって、国内の映画祭だったらいいよということで、みちのく国際ミステリー映画祭のコンペティション枠に出品したんです。崔洋一監督が審査委員長だったんですが、新人監督奨励賞を受賞しました。ただ、それで松竹が上映を許可するわけもなく、そのままオクラ入りして、いつか上映できるだろうと、助監督に戻るのもどうかなあと、深夜ドラマとか、とにかく手当たり次第に撮りまくっていたんです」。

そんな頃、みちのく国際ミステリー映画祭で『OPEN HOUSE』を見た製作会社ケイエスエスのプロデューサーから連絡があった。「オリジナルで1本撮りませんか、と。ただ、スポンサーが衣服メーカーで、そのメーカーの服を使ってくれと言われて、服を見せてもらったら、僕の好みではなかった（笑）。主人公たちがこの服を着ているところを想像できなかった。どうしようかなと思って、お葬式の話にすれば喪服でいけると思って、そのメーカーのイメージ・キャラクターの女の子（河村彩）が出演したんですが、彼女には、お葬式が始まる前までは、メーカーの服を着せてくれというミニマムとしての条件があったんで、それはいいだろうと。まあ、映画を撮りたかったんで、そういう話にしたというのが、まずひとつですね」。

ただ、喪服を使えるにしても、なぜお葬式の話にしたのだろうかという点が気になる。「助監督の最後の頃に、山本政志監督の『アトランタ・ブギ』（96）の演技事務をやっていたんですが、その時の仲間のひとりが撮影中に交通事故で亡くなったんですよ。お通夜の席で、彼は亡くなったけど、彼の未来を自分たちが背負いながら、俺たちは何かやっていかなくちゃねと、仲間でひと晩語り明かして、ただ翌日は三々五々みんな仕事に戻っていく。青春のひとつの断片だと思うんですけど、その現実と、集まった人間との時間の隔たりみたいなものを感じ、これが今の俺だなあ、この感情はいつか映画にしなきゃいけないと思ったから、それがモチーフになっているように思っています。それと『ＯＰＥＮ ＨＯＵＳＥ』が停滞して、先に進めなかった自分がいて、ひょんなことからチャンスが与えられ、いろんな制約があっても、それでも自分の映画を作らなきゃいけないという想いで、映画を作ることができたというのは、非常に大きな自信というか糧になった、という経緯があるんです」。

こうして、海難事故に遭った、かつてのクラスメイト朋美（麻生久美子）の葬式に集まった同級生たちの青春群像劇が生まれたわけだが、今見ると、ブレイク前の堺雅人をはじめ、充実したキャスティングに感心させられる。「僕は幸運なことに、岩井俊二さんの作品の助監督をやらせていただいた時に、岩井さんは全くキャスティングのことを知らないんで、基本的には僕がいろいろ演劇とかを見て、面白い人たちを探して、脚本にあてはめていくという作業をしてたんです。だから、無名時代、〝蜷川カンパニー〟にいた田中哲司さんや、〝東京オレンジ〟という早稲田大学の劇団にいた堺雅人さんにも、早くから注目していて、オーディションに来てもらったり、会いに行ったりしていたんです。『ひまわり』では自分が助監督時代から培ってきた、この人たちとやりたいという人を全部揃えて、思った通りのキャスティングが実現したんです」。

行定監督の助監督生活のスタートは、林海象監督『フィガロ・ストーリー』（91）からだったそうだが、「大きかったのは、山本政志監督の『熊楠・KUMAGUSU』（未完）ですね。〝濱マイク〟

シリーズの助監督をずっとやっていて、南方熊楠が好きだったし、何とか『熊楠・KUMAGUSU』をやりたいと。林海象さんの口添えもあって、山本組に行ったら、助監督はもう全部決まってると。それじゃ助監督でなくてもいいですと言って、美術の林田裕至さんという天才がいるんですけど、その下だったら、やってみたかったんですが、小道具だったら空いてると言われて、小道具で入ったんです。小道具をやりながら、半分助監督や美術の仕事も　やったりして、そこで培ったものは大きくて、その時の人脈の流れで、押井守監督『Talking Head』（92）の美術応援にも行きました」。

「助監督の仕事だけでなく、美術など他のパートの仕事も当時は平気でしていて、それはインディペンデントの出身だからかもしれないけど、やっぱり僕の系譜は、林海象や山本政志や石井聰互の現場の流れがあって、そこから岩井俊二のように、当時の新世代の人たちが出てきて、それを僕が応援する形で、またひとつ別の流れができてきたような気がするんですよ」。

「結局、その時代に学んだことって、映画の内容だけを重視するんじゃなくて、どうやって映画が作られていくのかということの方が、映画人としては、実は、ものすごく大きな記憶として残っている。あの映画は何か面白かったよねという映画作りの過程みたいなものが、映画の正体なんじゃないかという話を、最近よく助監督たちにしているんです」。

「僕自身は監督になろうと思ってなかったというのが正直なところで、監督は、それなりに特別な存在だろうけど、助監督のプロになってもいいし、脚本家でもいいし、プロデューサーが一番性に合うかなと思っていたんですよ。それは岩井俊二や山本政志という、ある種の天才たちの作品に就いていていて、彼らの人を巻き込む力というか、カリスマ的な存在を見ていて、そういう人たちと比べると、それを支える側の方が性分としては合ってるかなあと思っていたんですけど、たまたま『OPEN HOUSE』を撮って思うようにならず、いつか2本目を撮れるだろうけど、撮れなかったら、そのまま別のことをやればいいかと思っていたんです。『ひまわり』は公開的には1万人見てるかどうかだったんですけど、自分として、それで終わらなかったのは、釜山国際映画祭のコンペティションに選んでもらえて、国際映画批評家連盟賞を受賞したこと。あれが僕のもうひとつのキャリアを支えてくれたんですね。あれは大きかった」。

なるほど。そういう意味で『ひまわり』が行定勲監督のデビュー作になるわけですね。因みに、キネマ旬報ベスト・テンで、『ひまわり』は襟川クロ氏が1点だけ入れて、第83位と、その年の最下位だったが、翌01年の『GO』では同誌ベスト・ワンをはじめ、あらゆる映画賞を独占する。これは、さぞかし気持ちが良かっただろうなあと推察します。以後、『ひまわり』で描かれたテーマは『きょうのできごと／a day on the planet』(03)や『パレード』(10)など、いくつかの作品で変奏されていく。

THE SCENERY OF DEBUT WORK

75

2003年

Kenta Fukasaku **深作健太**

バトル・ロワイアルII・鎮魂歌

credit **バトル・ロワイアルII・鎮魂歌** 東映＝深作組＝テレビ朝日＝他作品

製作総指揮／佐藤雅夫、早川洋　企画／遠藤茂行、深作組　脚本／深作健太、木田紀生　原作／高見広行　撮影／藤沢順一　美術／磯見俊裕　音楽／大野正道　出演／藤原竜也、前田愛、忍成修吾、竹内力、石垣佑磨、真木よう子、千葉真一、ビートたけし　公開／2003年7月5日（133分）

［深作健太／ふかさく・けんた］ 1972年、東京都生まれ。成城大学文芸部卒業後、『時雨の記』『おもちゃ』（共に98年）などの助監督を経て、『バトル・ロワイアル』（00）ではプロデューサーと脚本を担当し、大ヒットさせる。父である故・深作欣二の意思を継ぎ、本作で脚本を手掛けると共に監督デビューし、第58回毎日映画コンクール脚本賞を受賞。以後、『同じ月を見ている』（05）『エクスクロス・魔境伝説』（07）『僕たちは世界を変えることができない。』（11）などを監督し、近年では演劇やオペラ演出なども手掛ける。

共同監督作『バトル・ロワイアルII・鎮魂歌』（03／以下『BRII』）か、単独監督作『同じ月を見ている』（05）か、どちらを監督デビュー作として書くべきか、迷った挙句、御本人に訊ねると、ためらうことなく「『BRII』です」と答えていただき、成程と納得して以下に記すことにした。

まずは、前作『バトル・ロワイアル』（00／以下『BR』）から。中学生同士が最後のひとりまで強制的に殺しあいをさせられるという衝撃的な内容は、国会でも青少年への影響を懸念する問題提起がなされ、R－15指定を受けながら、興収30億円を突破する大ヒットになった。

その続篇『BRII』は、3つのキーワード〈テロ〉〈戦争〉〈七原秋也〉を起点に企画され、02年夏から出演者のオーディションが行われ、苛酷な戦闘訓練が続けられた。1作目では、柴咲コウや高岡蒼祐、栗山千明、塚本高史らが世に出たが、続篇も忍成修吾、勝地涼、真木よう子、石垣佑磨らを起用。秋には製作発表記者会見があったが、この時、深作監督は癌との戦いを告白している。

02年12月19日に、オールスタッフ打合せ。実際には12月16日にクランクインし、キタノシオリ（前田愛）の出演場面が撮影されたが、この日が深作監督がメガホンをとった生涯最後の日になった。年が明けて1月12日、深作監督逝去。葬儀から2日後の1月18日、深作組再始動。プロデューサー・脚本の深作健太監督がメガホンをとることになったが、テスト撮影の段階から既に監督として指揮をとっていた。海上シーンは、神奈川県・三崎口、上陸シーンは長崎県・城戸町で主に撮影し、4月11日クランクアップ。6月22日に完成報告記者会見&試写会が行われ、7月4日初日——以上の経緯は、DVD特典映像メイキングに詳述されている。

当初から「深作監督《オヤジ》との戦いの連続」だったそうだが、具体的にはどうだったのか。「もともと『BR』の時も、途中で柴咲さんや安藤（政信）君の役を中心に台本を書き直したいと言い出す人だったので（笑）。IIの場合も、9・11があって、前作で生き残った藤原君演じる七原秋也をビン・ラディンに例えて、そこに全世界の大人が、軍隊がを送りこむというアフガニスタン攻撃に対する抗議を作品に込めようという思いがあったんですね。つまり、少数対多数の構造といいますか、21世紀になって世界はこれからどんどんヤバくなるという空気を描こうというのが、親子の間にあった最初のコンセプトでした。それで早くプロットが作れれば良かったんですが、癌の痛みとモルヒネとが合わずに、モルヒネが入ると妄言が始まり、脚本作りも難航しました。僕は現場をやらなくてはいけないので、プロットの中で出来ている部分を、木田（紀生）さんが書いて下さって追いかけていく。インしてからも、木田さんは現場にいて下さって、どんどん脚本を変えていくといいますか、七原と、シオリの対立の軸をどう作っていくかという話も、結構ぶれました。親父からは、お前が撮るんだから、どっちかにしろと言い出されると、そういう弱気に対して、こっちも怒るわけです。11月には、とにかく（撮影を）やめるわけにはいかんかと、仕事中はモルヒネをやめているわけですから、寒くなって、それが切れると痛いわけですね。東映も深作組も後には引けない状況だったので、可哀想でしたが、現場に一緒にいるから、二人三脚でやっていこうと言ったのを、今思い出しました」。

撮影は苛烈を極めたという。「今思えば、もう少し引いて見れますが、役者さんたちに対しても、深作欣二だったらどう作ったかという事ばかり考えて当時はこうなるしかない中で作ってたなあと思いますね。ですから、それがお客さんには、さっぱり通用せず、逆に言うと、僕たち残されたスタッフやキャストの思いばかりがこもった作品になってしまった（笑）」。

そもそも、健太監督はいつ頃から監督になろうと思ったのだろうか。幼い頃から撮影現場に行くようになり――「働いている親父を初めて見ると、自宅にいる時とは全然ちがうんです。みんなに『監督』と呼ばれて、嬉しそうに駈けずり回っているし」。具体的な動機としては、『スター・ウォーズ』（77）を初めて見て、それも大きかったそうだが、5歳の時に「京都の太秦にある撮影所の食堂で〝監督になりたい〟って言ったら、〝お前、監督の仕事って何だと思う？〟って聞かれたんです。カメラマンは撮影するし、照明は光を当てる。録音部さんは音を録るし、役者は演じると。5歳だから当然答えられなくて、僕は〝楽しそうだから〟って言ったんですが、その時、親父は〝映画監督というのは祭りの音頭取りで、辛くて大変な仕事だぞ〟って、要するに答はないということを言いたかったんだと思うんです。今でも僕は、どの現場に行っても答はないと思うし、演劇の演出もいろんな方法論や、メソッドを勉強すればすればするほど、実は正しい答なんかないと思いますね」。

しかし、5歳の時にそう発言したとは、いかに環境のなせる業とはいえ、すごい。「もうひとつ思い出しましたが、そのあと親父は、おまえは俺に一生勝てないって5歳の僕に本気で言ってました（笑）。1日3カットか4カットしか、カメラが回らない「日本一遅い監督」である父親の『おもちゃ』（98）の助監督に就き、次は日本一早い現場に行こうと「1日100カット〜150カット回す」東映の戦隊シリーズの現場へ。アウトローに共感する自らの視点とは真逆の現場には、なじめず、『身も心も』（97）や『時雨の記』（98）の助監督を経て、『BR』へと至る。「それはシネコンの時代に対して撮影所でしか作れない、テレビ局では作れないアウトローの側の倫理、つまり中学生42人が殺し合う最悪の状況から、僕たちの正しいものをちゃんとやろうよという意図が自分の中にあり、親父は親父で自分の戦争への15歳の時の思いを込めたわけです」。

「ただ冷静に見れば、親父だったら『宇宙からのメッセージ』（78）も『里見八犬伝』（83）も、エンタテイメント作品としてある一線は踏み越えずに、ここまで観客を引き離さなかったんだろうと思いますが、当時の自分の思いはカンボジアで撮影した『僕たちは世界を変えることができない。』

(11)に受け継がれていくわけなんです。戦争や虐殺をくぐり抜けた国にも青空があり、それは日本の青空とつながっている。日常の曇り空や閉塞感を描くのが日本映画の伝統なんでしょうが、そうなると僕は逆に戦場の青空が撮りたくなる。この矛盾と自分はつきあっていて、ですから『BRⅡ』は、アフガニスタンの青空で終るんです」。

亡くなった時、父親の手帳に「死守せよ、そして軽やかに捨てよ」と記してあった。「親父も守るところは頑固に守ったし、変える時は180度、容赦なく方向転換した。今までいいことを言い残す人だなあと思っていたんですが、最近ピーター・ブルックの本を読んでいたら、それが書いてあって、〝親父、これを引用したのか!〟と(笑)。辿り着くのに、10年以上かかって、未だに追いかけてる感じがします。一生勝てないって、それはそうですよね。人生の先行ランナーだし」。

今は、どんどん表現の間口が狭くなっている映画界よりも、演劇の世界での仕事が増えているそうだが、いつか満を持して、深作健太ならではの気合いの入った映画を見せてほしいと願うのは、筆者だけではないはずだ。その日を辛抱強く待ちたい。

上田慎一郎 Shinichiro Ueda

カメラを止めるな！

credit **カメラを止めるな！** ENBU ゼミナール作品

監督・脚本・編集／上田慎一郎　プロデューサー／市橋浩治　撮影／曽根剛　録音／古茂田耕吉　助監督／中泉裕矢　特殊造形・特殊メイク／下畑和秀　出演／濱津隆之、秋山ゆずき、真魚、しゅはまはるみ、長屋和彰、市原洋、合田純奈、どんぐり（竹原芳子）　公開／2018年6月23日（96分）

［上田慎一郎／うえだ・しんいちろう］ 1984年、滋賀県生まれ。中学生の頃から自主映画を制作し、高校卒業後も独学で映画を学ぶ。2010年、映画製作団体PANPOKOPINAを結成し、短篇『ナポリタン』(11)『ハートにコブラツイスト』(13)『彼女の告白ランキング』（14)、長篇『お米とおっぱい』（11）などを撮り、国内外の映画祭で20のグランプリを含む46冠を獲得。2015年、オムニバス映画『4／猫』の一篇『猫まんま』で商業映画に監督デビュー。長篇映画第2作『スペシャル・アクターズ』は、2019年10月18日に公開予定。

「とある自主映画の撮影隊が山奥の廃墟でゾンビ映画を撮影。本物を求める監督は、なかなかOKを出さず、テイクは42テイクに達する。そんな中、撮影隊に本物のゾンビが襲いかかる！」という概略を目にして、また、よくある自主映画かと高を括って、試写室に行くと、スタッフ、キャスト共に無名だが、渡された資料には、本広克行、犬童一心、今泉力哉監督をはじめとする名だたる映画人たちの賛辞が、ずらりと寄せられている。しかも、ロビイには、異様な熱気が渦巻き、これは何事かと、いざ映画を見て驚いた。面白い！　前半の37分ワンシーン、ワンカットが、いい意味で映画全体の罠として作用し、後半の笑いと涙と頑張りのカタルシスに昇華する。そして奇跡的な大ヒット。2018年は、筆者にとって『カメラを止めるな！』の年だったといっても過言ではない。

DVDのリーフレットや、「映画『カメラを止めるな！』アツアツファンブック」（18／KADOKAWA刊）を基に、『カメラを止めるな！』の製作と公開の過程を記しておきたい。まず、2013年、前半は殺人サスペンス、後半は舞台裏のドタバタを描いた二重構造の小劇団の舞台を、上田監督が見て触発され、企画を発案。その舞台の脚本家、荒木駿氏や、出演者の大坪勇太氏らと企画開発を始める。数年を経て、17年1月、ENBUゼミナール、シネマプロジェクトのオファーを受けるも、この時点では、まだ『カメラを止めるな！』で行くかどうかは決めず、同年4月、オーディションで12人のメインキャストを決定する。

その辺りから、『カメラを止めるな！』を撮ることを決意し、製作を前提としたワークショップが開始される。製作費は300万円。2017年5月16日に初稿、そして6月14日に第2稿がアップ。6月にロケハン、衣装合わせ、特殊メイクテスト、小道具などが準備に入り、6月12日にロケ地となった茨城県水戸市の芦山浄水場跡地で、綿密かつ入念な態勢で37分ワンカットのリハーサル。6月21日クランクイン。ワンカットの件りは全部で6テイク撮影し、ラストの組体操は、当日まで一度たりとも成功しなかったのが、本番では一発ＯＫ。7月1日クランクアップ。7月から10月にかけて編集作業が行われ、10月15日早朝に完成。11月4日から新宿Ｋ'ＳシネマのＥＮＢＵゼミナール、シネマプロジェクト第7弾の特集枠の1本として最初に上映されたが、6日間限定の上映で連日満席、ここからの猛進撃がすごい。

翌18年1月22日に、6月23日から3週間の上映が正式に決定。3月19日には、ゆうばり国際ファンタスティック映画祭で、観客賞を含む3冠獲得。4月には水道橋博士氏や町山智浩らの絶賛の声が次々に寄せられ、4月29日には、第20回ウディネ・ファーイースト映画祭コンペティション部門で、観客賞第2位を受賞。6月22日には、ニコニコ生放送にて生配信を実施し、来場者数は1068人。

6月23日、新宿Ｋ'Ｓシネマ（68席）、池袋シネマ・ロサ（100席）の都内2館で一般公開され、上田監督はじめ連日キャストが登壇した舞台挨拶や、指原莉乃の感想ツィート（7月18日投稿）の効果もあって、爆発的なヒットになる。7月25日、TOHOシネマズ日比谷ほか全国40館で拡大上映決定。7月25日「ZIP！」で、8月10日にはNHKニュースチェックで、それぞれ取り上げられ、8月17日には、累計上映館が190館になり、グッズやサントラの発売が決定する。

8月21日には、写真誌「FLASH」で、著作権侵害疑惑が記事になるも、それも呼び水となって、8月31日には、観客動員数100万人、累計上映館数249館に達する。10月20日には、当初は動員5000人が目標だったのに、ついに200万人を達成し、累計上映館数は340館、これは、その後375館にまで膨れ上がり、興行収入も30億円を突破する。11月7日には、新語・流行語大賞に「カメ止め！」がノミネートされ、12月5日にはブルーレイ&DVDが発売される。

この年の映画賞も大いに賑わせ、第42回日本アカデミー賞では、作品賞を含む8部門で優秀賞を受賞し、最優秀編集賞を受賞。第36回ゴールデン・グロス賞では全興連特別賞を受賞。第73回毎日映画コンクールでは監督賞を受賞。第61回ブルーリボン賞では作品賞を受賞。第31回日刊スポーツ映画大賞では石原裕次郎賞を受賞。第40回ヨコハマ映画祭では審査員特別賞を受賞。ところが、その年のキネマ旬報ベスト・テンでは、読者のベスト・テンでは第2位にランクされたものの、60名の選考委員の投票では第17位と予想以上に評価は低く、投票した16名のうち、第1位（10点）に推したのは、筆者だけという有様だった。これは興行的にも大成功し、もう報われただろうとされたのだろうが、これでは世間の評価を逆に意識しすぎて、客観性を装うあまり、肝心の映画自体から目を背けてしまっているのではないだろうか。情けない。。

だからこそ、日本映画監督協会新人賞の受賞は、筆者には嬉しかった。毎年、候補者を推薦させてもらい、この年は上田監督を推したが、選考委員会ではダメだろうなと予想していた。だが、届いた報告書には、こう書かれていた。「本木克英選考委員の選考報告より（一部抜粋）――『業界内には、監督協会だけは「カメ止め！」ではない作品を選ぶのではないか、と期待する人間もいますよ。既に社会現象となり、数多くの賞を受け、映画界を席巻したムードに、監督協会も屈したと思われませんか』と。神山（征二郎）委員長は即座に『屈するとは何事だ。監督協会はもっと高い意識から映画を見ている！』と一喝されました。そして『映画業界を発展させたいと私は切に願う。映画ならではの面白さを追求した「カメラを止めるな！」は優れた文明批評であり、実に真摯である。デカした！　という他ない』と総括されました」。いやあ侠気溢れる報告では、ありませんか。大ヒット後、ことにプロの映画人からは、どちらかというと、批判的な声ばかり聞かされたこともあって、日本映画監督協会を、すっかり見直しました。

「もともと自分の資質として、エンタメを作りたい！　ということは身に染みついているから、観客を喜ばせることは考えていたけど、『楽しませるツボをわかってますね！』と言われると、やや疑問なんですよ。よく、映画作りの中では観客が求めていることをマーケティングして『観客はこれを求めているから、こうしよう』という流れがあるんですが、これって観客のことを考えているようで、実は自分たちの儲けを考えているんじゃないか？　と感じるときがある。観客が今これを求めている、と決めつけることは危険だな、と。それより、今、自分が最高だなと思うものを信じてやるしかない」「伏線を回収するのは難しくない。まず回収を決めてから、伏線を考えますから。難しいのは、伏線を張った痕跡を消すことですかね」（「映画『カメラを止めるな！』アツアツファンブック」）という上田監督の発言は実に頼もしい。

毎日映画コンクールの選評で、筆者は以下のように書かせてもらった。「この映画が、これほどまでに愛されたのは何より全員が一致団結して〝ものを創る喜び〟を体現しているからにほかならない。無謀なプロデューサーからの注文に一瞬切れた劇中の監督が、なだめられて「わっかりました」とうなずく場面は何度見ても、心震え励まされる。スタッフ、キャスト一丸となっての全力疾走が大いに身につまされ、だからこそ『ポン！』も『よろしくでーす』も『アツアツやね』も、みんなに愛されたのだ」。2019年秋公開の次回作こそ正念場だと思う。初心忘るることなく、頑張って下さい。

そして、最後はこの人へ……

THE SCENERY OF DEBUT WORK

77

1981年

Yoshimitsu Morita

森田芳光

の・ようなもの

credit **の・ようなもの** N.E.W.S.コーポレーション作品

製作／鈴木光　脚本／森田芳光　撮影／渡部真　出演／秋吉久美子、伊藤克信、尾藤イサオ　公開／1981年9月12日（103分）

[森田芳光／もりた・よしみつ] 1950年、東京都生まれ。日本大学芸術学部放送学科に在学中より映画狂になり、8ミリ製作を開始。大学卒業後、単独で撮った話題作『ライブイン茅ヶ崎』（78）がきっかけとなり、81年『の・ようなもの』で劇場監督デビュー。同作はヨコハマ映画祭グランプリに輝いた。以降、"流行監督宣言"の名に恥じぬヒット作を多発。主な作品に『ボーイズ＆ガールズ』（82）『ピンクカット・太く愛して深く愛して』『家族ゲーム』（83）『メインテーマ』（84）『それから』（85）『そろばんずく』（86）『キッチン』（89）『(ハル)』（96）『失楽園』（97）ほか。99年に入り『39 刑法第三十九条』『黒い家』が公開。2011年、逝去。

「キネマ旬報」で足掛け3年に亙り、65人の映画監督のデビュー作について書かせてもらったこの連載も、今回で最終回。どんなに偉大な監督でもデビュー作を世に出す時には初々しく、懸命にならざるをえず、だからデビュー作には、その監督の素質が集約されているのではないかと考えた。筆者としては108人の英雄好漢が割拠し、一堂に会する「水滸伝」ならぬ「映画水滸伝」をめざしたが、志半ばにして、その試みが潰えるのは残念で仕方がない。無味乾燥な映画史ではなく、血の通った生きた映画史にしたいという意味からも、内田吐夢、加藤泰、小川紳介、藤田敏八、若松孝二、北野武監督らにも御登場願いたかったのだが、最終回にはどうしても、この作品を書きたかった。森田芳光監督『の・ようなもの』(81)のことを。相米慎二監督『翔んだカップル』(80)と共に、僕を決定的に映画への道に誘う契機となってくれた作品だからだ。

『の・ようなもの』は何度繰り返して見たか分からない。古典落語の修行に励む二ツ目の落語家志ん魚(伊藤克信)を中心に、トルコ嬢――今はソープ嬢のエリザベス(秋吉久美子)や落研の女高生(麻生えりか、五十嵐知子ら)たちが絡む不思議な青春映画だった。室井滋や小堺一機、ラビット関根(現在の関根勤)らも顔を見せているが、登場人物たちは、たったワンシーンしか出演していなくても、忘れ難い魅力があった。終電車の時刻も過ぎた夜更けの街を、志ん魚が「道中づけ」を眩きながら歩く件《くだ》りや、真打ち昇進祝賀パーティの行われた池の畔のビヤガーデンで、主人公たちが「落語、ずっと続けていきたいナ」と話す件りは、今見直しても胸に滲みる。数年前、雑誌の取材で洗足池の畔のあのビヤガーデンに一緒に行ったのを覚えていますか？　森田監督。

連載時には時間の調整がつかず、森田監督の言葉は全て、御本人の了承を得て、筆者がロングインタビューを行なった「思い出の森田芳光」（85／キネマ旬報社刊）から採った。

森田監督の名前を初めて意識したのは、「キネマ旬報」78年5月下旬号に掲載された、片岡義男氏の「『ライブイン茅ヶ崎』に感動した」という文章を読んでからだった。8ミリの自主映画についての評論が「キネマ旬報」に掲載されること自体が事件だった。高校時代に『ドクトル・ジバゴ』（65）を見て映画の、面白さにめざめた森田監督は、アメリカ実験映画祭や大学映研の自主上映会に顔を出すようになり、やがて原将人監督の草月フィルム・アート・フェスティバルの入賞に刺激されて、69年高田馬場エデンのシネ研上映会で8ミリの習作『泥土から這い上った金魚――しかしそれは美しかった』を発表。但し森田監督自身は『POS I――?』（70）を処女作とする。70年から76年にかけて夥しい数の実験的短篇や中篇を発表し、『水蒸気急行』（76）は銀座ガスホールで、『ライブイン茅ヶ崎』は銀座ヤマハホールや高円寺会館などで上映された。片岡義男氏の慫《しょう》慂《よう》で『ライブイン茅ヶ崎』はヘラルドで特別上映され、のちに『メイン・テーマ』（84）で組む角川春樹氏や『失楽園』（97）や『黒い家』（99）で組む原正人氏らプロデューサー諸氏が、その時に見ることになる。

35ミリの劇場用映画デビュー作『の・ようなもの』の構想を固めたのは「（完成する）一年半くらい前。何を最初に作ったらいいかと考えて、やっぱり笑うものじゃないかと。タイトルもいろいろ考えたんですけど、結局はニュアンスということを言いたかったんで、当時の映画界はニュアンスに大してこだわっていなかったし、言葉もなかったから、ニュアンスを生かすタイトルは何かと考えて、落語の先代・三遊亭金馬が得意な、「居酒屋」に出てくる何々のようなもの、というのを思い出して、おっ、のようなもの、いいなということで決めたんです。何々のようなものとか、何でも使えるし、演出のコンセプトを最初にタイトルに出すのはいいことじゃないかと、それでやり始めたんです。それで借金をしたりしてお金を集めて、ヘラルドに持ってったら、原（正人）さんが『の・ようなもの』というタイトルは面白い。落語家を扱うのは面白い。ともかくやってみろと」。

製作費は「最初の予定では三三〇〇万円か、四〇〇〇万円でいくはずだったのが、結局四〇〇〇万円かかりました。でも、今から考えると『の・ようなもの』が四〇〇〇万円で出来たのは安いと思いますよ」。大久保賢一氏の責任編集による劇場用パンフには「クランクイン81年5月10日、クランクアップ6月17日、初号プリント完成7月28日、公開（東京）9月12日」とある。志ん魚役の伊藤克信は、城西大学落研で一網亭駄人を名乗り、TV「全日本学生落語選手権」に出場して敢闘賞受賞。「（彼は）卒業して生命保険会社に勤めていたのを、辞めさせました。怖いよね」。

撮影現場では「毎日毎日、記録の人と録音の人とかスタッフ同士で喧嘩してるんですよ。今考えると喧嘩してるのは当り前で、僕の言うことが全部間違ってた（笑）。もう赤面ものです。何も分からなかったんだから。〝ワラウ〟とか〝セッシュウ〟とか〝ナメル〟って、カメラでどうするのかなと思ったり。みんなが喧嘩してたのも、今考えると僕が全部悪かったんだから」。

ペンギンブックスを読む秋吉久美子のトルコ嬢にしても「当時はあんなトルコ嬢はいやしないとか言われたけど、そういう点は自分の水商売に対する願いがあったんです。（中略）日本映画には水商売は堕ちたところだという発想があるわけでしょう。堕ちるも何もない。彼女たちは好きでやってるんだという」。

落語家の世界を描いたのにも理由がある。「つまり、僕は遅れてきた青年ですよね。大森（一樹）さんとか石井（聰亙）さんとか、二十代で映画監督になっていて、僕はのりおくれてきている。だけど、落語家は若い頃だけじゃない、どんどん味が出てくるわけですね。年を取っていくに従って、良くなっていくという発想なんです。自分に言い聞かせたわけですね、彼らが出てきた時に。僕は年取ってだんだん良くなっていく監督になりたいと。それがいちばん顕著なのは、落語家の人生であるし、落語家の世界は、年寄、ベテランを敬い、新しい人は自分の未熟さを謙虚に反省していくという、そういう世界が好きだったしね。本当に真摯に考えましたよ。自分も監督人生を歩んでいくのに、三十代でもまだ早いというか、常に先があるんだという、若い感覚だけではもうどうしようもない、キャリアを積むことによって映画監督は身になっていくんだから、そういう人生を歩みたいというひとつの願いだった」。

編集ラッシュの時には不評だったが、完成したら「スタッフは喜んでましたよ。けっこう面白い映画だった（笑）。こんな映画になるとは思わなかったって、ずいぶん握手されましたよ」。本作はヨコハマ映画祭でグランプリを獲得。その喜びは大いに監督の励みになったという。

スタッフ、キャストが全員ジャケット、ネクタイを着用して浅草観音に集まりマスコミ用に集合写真を撮るも、石原裕次郎入院で記事にならなかったのも懐かしい思い出か。尾藤イサオが歌う『の・ようなもの』の主題歌の題名は、「シー・ユー・アゲイン雰囲気」だったが、この連載に関わってくれた全ての人々と、読者の皆様にご愛読を深く感謝します。シー・ユー・アゲイン！（未完）

あとがき

77人の映画監督に感謝を

本書の帯には〝年間1000本の映画を見る人〟というコピーが書かれているようだが、正直に申し上げると、これが実に恥ずかしい。かつて映画を見はじめた頃、僕の周りにいた在野の映画ファンたちの中には、それぐらいの本数を見ている人はゴロゴロしていて、珍しくも何ともなかったからだ。本数ばかり多く見ていればいいというものでもなく、ましてや自慢することでもない。敬遠する人だっているはずだろう。

とはいえ、失礼ながら、プロの映画評論家と呼ばれる人たちと話すようになって、そういう方たちが案外映画を見ていないことに驚かされた。京橋のフィルムセンター(現在の国立映画アーカイブ)や、都内の名画座、自主上映の会場に入り浸り、古今東西の映画を浴びるように見て、なおかつ、その道の先輩や仲間たちに鍛えられたおかげで、現在の僕があるのだと自覚し、感謝している。時には夜を徹して、プログラムピクチュアの魅力を語り合った、その蓄積こそが、かりそめにも映画評論家と呼ばれるようになった昨今、どんなに役に立っているか分からない。

某映画サイトの連載では〝年間８００本、映画を見る人〟という見出しがつけられていて、この本の帯との２００本の差は何なんだと言われるかもしれないが、あちらは新作のみで、こちらは旧作を含めてのことなので、悪しからず。近年は邦画、洋画を合わせて１２００本近い新作が劇場公開され、しかもそれが増加しつつあるという恐ろしい時代になってしまった。見落とすどころか、試写も宣伝もされず、題名さえ聞いたこともない新作があるという現状では、これでもまだ追いつかないのだ。

まあ、旧作がＤＶＤ化されるようになって、本書の中でも、雑誌連載時には見ることができなかった映画も、遅ればせながら何本か見る機会があり、それは全面的に改稿しようかと思ったが、あえて最小限の手直しのままにした。拙いながら、連載時の熱気を、そのまま伝えたかったからだ。

これは連載時にも迷ったのだが、何をデビュー作にするかという判断も難しかった。自主映画出身の監督は、その頃の作品にするのか、あるいは短編にするのか、長編にするのか。珍しいケースだが、中平康監督、関本郁夫監督や行定勲監督の場合は、さまざまな事情から、第2作目が1作目よりも先に劇場公開されている。

監督自身に訊ねて、当の監督本人が、デビュー作はこれだという判断を優先した。

「まえがき」にも書かせてもらったが、ここに登場してもらった監督たちは、日本映画史の中でも、ほんの一部にすぎない。書いてみたい監督は、まだまだ沢山存在するし、できれば無限に書いていきたい。ベストテンや映画賞という世間の物差しだけではなく、映画監督にとって、デビュー作は、映画と向きあい、これからどんな映画を作り続けていきたいかという、生身に近いものであり、それに焦点を絞って書いてみたいということは、取りも直さず、僕にとっても映画とは何かということを考えてみたかったからだ。デビュー作が、結果として、どんなに歪な形になったにせよ、そこにこそ、映画の初心が息づいているのではないかという確信は、書くにつれて、ますます深まっていった。だから、この本は、おそらく監督たちにとっても、僕自身にとっても、きわめて個人的なものであり、そうした思いの果てに、映画という、この不可思議で魅力的なメディアが、いかに形作られてきたかということを探ってみたかったのだ。

雑誌連載時に快く取材に応じて下さった監督たちのうちの何人かは、既に故人になられた。単行本化するにあたっては、吉村公三郎、増村保造、深作欣二、曽根中生、村川透、相米慎二、矢口史靖、朝原雄三、荒井晴彦、行定勲、深作健太、上田慎一郎の12人の監督たちについても、追加取材を含めて書き下した。いずれも大好きな監督であり、大事な監督たちだ。

個人的には僕は、山田宏一、石上三登志、渡辺武信氏らの文章に大きく影響されて、この道に入ることになったが、最晩年、亡くなる直前に石上氏と話した時、「『デビュー作の風景』は、ちゃんとまとめておいた方がいいよ」と言われたことも強い動機になっている。時期的にも、僕は石上さんの最後の不肖の弟子になるのだろう。

何より、連載をはじめる契機を作ってくれた、元キネマ旬報編集部の志水邦朗氏、青木眞弥元編集長、そして連載時のイラストレーションを丁寧に保存し、新たに書き下しまでしてくれた宮崎祐治氏、当初の予定より大巾に遅れた上に関わらず、辛抱強く待ってくれ素敵な本にしてくれたＤＵ ＢＯＯＫＳ編集部の中井真貴子氏、編集に協力してくれた原田雅昭氏と村松聡氏、言うまでもなく77人の監督たちに深く感謝します。やっと長い間の肩の荷を下ろしました。

最後に、４半世紀以上、公私ともに僕の仕事を支えてくれた寺本直未さんの霊前に、この本を捧げます。本当に、どうもありがとうございました。

２０１９年６月某日　野村正昭

Profile

野村正昭
Masaaki Nomura

映画評論家。1954 年、山口県出身。

東映洋画宣伝室で角川映画や、ジャッキー・チェン主演の香港映画の宣伝に携わったのち、広告代理店勤務を経て、映画評論家に。

キネマ旬報ベストテン、毎日映画コンクール、芸術選奨などの選考委員も。

近著では『曽根中生自伝』や『まわり舞台の上で　荒木一郎』（ともに文遊社）、『映画監督 佐藤純彌　映画（シネマ）よ憤怒の河を渉れ』のインタビュアーを務める。

年間鑑賞映画本数 1,000 本を超え、日本で一番映画を観ている映画評論家。

宮崎祐治
Yuji Miyazaki

イラストレーター。1955 年、東京都出身。

武蔵野美術大学在学中に『キネマ旬報』誌への投稿をきっかけに、映画イラストレーションを発表するように。映像制作会社で CM や番組のディレクターを行う傍ら、映画イラストレーターとしての独自の地位を確立。

『キネマ旬報』決算特別号に毎年掲載される『映画街路図』は今年で 43 回目を迎えた。2016 年には日本映画ペンクラブ奨励賞受賞。著書に『東京映画地図』（キネマ旬報社）、『鎌倉映画地図』（鎌倉市川喜多映画記念館）などがある。


本書単行本への掲載につきまして、許諾申請のご連絡先が不明な方がおられました。

著作権者またはその連絡先に関する情報をお持ちの方は、ご連絡くださいますよう、お願いいたします。

デビュー作の風景
日本映画監督77人の青春

初版発行　2019年9月1日

著　野村正昭
絵　宮崎祐治

装丁　宮崎祐治
デザイン　高橋力、布谷チエ（m.b.llc.）
OCR協力　キネマ旬報社
編集　原田雅昭
編集制作　中井真貴子、福里茉利乃（DU BOOKS）

発行者　広畑雅彦
発行元　DU BOOKS
発売元　株式会社ディスクユニオン
東京都千代田区九段南3-9-14
編集　TEL 03-3511-9970　FAX 03-3511-9938
営業　TEL 03-3511-2722　FAX 03-3511-9941
http://diskunion.net/dubooks/

印刷・製本　大日本印刷

ISBN978-4-86647-099-3
Printed in Japan

DU BOOKS

映画監督 佐藤純彌

映画（シネマ）よ憤怒の河を渉れ

佐藤純彌 著　野村正昭＋増當竜也 聞き手

ハリウッド映画『スピード』のモチーフとなった『新幹線大爆破』や、中国で10億人が観た『君よ憤怒の河を渉れ』、日本の国民的映画『人間の証明』、日本アカデミー賞にて多数の賞に輝いた『敦煌』など、世界を駆け回り数々の超大作を手掛けてきた監督・佐藤純彌に迫る。静かに信念を貫いてきた映画職人（アルチザン）の映画人生とは。
「キネマ旬報」人気連載に大幅に加筆し単行本化！

本体2800円＋税　A5　472ページ（＋口絵16ページ）

いま見ているのが夢なら止めろ、止めて写真に撮れ。

小西康陽責任編集・大映映画スチール写真集

小西康陽 監修　山田宏一、山田参助 ほか

いま世界でいちばんヒップで美しい映画写真集ができた——小西康陽
大映作品の約二千作品・数万点に及ぶスチールのストックのなかから、魅力的なものを音楽家・小西康陽がディレクション。映画評論家の山田宏一氏、漫画家の山田参助氏、音楽家の遠藤倫子氏によるエッセイのほか、『炎上』や『ぼんち』などのスチール写真を撮影した西地正満氏、日本映画の黄金時代を支えた名優・杉田康氏へのインタビューも所収。

本体3000円＋税　B5変形（横長）　272ページ　上製（糸カガリ）

映画監督 村川透

和製ハードボイルドを作った男

山本俊輔＋佐藤洋笑 著

「サンデー毎日」、「ハヤカワミステリマガジン」、「中国新聞」などで紹介されました！
松田優作とタッグを組んだ名作『遊戯』シリーズを初め、『探偵物語』、『あぶない刑事』など、数々のヒット作を世に送り出してきた村川透の“モーレツ”映画人生に迫る初のドキュメント。師・舛田利雄監督とのこと、盟友・松田優作との出会いと別れ、『あぶない刑事』誕生に触れる逸話など、初めて明かされるエピソードが満載。

本体2000円＋税　四六　312ページ（＋口絵8ページ）　好評２刷！

NTV火曜9時 アクションドラマの世界

『大都会』から『プロハンター』まで

山本俊輔＋佐藤洋笑 著

大爆発にド派手なガンアクション、過激なカーチェイス！
かつて、ドラマ界に革命をもたらした「日本テレビ火曜夜９時枠」のドラマより『大都会』シリーズ、『大追跡』、『探偵物語』、『大激闘 マッドポリス '80』、『警視 - K』、『プロハンター』の計８作品について、当時のスタッフやキャストの貴重な証言とともに、その舞台裏を書き綴った熱き不良（おとこ）たちのノンフィクションノベル。

本体2400円＋税　A5　480ページ